属灵接生学
如何给初心者的生命开一个好头

大卫·鲍森

ANCHOR RECORDINGS

版权所有 ©2022 大卫鲍森事工（David Pawson Ministry CIO）

本书作者已按《版权、设计与专利法案 1988》（Copyright, Designs and Patents Act, 1988）取得著作权并据以保护。

本书于 2022 年经由 Anchor 首次出版。Anchor 为大卫鲍森出版有限公司（David Pawson Publishing Ltd）的商业名称。

David Pawson Publishing Ltd
Synegis House, 21 Crockhamwell Road,
Woodley, Reading RG5 3LE

未经出版社事先书面同意，任何人不得以任何形式或方式通过电子或机械方式（包括影印、录制或任何信息储存和检索系统）复制或传播本书的任何部分。

本书所引用经文均取自《和合本》
©1988，1989 联合圣经公会，蒙允许使用

如欲了解更多有关大卫鲍森的教导资料，包括 DVD 及 CD，可浏览以下网址：
www.davidpawson.com

欢迎到以下网址下载免费资料：
www.davidpawson.org

想查询更多有关资讯，请电邮至
info@davidpawsonministry.com

ISBN 978-1-913472-51-1

由 Ingram Spark 承印

目录

前言：给接生者的话   1

第一部　早期的正常分娩
——神学领域

1. 四扇属灵之门   9
2. 向神认罪悔改   25
3. 相信主耶稣   35
4. 受水洗礼   51
5. 领受圣灵   67
6. 重生   97

第二部　关于四大要素的经文
——圣经的层面

7. 大使命   115
8. 马可福音附录   125
9. 濒死的强盗   129
10. 第二次出生   135
11. 活水的江河   145

目录

12. 已知的陌生人	151
13. 最初的十一位使徒	159
14. 第五十天	169
15. 三千人	183
16. 撒玛利亚人信主	195
17. 埃塞俄比亚的太监	205
18. 罗马百夫长	209
19. 全家	219
20. 以弗所的门徒	229
21. 严峻的考验	245
22. 圣洁的家庭	255
23. 支离破碎的身体	259
24. 受洗的死人	273
25. 新割礼	277
26. 重生的洗	287
27. 基本的教导	291

目录

28. 有作用的信心   301

29. 救赎的洪水   307

30. 关上的门   317

第三部 今日的典型决定
——教牧的层面

31. 一个标准决定   325

32. 帮助门徒悔改   337

33. 帮助门徒相信   351

34. 帮助门徒受洗   361

35. 帮助门徒领受   369

36. 终于得救   383

结语：属灵的家   395

附录一 幼儿洗礼   401

附录二 没有定冠词的"灵"   419

附录三 三位一体还是三位异体？   427

前言：
给接生者的话

这是一本关于属灵接生学的手册，它不只是供传福音的人使用，虽然它和他们的事工关系特别密切。它是为牧师、青年领袖、教会同工预备的，事实上也是为那些想要为基督赢得更多灵魂、有时候发现自己在"帮助"一个人"重生"的基督徒预备的。

基本上，这本书是关于如何成为一个"基督徒"。这本书的起因，是基于一个负担：希望能有更好的"归信"质量（以及更多的数量，这是所有人都渴望看见的）。

生产过程会影响生命。这对肉体的出生而言是真实的。好的"生产"，快速、干净、没有麻烦，可以生出健康的婴孩。漫长、痛苦而复杂的生产可能会在生理和心理上产生破坏性的影响，导致健康不良和发育缓慢。

属灵的生产也是一样。许多"基督徒"，包括我自己，出生过程欠佳。成为基督徒的过程若非花了好几年的时间才完成，就是一直停留在未完成状态。在许多情况下，和过去的脐带从来不曾切断并结扎。有些人从来没有被清洗干净。有的人从来没有被按手，好让他们吸气并哭出声音来！有些人勉强活着，或是很快就被抛弃（如同以西结书15章4-5节所说的以色列百姓）。

关于这个主题，各种文字作品中有明显的差距。一方面，有许多小册子提供给"慕道友"，告诉他们如何回应福音。我们很快就会看到，大部分这一类的小册子过度简化成为基督徒的过程，甚至到达扭曲和误导的地步，通常是基于对两段独立经文的误解：约翰福音1章12节和启示录3章20节（见本书第5及30章），以及制式化的"认罪祷告词"，有严重的不足之处（见本书第31章）。

另一方面，近几年来关于"成为基督徒情结"的博学巨著泛滥，学者为学者著书（费德列克·戴尔·布鲁诺〔Frederick Dale Bruner〕、邓雅各〔James D. G. Dunn〕和乔治·毕斯里莫瑞〔George R. Beasley-Murray〕的名字跃现脑中）。将圣礼派或五旬节派的洞见与传统福音派的观念结合起来的挑战促成了这些作品问世。我的目标和他们一样，但是关于如何融合，我则有我自己的结论！

在慕道友和学者的需要之间有一处空白，是这本书意图填补的。本书是严肃的研究，供那些准备坐下来翻开圣经、带着开放的思想、不害怕进入未知领域，并且全心全意爱神的人阅读。这不是一本学术论文，不需要希腊文或希伯来文的知识（虽然会提到一些重点并加以解释），很少参照其他作品（虽然眼光敏锐的读者会明白我在预备撰写本书时已经研究过许多著作），而且只需要一般的智力就可以明白真正的议题。但是，愿意忘掉所学是很重要的，因为书中会质疑许多传统的假设。

我尤其关切的是看到"福音派"和"五旬节派"的合流。这是基督教界的两个主要增长点，而且（根据一些统计调查）他们的合作通常可以令宣教的果效提升五倍。但是目前这两个流派之间的关系似乎是建立在同情的容忍上，而不是共同的真理。虽然现在对于"圣灵的恩赐"这件事的分歧或骚乱已经减少很多，但是对于"圣灵的洗礼"仍然有极大的分歧，而后者与我们的主题比较有直接关系。

喜欢快速知道最恶劣状况的读者或许可以从书中主要挑战的摘要中得到帮助（虽然我们要力劝这些读者，不要因为不同意其中部分看法就摒弃全部！）。

本书要求福音派传统重新思考将"相信耶稣"和"接受圣灵"视为同义字且同时发生的假设（通常以"接受耶稣"一词概括二者）。五旬节派则要重新思考"接受圣灵"和"在圣灵里受洗"不是同义字或同时发生（后者通常被视为"第二"阶段或祝福）。这两种流派都必须重新思考水洗礼只是象征性而非圣礼行为的假设（对于"靠洗礼重生"的过于恐惧，会变成不合理且不合乎圣经）。

我的立场介于福音派和五旬节派之间。这种立场可能令双方都不满，结果让我的论点处于真空地带！但也可能被视为双方的真正会合点，可以发生真正合乎圣经的融合。

简而言之，我认为"正常的基督徒出生"包括真正的悔改和真诚的相信，在水洗礼中表现和发生效用，并辅以有意识的接受圣灵位格和能力。这种对于"成为基督徒"的认识透过三个层面铺陈：

神学。第一部分首先是对整个过程的陈述，接着是对其四项要素的检视，最后以将它们全部连结于重生教义的章节为结束。

圣经。一般来说，在陈述任何结论之前，应该先进行对相关经文的研究。虽然实际上本书的这个部分是先完成的（有一些聪明的圣经学生或许可以从这里开始），但是它被安排在第二部分，好让读者在见树之前先见林！选择的经文是为详细研读之用，因为它们都是极为重要或是有争议的经文。不一定要在第一次阅读时就详读这个部分的所有内容（有可能毫无助益）。但是，我鼓励读者阅读第9、10、13、16、20、21、23、27及30章，这几章是整个论点的基础。当然，每位读者也会有自己最喜爱的测试经文！

教牧。必须抗拒径直前往实务应用的诱惑！试图在圣灵说服你相信这些教导是合乎圣经之前，就开始应用这些教导，结果可能是大灾难。不幸的是，实用主义世代比较感兴趣的是"它有用吗？"这个问题，而不是更重要的问题："它是对的吗？"持实用主义的基督徒问："它有受到祝福吗？"而不是问："它合乎圣经吗？"真正的门徒会学习先抓住原则，然后才应用在实务上。用人当作小白鼠，在道德上是错误的！然而，我希望这个研究不只是改变意见而已——因此最后这一部分都是给"赢得灵魂者"的实用提示和秘诀。

附录涵盖一些与主要论点无必要关系、但是部分读者可能感兴趣或关心的特别主题。我必须完全诚实地声明，我坚信婴儿洗礼不可以纳入这本书所谈论的属灵生产的认识之中。我希望觉得受到我的态度冒犯的人不会因此而拒绝全书，仍然能够在书中找到许多有助于他们事工的内容。至于定冠词(the)，我不是第一个注意到新约圣经有许多关于圣灵的陈述明显缺少定冠词的人（例如"在圣灵里受洗"〔baptised in Holy Spirit〕、"被圣灵充满"〔filled with Spirit〕以及"你们受圣灵了没有"〔Did you receive Spirit〕）。虽然我和其他人一样，发现这种用法同时具备神学及文法上的重要性，但是这并非本书的主要论点，因此把它列在附录中。但是它为我的命题提供一个有趣的确据，指出领受圣灵是一种带有可听见证据的有意识经验。

就像许多严肃的著作一样，本书花了许多年才完成。它是在圣经研究和牧者关顾的双重铁砧上锤炼完成的。基本命题首先于1977年在我的《必须讲述的真理》（*Truth to Tell*, Hodder & Stoughton）一书中出版，该书的第九章（"你有归主情结吗？"）包含本书的基本观念。随后我就承诺要提供"更深入和更详细的讨论"。那个誓言（我的妻子想起来的）在这本书中完成了。这里呈现的材料经过在英国和其他国家举行的众多宗派的教会领袖研讨会的精炼。

我要将这本书献给许多和我一样相信"福音派"与"灵恩派"同属于一的朋友。感谢 Gordon Bailey、John Barr、Alex Buchanan、Clive Calver（他邀请我在青年归主协会于 21 个城市举行、名为"让神说话"的巡回活动中传讲这个信息）、Michael Cassidy、Gerald Coates、Michael Cole、Barney Coombs、Derek Copley、Nick Cuthbert、Don Double、Bryan Gilbert、Bob Gordon、Jim Graham（我在加丰圣彼得市金岭教会的继任者）、Ian Grant、Lynn Green、Michael Green、Michael Griffiths、Chris Hill、Graham Kendrick、Cecil Kerr、Gilbert Kirby、Douglas McBain、David McInnes、Brian Mills、John Noble、Ian Petit、Derek Prince、Ian Smale ('Ishmael')、Colin Urquhart、Terry Virgo、Philip Vogel、Rob White，还有许多用自己的方式，寻求将圣灵的灵恩经验与经文的福音性释经结合，并且透过个人的爱鼓励我"去行同样的事"的人。几乎不需补充说明的是，他们没有任何一个人需要为本书表达的看法负责（我想要保有他们的友谊！）

最后，但是绝非不重要的是，我要感谢我的妻子，她给我持续写作所需的勇气和咖啡，她相信这或许是我的事工中最重要的一件事。她谦卑地扮演"一般读者"的角色，并且从这个角度仔细地研读每一章。若是没有她的支持，这本书不可能完成。

写于 Sherborne St. John

第一部

早期的正常分娩
——神学领域

1
四扇属灵之门

本书的论题可以简略陈述为：基督徒的入门（initiation）是四项要素的结合——悔改向神、相信主耶稣、接受水的洗礼以及领受圣灵。这四项要素彼此之间有相当大的差异。它们都是进入神国度的必要条件，彼此并不互相排斥，而是完全互补、一起建构出"成为基督徒"的过程。这些要素发生的时间或许很接近，也可能会相隔一段时间。重点在于这些要素的完成，而不在于它们是否同时发生。

一、均衡的方法

由于这四项要素都是必要的，因此区分其重要程度并无益处。但是不同流派的教会生活很容易强调其中的某一项，有时候甚至牺牲其他要素。自由派着重于悔改，尤其看重态度和生活方式的根本改变，虽然近年来努力的重心已转向社会的不公义，而非个人的不道德。福音派则把大部分焦点放在信仰上，尤其是个人和内在的层面，虽然有时会强调教义性的真理，而不是强调个人的信靠。圣礼派强调水的洗礼，但是当受洗者是婴儿（而非信徒）时，通常会认为有行"坚信"礼的必要。五旬节派重新发掘圣灵的洗礼，虽然该派认为这是一种后来的经验，而非基督徒入门不可缺少的一环。

我认为这四种派别所坚持的都是对的，但是他们轻视、忽略甚至否定其他要素的态度则是错误的。我们可以试着将每个观点中最好的部分加以综合，但目的并不是要建立一个普世的事业：它比较像是圣经注释，能够为真正的整合提供基础；它是建立在诚实的修正上，而非不诚实的妥协上。

这四股流派在新约圣经中交织在一起：在新约圣经中，基督徒的入门被视为道德改革、永恒关系、外在仪式和生存的更新以上四项的结合。

异端的本质就是撷取真理的一部分，将它渲染成全部。我们往往必须在适当的张力下，将圣经中对于一项主题不同（甚至毫无共同点）的观点放在一起，才能明白关于该主题的完整圣经真理。举例来说，本书必然把重点放在新生的人类层面上——强调必须悔改，必须受洗和领受圣灵，以及必须"相信主耶稣"——这可能会令一部分的读者怀疑，这是否和宗教改革运动"单单因信称义"的原则相悖。

因此，在一开始，就必须明确地说明本书中所有叙述皆以两个信念为基础：

第一，基督在十架上完成的工作就本质而言，已具备客观的效力，足可将世界从罪中拯救出来。不能——更加不需要——在基督完成的工作上再添加任何作为。透过祂的死、埋葬及复活，祂已经完成了"为我们人类和我们的救赎"所需的一切。祂已经付出补偿的代价，使我们与天父和好。我们假设这个观念已经完全清楚地向希望得救的人说明。

第二，就将任何一个人从罪中拯救出来而言，祂完成的工作并不具备主观的效力。个人必须亲自接受及请求。这些"因祂受苦而获益"的领受者是主动的，而非被动的。福音要求回应。一个人或许有权继承某项基业，但是若不提出要求，就无法拥有遗产；他们主动占有并不等于遗产已经被他们取得。

因此论述的重点不在于必须为信心添加任何事物，而在于如何行使信心以领受恩典的供应。举例来说，将洗礼视为信心的添加物，认为人可以藉着洗礼让自己更配得蒙救赎，就是一种可怕的扭曲。将洗礼视为信心的表达和实现，悔改的信徒透过洗礼与基督同死、同葬同复活，则是完全不同的涵义。如此一来，洗礼被视为经历这些事带来之释放的管道，而非赢得释放的方法。

从这个观点来看，信心是这四项要素当中最根本的一项，事实上它是另外三项要素的基础。从马可福音一开始，悔改就与信心息息相关（马可福音1章15节）。同一卷福音书结尾时，洗礼连结于信心（马可福音16章16节）。圣灵是藉由信心领受，不是藉由行为（加拉太书3章2节)。因此，就真正的意义而言，拥有信心就是悔改、受洗并领受圣灵（使徒行传2章38节；详见本书第15章）。

二、经文的方法

我们已经开始在文中包含经文参照。但是先提出一项论点，再以随机收集的证明文字来支持这项论述，并不是证明圣经真理的正确程序。严谨的全面研究策略，必须配合对特定经文的情境、背景分析。即使在一开始就可以先提出完整的说明，但是必须经过上述的程序之后，才能获得结论。

"基督徒入门"这个主题本身就透露出一些基本的指导原则，尤其它已经指出圣经研讨的起点。很显然地，这表示要集中在新约圣经，即使在旧约中有一些"预示性"的经文出处。但是要从新约圣经的哪里开始着手？

(1)不合适的候选者

令人惊奇的是，就我们的目的而言，福音书中所讲述的事件发生得太早了。福音书涵盖耶稣降世到升天的这段时间，无法帮助我们全面认识五旬节后的教会（他们是我们生活的"时代"先驱）所理解的基督徒入门的正常模式。虽然悔改、信心、洗礼和圣灵都有提及，提供一些有所助益的洞见帮助我们深入了解它们的意义，但是四者都未呈现在复活节和五旬节事件之后完整的"基督徒"含义。举例来说，施洗约翰（以及耶稣的门徒）为人施洗和后来受洗归入耶稣名下的洗礼差异极大，以至于必须重新施洗（使徒行传19章1-6节；请参阅本书第20章）。同样地，在福音书时代，圣灵与门徒"同在"，但是在五旬节之后才在他们"里面"（当他们"领受"圣灵时），这必须在耶稣"得荣耀"之后才可能发生（约翰福音7章39节，14章17节；请参阅本书第11、12章）。就连信心也只能以耶稣身为弥赛亚的医治和释放能力为中心；信心还不囊括祂为世界的救主（透过祂的死而成就）或神之子（透过祂的复活来宣告），更不用提是万有之主。这正是那在十字架垂死的强盗不能被视为基督徒归信楷模的原因之一（见本书第9章）。吊诡的是，四本福音书中竟然找不到整全的福音！虽然四个要素都已略见雏形，但是距离成熟还有很长的距离（这或许就是神赐下新约圣经其余部分的原因！）。

但是就研讨基督徒入门的目的而言，书信和启示录的写作时间又太迟。这些作品都以信徒为对象，主要是写给已经信主的人看，因此并未直接或系统化地探讨基督徒入门这个主题。由于许多人未能充分明白这一点，导致误用经文的状况时常发生。（启示录3章20节就是一个很经典的例子。这节经文旨在责备信徒，却被广泛地用来作为对未信者的邀请；详见本书第30章。）但是，在书信和启示录中经常提醒我们留意基督徒入门方面的不同面向，至于选择哪些面向，则根据收信的信徒当下的需要来决定（请参阅本书随后的某些例子）；但是要从这些偶发的经文出处重建适当的概论，几乎是不可能的任务。我们将会看到，所有书信的作者都将其读者的水洗和灵洗视为理所当然——但是他们完全没有描述或定义这两件事！他们只提到这两件事的效果或涵义。

（2）一个好的起点

那么，如果福音书的时间太早，不能作为我们的起点，而使徒书信的写作时间又太晚，我们的选择就只剩下使徒行传。它是新约圣经中惟一以五旬节后的福音传扬为主题的书。书中充满了未信者如何成为信徒、罪人如何成为圣徒的详细记录。它从属神及属人的观点来记录救赎，告诉我们关于使徒将基督带给人们，以及圣灵带领人归向基督的种种作为。路加记录的许多教导都是以未信者为对象。我们不但获得宝贵的洞见，看见信息如何被传递；我们也看到预期的回应，以及实际获得的回应。只有在使徒行传里，我们才能实际地研究彼得、约翰和保罗投入传福音的事工。在诸多辅导求问者的例子当中，我们可以看出他们对于基督徒入门的看法。

一些反对采用使徒行传的意见

但是，有一些圣经学者强烈反对采用使徒行传作为教义的根源。他们的反对主要是以下两种形式。一般性的批评是，教义只能建立在圣经的训诲（教导）内容之上（例如书信），不能以口述内容（例如使徒行传）为基础。针对性的批评则指路加是历史学家，而非神学家。基于这些理由，他们主张我们必须从使徒书信开始，尤其是保罗书信（他是个神学家！），并以保罗的神学观点来阅读使徒行传。除了这个和基督徒入门的研究途径相关的困难之外（如上文所述），这两种反对意见都有严重的瑕疵。

圣经启示的"精神"，在于真理是在具体的情境下具体呈现出来，而非抽象的陈述。整本圣经就是一篇记述文学——从伊甸园一直到新耶路撒冷。创造与救赎的伟大真理包裹在故事的述说当中。旧约圣经的大部分内容，以及新约圣经的许多内容采用叙事形式。与其说圣经是一本系统神学书籍，不如说圣经比较类似情境一神论（situational theism）的历史。而且这一切的"叙事"之所以写就，是为了让我们能够从中"学习"（罗马书15章4节；哥林多前书10章6节）。所有的经文都可以用于教导，因为它都是神默示的（提摩太后书3章16节）。我们从神的作为当中能学习到的绝不少于祂的话语；事实上，它们同属一个源头，彼此阐明。事件发生的记录既作为教导，亦提供信息。圣经并不是一部呈现世界、以色列国或教会详尽历史的专著，它是重要事件的选集，并辅以对这些事件的先知性解读，二者都是圣灵的工作。（使徒行传15章中就有一个以叙述神的作为来解决教义争论的完美范例，且有圣经经文为证实。）

路加不只是一位历史学家，尽管他在第一卷作品中宣称其准确报导的完整性（路加福音1章1-4节）。他选择性地记录事件以及这些事件当中的细节，然后根据自己深刻的见识，把这些事件编织成完整的图画。如果神学意指认识神，那么路加确是一位了不起的神学家！某些学者认为不可能像保罗神学一样，从路加的著作中汇整出一套"路加神学"，但这样的想法实在是一个必须破除的迷思。（关于路加是神学家的这个主题，建议读者参考罗杰·史东斯泰德〔Roger Stronstad〕所著的《路加的灵恩神学》〔*The Charismatic Theology of Luke*, Hendrickson〕，1984。）

试图强行区分使徒行传的生动叙述和新约书信的训诲本质，是相当不切实际的。二者都是在同样的时间里记述同样的状况（别忘了保罗和路加是旅途同伴）。使徒行传包含"训诲"的信息，书信也包括叙事（比较使徒行传15章和加拉太书1至2章）。存在二者之间的一致观点，远较表达方式的不同来得重要。

以使徒行传作为探讨"基督徒入门"的神学根源

那么，我们可以满怀信心地使用使徒行传。正如一位作家所说，它拥有"现场"撰写的巨大优势。这些都是使徒向世界宣教的目击者记录，包括第一手及第二手的资料。他们的言行为我们提供探讨"基督徒入门"的神学基本材料。

四扇属灵之门

我们应该从使徒行传的哪里开始？当然是从最详细记载人成为基督徒时发生之事的经文开始。最直接出现在脑海中的两处经文是使徒行传第8章和19章。发生在撒玛利亚和以弗所的事件之所以被详细记载是有原因的，在这两个事件中，成为基督徒的步骤都不完全，导致参与其中的使徒必须采取必要的步骤来补足疏忽。这两群人之间惟一真正的差异，在于当使徒出现时，撒玛利亚人比以弗所人"超前"许多，因此需要较少的"补充"事工。但是他们成为基督徒的基本内容和程序是相同的：悔改、相信、洗礼和领受圣灵的四重模式。由于三个重要的使徒（彼得、约翰和保罗）皆参与其中，我们可以完全肯定地假设，他们在这些情况中采取的"手法"会反应出他们平常的实际做法，并且代表初代教会所期待对福音的回应。

经常有人反对说，这两个例子的状况都是例外，因此他们成为基督徒的入门过程是"不正常"的。由于今日的传福音工作既非以撒玛利亚人为对象，也不是以施洗约翰的门徒为目标，因此我们不能采用这些事件作为先例。这种批评未能分辨例外与正常的特色。它忽略了使徒所关心的重点是把不正常的状况导回正常的模式。这些初信者的入门或许与其他人不同，但是他们成为基督徒的要素是相同的（部分读者可能会发现，在这时候参阅本书第16章及20章关于这两段经文的注释是很有帮助的）。

以这个四重框架作为我们思想的背景，我们可以看看路加关于其他"归信"的记录，留意一下每次提到多少个要素：

使徒行传第 2 章：彼得提到悔改、受洗和领受圣灵，但是没有提到信心（虽然在提问者的问题中可能暗示这件事，并且可以从"领受神的道"这个句子推断得知）。

使徒行传第 8 章：根据现有最好的经文版本，埃塞俄比亚人只"受水洗"而已（部分手稿加上信仰告白，还有一个版本的手稿加上领受圣灵。见本书第 17 章）。

使徒行传第 9 章：保罗在往大马士革的路上遇见主三天后，"受洗"并且"领受圣灵"（比较 18 节与 22 章 16 节）。但是没有特别提及他的悔改或相信（虽然在他与耶稣的对话以及他后续的评论和行动中皆清楚暗示此二者）。

使徒行传第 10 章：哥尼流清楚地"悔改"（比较 10 章 35 节与 11 章 18 节）并且"相信"（比较 10 章 43 节与 11 章 1 节和 15 章 7 节），但是他在"受洗"前就"领受圣灵"（这种次序的惟一例子；见第 18 章的解释）。

使徒行传 16 章：腓立比的禁卒（和他全家）"相信"并且"受洗"（和他全家），但是没有提到他的"悔改"或"领受"（见第 19 章中关于"全家"的意义和含义的说明）。

其他分散在使徒行传中的记录，对于基督徒入门的记载都只局限在"相信"而已，除了撒玛利亚人和以弗所人的例子之外，皆未详尽列出四项要素，不过哥尼流和他全家的情形则近乎全部列出。洗礼是最常提及的，悔改则是最常被忽略的。

四扇属灵之门

我们能够从这个现象中得到什么推论？为什么路加不每次都四项全部提及？除了其他的原因之外，就文学技巧而言实在不容许他如此无趣地冗述！但是路加的选择背后存在着理论的解释：在每个情境中，他提出最显著或最重要的特色。三千人同时在一个池子里受洗（毕士大池？）的景象，或是全屋的人在讲道中途领受五旬节圣灵浇灌，都可以理所当然地把其他的细节排挤到幕后！对犹太信徒而言是完全正常的经验，当它发生在撒玛利亚人甚至外邦人身上时，就成了"新闻"！

如果我们得到的结论是，这些省略代表并非每个人都必须具备这四项要素，那就错了。如果用这种态度来看待使徒行传，就表示大部分人信主不需要悔改，许多人不需要相信，有些人不需要领受圣灵，还有一些人不需要受洗！但是，显然这四项要素构成路加眼中基督徒入门的"正常"模式，同时他在记录特别的事件时，从中选择与他写作目的最相关的项目。书信中同样也有依照相关性进行选择的做法，我们在后文将会论及。

我们还必须提出另一点：信徒入门的过程——从"悔改"到"领受"——是需要时间的，有时候短，有时则相当漫长。对十二使徒而言，费时数年；对以弗所的门徒而言，可能费时数月；对撒玛利亚信徒而言，或许费时数周；对使徒保罗而言，费时数日；对腓立比的禁卒而言，只用了几小时；而对哥尼流全家而言，显然只花了几分钟。

无疑地，过程的速度不是重点，但程序的完备却至关重要。路加和使徒关切的是效力，而不是速度！

(3) 福音书中的"入门"

根据从使徒行传推演而得的四重架构，现在我们可以转向福音书。第一个发现是，施洗约翰的事工涵盖了这四者！他教导人必须从罪中悔改（路加福音3章8节）；他来，因此所有人可以藉着他而相信（约翰福音1章7节）；他开创洗礼（马太福音3章11节），并且预言圣灵的洗（最后这一点在四卷福音书中都有强调：马太福音3章11节；马可福音1章8节；路加福音3章16节；约翰福音1章33节）。约翰完全明白自己的不足以及其事工的限制。他的洗礼可以应付过去的事，但是无法应付将来；因此，他的门徒需要他无法传达的能力（他自己可能也未拥有这种能力，他比天国里最小的还小，而且没有行任何神迹——见路加福音7章28节和约翰福音10章41节；但请和路加福音1章15节相对照）。

耶稣接续约翰的工作，传讲悔改和信心（马可福音1章15节），为人施洗（约翰福音4章1-2节）并应许圣灵（约翰福音7章37-39节）。但是，在这些观念上已经有些发展。对"国度近了"的信心已经更加个人化，因为王也"近了"，他的名就是耶稣。信心变成"相信祂的名"（约翰福音1章12节，2章23节）。即将发生的"浸于"圣灵，也将是一次"畅饮"（drink）（译注：饮于活水之意），会从一个人的深处生出泉源来（约翰福音4章14节和哥林多前书12章13节之间有一个显著的对应；见本书第11章及23章）；最重要的是，这个圣灵洗礼不只是将能力带进人的生命中，"圣灵"是又真又活的那一位，是"另一位保惠师"，就像耶稣一样（约翰福音14章16节）。

更重要的是，成为基督徒的四个层面都在耶稣复活后、升天前给门徒的教导总结中显著地呈现出来。将四本福音书结合在一起，就会产生一个全面性的宣教命令，完全解释了我们在使徒行传中观察到的使徒事工的模式。他们要去传讲悔改（路加福音24章47节）、传福音使人能相信（马可福音16章15-16节）并在他们信主时为他们施洗（马可福音16章16节；马太福音28章19节）。最重要的是，若是使徒本身没有受过圣灵的洗，这个事工甚至无法开始（路加福音24章49节；约翰福音20章22节；使徒行传1章5节），而且同样的能力也应许要赐给他们所带领入门的人（马可福音16章17节，这解释了彼得在使徒行传2章39节中对其听众的大胆提议）。

(4) 使徒书信中的"入门"

有了上述的讨论之后，现在似乎是转向书信的好时机。根据保罗在以弗所时给予询问者的细心辅导（使徒行传19章1-6节；见第20章），我们应该毫不讶异地认为当保罗写信给他自己建立的教会时，会把这四项要素

视为理所当然。在他的信件中，随处都可以看到他的读者已经

悔改（哥林多后书7章9节；帖撒罗尼迦前书1章9节）；
相信（哥林多前书15章11节；以弗所书1章13节）；
受洗（加拉太书3章27节；以弗所书5章26节）；
领受圣灵（哥林多后书1章22节；加拉太书3章2节）。

甚至当他写信给一个不是他亲手建立的教会时，也提到这些要素（罗马书2章4节，3章26节，6章3节，8章9节）。他确实从来不曾在同一段上下文中同时提到所有四项要素（和路加在使徒行传中的做法原因相同；他根据当下的目标选择最有关系的层面）。重要的是，每当他提到其中的任何一项时，他都假设他所有的读者可以从自己的经验中明白他的意思。（有些人宣称，他在罗马书6章3节和加拉太书3章27节提到洗礼时，是这项规则的例外。但是，虽然他的话可能意指有些人还没有受洗，但是他使用"我们全部"，而不是"我们之中"，表示对照的对象是未受洗的未信者，而非未受洗的信徒。）

正是因为保罗认为他的读者都很清楚这四件事，因此在保罗的书信中完全没有关于受水洗或受灵洗的命令或是劝勉。但是若据此而得出结论，认为今日也可以把这四件事视为理所当然，则是相当大的错误；然而将保罗的书信与路加的使徒行传分开来看、将"基督徒入门"的教义建立在前者之上并排除后者的人，却往往如此假设。虽然保罗在书信中将之视为理所当然，但是他本人以及其他

的使徒在使徒行传中却未将它们视为理所当然！相反地，在宣教过程中，他们坚持要查验成为基督徒的要素是否完备，然后补足缺乏的任何重要成分。举例来说，保罗认为所有的哥林多读者都已经"同受一灵的洗"，是因为他建立了他们的教会，而且非常肯定他们都已经充分入门（哥林多前书12章13节；第23章对这个重点提供更完整的说明）。如果他造访今日的许多教会，他更可能会问："你们信的时候受了圣灵没有？"（使徒行传19章2节）而不是假定所有人都已经"受圣灵的洗"！

关于保罗的书信为何必须根据使徒行传来进行研读，还有一个比较微妙的理由：若是没有路加提供的描述资料，就无法完全理解他的一部分"训诲"教导。保罗从来不曾将动词"施洗"或名词"洗礼"与"水"这个字连结在一起！这个现象导致一些著名的学者以孤立的态度研究保罗的神学时，宣称他对洗礼的观念（在诸如罗马书6章4节；加拉太书3章27节；以弗所书4章5节等经文中）完全和水没有关系！只有透过他在使徒行传中的经验，包括他本人受洗和为他人施洗，加上路加清楚提到水（例如使徒行传8章36节），我们才能假设保罗将二者连结在一起（有一处他使用"水"这个字，而不是使用"洗礼"——以弗所书5章26节）。

同样地，保罗使用"从一位圣灵受洗"这个句子（哥林多前书12章13节），而没有对他话中的含义作任何定义或描述。四福音中的所有用法也是如此。我们只有根据路加在使徒行传中记载的事件，才能确知"从一位圣灵受洗"的内涵。一旦把保罗的这一类话语和路加的记载分开来看待，就可能获得全然不同的意义，这些意义可能会因先入为主的神学观点（一种具有扭曲教义效果的释经学自由）而武断地加入其中。

其他的新约圣经作者也提到基督徒入门的事。例如彼得是惟一将"洗礼"和"水"这两个字一起使用的书信作者（彼得前书3章21节；见本书第29章）。约翰着重于相信耶稣和领受圣灵（约翰一书3章24节，4章13节，5章1-5节）。但是希伯来书的作者在一个句子里列出基督徒入门的全部四个阶段，而且是依照一般的进行顺序列出（希伯来书6章1-2节；见第27章）。根据本章所考虑的资料，我们可以获得结论：基督徒入门是一个四重的形态，在使徒行传中仔细地说明，在福音书中清楚地预表，并在使徒书信中一贯地被认定为事实。现在让我们来看看这四扇在世上带领我们进入神国的"属灵之门"。

2
向神认罪悔改

悔改可能是成为基督徒的四个部分中争议最小的，但是正因为这个原因，它可能是最少被考量、也是最受忽略的！

犹太人比外邦人更容易明白这个词句的意义。它交织在以色列的历史中，尤其是在流亡前的那段时间里，一位接着一位的先知呼吁全国悔改，力图避免迫在眉睫的灾难。任何熟悉阿摩司书第 4 章或耶利米书 18 至 19 章的人都会非常明白悔改的意义。或许这就是为何新约圣经很少定义悔改之故。

去解释悔改不仅仅是感到抱歉而已，这几乎已成陈腔滥调。这样的感觉可以表达多种态度。有时候只是因为我们的行为为自己带来这样的后果而感到后悔；这充其量不过是自怜，显明内心仍然以自我为中心（该隐和以扫就是这种情绪的好例子——创世记 4 章 13 节和希伯来书 12 章 17 节）。比较值得称许的悔改是基于我们的行为对他人造成的结果感到非常懊悔，至少比较不以自我为中心（保罗在回想起他对教会的逼迫时，一定有这种感觉——比较使徒行传 9 章 1-2 节与腓立比书 3 章 6

节）。但是当我们明白我们的行为对神（和祂的爱子）造成的结果时，真正的悔改才开始；"依着神的意思忧愁"本身不构成悔改，但可以导致悔改（哥林多后书7章9节）。当我们明白我们"得罪了天"，也得罪了其他人，并且在某种意义上得罪了自己的时候（路加福音15章18、21节），光明便出现。只有到这时候，我们才能明白我们轻视了神的权柄，违背祂的律法，玷污祂的创造，破坏祂的喜乐，引动祂的怒气，而且应受祂的审判。此时我们的不快乐中就不会只有些微的恐惧。

在这样的情绪背景下（这个情绪背景的力度会因个人的气质和启蒙的环境而有极大的差异），我们来看看这些感觉会如何、以及应该如何发展成为真正的悔改。

圣经中的悔改包括三个层面：思想、言语和行为。在经历这些心理、话语和实务的阶段时，会从"内在心理"移向"外在生活"。表现出后者却没有前者，是有违道德的（"要撕裂心肠，不撕裂衣服"是典型的先知劝戒——约珥书2章13节）；宣称有前者却无后者，则是伪善。一幅简单的画面或许可以帮助你理解：一位伦敦的出租车司机带着一位海外游客绕了一大圈路才到达希斯罗机场，以便多赚一些迫切需要的金钱；由于滥用游客的无知而良心不安，他向游客道歉，并且退还所有的车费。他改变了——在思想、言语和行为上；他已经认罪悔改。

向神认罪悔改

一、思想：宣判过去的罪

"悔改"这个字（希腊文：*metanoeo*）意指改变一个人的心思。它表示重新思虑，尤其是针对过去的行为。新约圣经中的典型例子，就是彼得要求他的犹太听众重新思想耶稣被钉十字架之事，并且明白那是一项司法谋杀，而且谋杀的对象正是弥赛亚，神的儿子（使徒行传2章32-38节，3章13-19节）。

悔改意指从神的观点来思考事情，同意祂的分析并接受祂的裁定。悔改就是对神的"是"说"是"，而且赞同祂的"非"，学习对神的道说"阿们"。悔改是清楚看见人的罪，衡量的标准是属天的公义，以及当罪与属天的公义相遇时必然发生、不可避免的审判（约翰福音16章8节）。悔改是"明白真道"（提摩太后书2章25节），认识神和自己。

在某个层次上，这种发现是**一般性**的说法。一方面，一个人会深深地察觉神远比一般人所认为的更好。主是绝对圣洁、绝对纯净、绝对公义。另一方面，一个人会很痛苦地察觉自己比自以为的更坏得多。他不再认为自己基本上是个好人，只是偶尔做做坏事（"人本主义者"的观点），而是发现自己基本上是个坏人，偶尔有机会设法做好事（耶稣对人类本性的看法——路加福音11章13节；参照约翰福音2章24节）。更糟的是，即使他所做的好事在神眼中也可能是恶事，也必须悔改（以赛亚书64章6节形容人类的公义如同污秽的衣服；腓立比书3章8节更用粪土形容之！）。这种发现，也就是神认为自义比没教养的罪更加令人厌恶、更难以对付，对于人类的骄傲而言是极大的震撼，并且完成了真正悔改中所固有的思想革命。

一旦到达这个阶段，新的思考方式就转向特定的层次。这是悔改最重要的特色：它与特定的"罪"（复数）有关，而不是一般性的"罪"（单数）。在"罪"的抽象概念转变成详细而具体的名称之前，要进入到悔改的后续阶段并不容易。耶稣来，要把我们从诸罪中拯救出来，而非一般性的罪（马太福音1章21节）。我们必须自己得从那些罪中被拯救出来。

到目前为止，我们只考虑到悔改的内在层面。但是之后必须有两个外在层面：一个让悔改可以被听见，另一个则让悔改可以被看到！

二、言语：承认过去的罪

以不同的方式思想过去的行为，必须随之以对这些行为的不同说法。嘴巴通常是一个人内在与外在沟通的管道（马太福音12章37节；马可福音7章18-23节；雅各书3章9-12节）。

施洗约翰的事工是以悔改为重心，这对将临之神国至为关键。受水的洗礼是悔改的极致或顶点（马太福音3章11节）。承认诸罪是洗礼的重要伴随事项（马太福音

3章6节)。这不是形式化的圣礼,也不是总括性的"一般性"认罪(人有可能承认未做当做之事、做了不当做之事,但是不认为自己有任何特别的过错!)。施洗约翰期待的是公开地以言语承认个人在特定事件上的罪。黑暗的行为要显露在神和人的眼前。

这样的认罪(承认复数、具体的罪,不是一般性的罪)有两大益处。第一个益处已有论及,但是必须重述:亦即**特定性**。要说出所犯的罪,首先就必须辨认出它们来。模糊的一般性是不够的("呃,我确定我一定在某时某地曾经犯过罪,毕竟大家都是这样吧?")。在明确地认罪时,就是承认我们犯罪的实情("我曾经做过这件事……这件事……还有这件事!")当然,这种自我揭露必须放下骄傲;承认自己曾经犯错,从来就不是一件容易的事。但是,现在自愿这样做,远比将来被迫认罪来得好。现在人自己揭露的事会被神的怜悯遮盖;人设法遮盖的事则会被神的审判揭露。

口头承认的第二个益处是接受责任。认罪不能带有借口;不能意图文过饰非。认罪的人接受他对神的责任,也接受他对自己的责任。相对而言,这比承认需要帮助(或者以最近的术语来说,需要"内在医治")来得容易,我们的大部分自尊都可以不受伤害!真正的认罪会承认真正的问题在于故意犯罪,也承认自己十分需要不配得的赦免。认罪开启了恩典涌流的管道(约翰一书1章9节)。

在悔改的言语部分加上"弃绝",往往会有益处,尤其是面对无法摆脱或隐藏的罪的时候。用这种方式以言语表达断绝关系，具有医治和释放的功效。牛津英语辞典将动词"弃绝"（renounce）定义为"抛弃、交出、放弃、与……断绝关系、拒绝承认、拒绝关系、鄙视与……之关系、撤回、不再继续、摒绝"。一位男学生以更简洁的方式形容它："有足够的悔意愿意停止"！现在我们已经自然地进展到悔改的第三个层面。

三、行为：校正过去的罪

悔改的言语必须跟随着悔改的行动。约翰坚持要接受他施洗的人必须先"结出果子来，与悔改的心相称。"（路加福音 3 章 8 节）当人要求他说明希望他们做的事情时，他的回答既明确又实际：他们应该将多余的衣服分给穷人，确保自己的财务记录随时可供稽查审核，不再利用自己的职权占便宜，并且停止鼓吹更高的薪资！有趣的一点是，这些罪都不是"宗教性"或"属灵"的罪。

在耶稣的事工中有一个例子（路加福音 19 章 1-10 节），就是撒该，他答应不只是在未来要行事正直，也要赔偿过去他曾经讹诈的人（包括利息和庞大的额外补偿）：耶稣喜乐地宣告救恩临到他的家。

同样地，保罗也要求悔改要以实际的行动表现出来。他不曾违背的"从天上来的异象"就是对外邦人宣教，劝勉他们"应当悔改归向神，行事与悔改的心相称。"（使徒行传 26 章 20 节）

向神认罪悔改

施洗约翰、耶稣和保罗都以实例说明悔改包括尽可能地纠正过去的错误。

这种纠正的行为有一些会采取负面的行动。可能必须摧毁诱惑的源头（例如以弗所人焚毁大量的秘术著作——使徒行传19章19节）；错误的关系必须结束，尤其是牵涉到婚外情或同性恋的性行为（"你们中间也有人从前是这样"，哥林多前书6章11节）。任何与过去的罪连结的脐带都必须捆绑并切断。过去必须结束。

大部分的纠正行为采取正面行为的形式，就像撒该的例子。用来描述这种行为的词语就是赔偿，包括对那些受过不平待遇的人提供适当的补偿。赦免可以恢复与神的关系，仿佛从来不曾破裂；与这个人有关的过去都已经被遗忘，并且蒙赦免（神对自己记忆的控制力真是惊人！）。我们非常难以"原谅自己"的原因是我们缺乏这种把这类记忆"抹去"的能力。在人类关系的层面上，来自神的赦免并未让一个人免除对其他人的义务，无论是婚姻、商场，甚至是刑事上的责任。神的恩典带领许多人偿还其债务，重建其婚姻，甚至承认自己从未因犯罪而受罚的罪行。在许多情况下，和好会成为悔改的另一个"果子"，对于受到不平待遇者和施行不平待遇者皆是（马太福音5章23-24节）。

这些是真正悔改最困难的部分。有些人怀疑罪人在刚刚转向神时是否有能力做这些事，并且暗示说这样的悔改发生在成为基督徒之后，而不是入门的第一步。他们忽略了真正愿意悔改的人随时可以寻求天上来的帮助（注意，神将悔改"赐"给哥尼流和他的家人，让他们在听闻福音之前就能够"行义"——使徒行传10章35节）。保罗叫阿尼西母（此名就是"有益处"的意思）回到他主人身边，或是放他离开，甚至让腓利门接纳他，都不可能是容易的（注意，保罗提出要代他赔偿——参腓利门书12-14节）。

如果纠正错误是悔改当中最困难的一部分，它也是回报最丰富的一部分。在纠正错误当中，可以获得深刻的安慰（救赎主也分享其中的喜乐，虽然祂自己从来不需做这件事）。父亲在浪子回家时所感受到的喜乐也反映在浪子终于做了对的事情的喜乐上。

这种"转离"罪行、回转向神的行为，是新约圣经中"归正、归主"（conversion）这个词的真谛。这个字意指转身、改变航向、扭转方向。因此它非常接近悔改这个词，但是特别和悔改的第三个阶段有关。生命改变是悔改的证据，虽然不是重生的必要证明（见本书第6章）。在洗礼之前应该要有这种悔改的证据——因为洗礼标记的是和罪恶的旧生活的最终决裂，也是神洁净赦免的高峰（马可福音1章4节；使徒行传2章38节）。

甚至自然灾难也可以视为叫人悔改的呼吁，因为它们提醒我们，除非我们认罪悔改，否则我们都会突然地走进灭亡（路加福音13章1-9节）。神未来审判的恐怖使得现在的任何牺牲都变得有意义——牺牲我们想要看、碰触或做的事物（马太福音 5 章 29-30 节）。宁可现在就远离罪，也不要到时候让神远离我们。

归向神意指现在祂能转向我们了！圣经大胆地说当我们向祂悔改时，祂就向我们懊悔！当然，当这个词用在神身上时，乃在于精神层面，而非道德层面——祂"重新考虑"。当我们改变对罪的想法时，祂也可以改变对我们的想法。圣经中对这一点最清楚的其中一则叙述是在耶利米对陶匠及陶土的观察（耶利米书 18 章 1-10 节）。很少有隐喻受到这么大的误解！大部分注释者认为陶土不会影响最后的形状（这种观念比较接近伊斯兰哲学，而非犹太基督教哲学！）。事实上，是陶土选择它要成为何种容器。当它不回应陶匠原来的意向时，他就决定将它制造成粗糙的罐子，而不是精致的花瓶。陶土和陶匠之间具备活泼而生动的关系；二者彼此影响，但是陶匠拥有最后决定权，因为他拥有对状况的最后决定权（若是没有陶匠，陶土无法靠自己做成任何东西）。这是神的百姓——以色列人——的写照。如果以色列人悔改，神就会懊悔，使她成为一个充满祂恩典的美丽器皿；如果她不悔改，祂就使她成为丑陋的器皿，装满祂的审判。

因此，使得赦免得以赐下的，就是悔改。即使在人类的层次上，也是如此。耶稣告诉门徒，犯罪的弟兄必须先劝诫他，如果他悔改的话，接下来要饶恕他——一天 7 次，一周 49 次，一个月 1470 次（路加福音 17 章 3-4 节）。同样地，只有当我们真的为了那些应受审判、但是需要怜悯的事情悔改时，神才能"改变心意"，从审判变为怜悯。这是任何人认罪悔改最强烈的动机。"**所以，你们当悔改归正，使你们的罪得以涂抹，这样，那安舒的日子就必从主面前来到，主也必差遣所预定给你们的基督耶稣降临。**"（使徒行传 3 章 19-20 节）

但是，将悔改视为惟一的，甚至是首要的要素，就会落入靠自己得救的陷阱中。所强调的重点会变成人为神做了什么事，而非神为人做了什么。"基督徒"的定义会变成以道德重建为标准：就是在教会外最常遭遇、在教会内也众所周知的，"自以为有益于人"版的基督教！

圣经并未教导因悔改而称义，而是因信称义。悔改转离罪行是在信心中归向基督的正确前奏，就是现在我们必须讨论的主题。

3
相信主耶稣

信心对于基督徒的重要性再三强调也不为过,但不可极端到将信心以外的要素视为可有可无或非必要。在"四扇属灵大门"当中,信心是最重要的,若是没有它,其余三项就失去其重要性及效用。除非一个人已经"相信"审判的确定性以及救赎的可能性,否则又怎会真正地认罪悔改(这或许可以解释为何在五旬节时,群众问彼得应该做什么的时候,他没有提及相信的原因;见本书第 15 章)。洗礼的基本要素之一就是受洗者相信神有能力令已死且埋葬的人复活(歌罗西书 2 章 12 节;见本书 25 章)。圣灵是透过信心而领受(加拉太书 3 章 2 节)。因此整个基督徒入门的过程就是信心的运用及表现。这样看来,难怪对于"我当怎样行才可以得救?"这个问题,最简单的答案就是"当信主耶稣,你和你一家都必得救。"(使徒行传 16 章 30-31 节)

我们是否可以理所当然地认为,即使是在福音派信徒当中,他们都明白信心?很可能并不尽然。因为这个新约圣经的概念包括一些不同的层面,任一个层面都可能会被夸大而牺牲了其他层面。举例来说,信心的口头表现是很重要的（罗马书10章9节）；但是如果"承认相信"就被视为"相信"的足够证据，有可能导致严重的错误判断，对教会和个人皆有害无益。我们不是说我们有信心，而是真正持有信心。人必须有信心并加以运用，还要承认及告白宣告这份信仰！

根据使徒的教义，完备的信心是由五个基本面所构成，分别是：历史、个人、言语、实践和持续。

一、信心是历史的

众人皆知相信是基于事实，而不是靠感觉。但是它不能过于频繁地重复，尤其是在一个把主观经验视为真相试金石的存在主义文化当中。这种情形已经导致古怪的极端，就是相信信心！许多人认为令信心发生果效的是相信的行为，而非所相信的事实。相信任何事都远优于什么都不信。用通俗的话来说，"你相信什么并不重要，只要你是真诚的就行。"如此一来，宗教就变成安慰剂！

在这个相对主义和轻信的氛围中，宣称信心的有效与否需由客观的真相，而非主观的真诚来决定，会令人感到不快。但这是基督教的主张，必须在我们这个时代的反对之灵面前清楚提出。惟一能够救赎人的信心（无论其他类型的信心能不能实现）是根据历史事件，就是已经发生或将要发生但尚未发生的事。

圣经基本上就是世界的历史。它比其他所有类似的记录早了一点开始，晚了一点结束，主要是因为它的作者能够（透过属天的启示）进入无人能够观察和记录的年代（过去和未来）。只有神能够知道它是如何开始的，以及它将如何结束，因为祂是二者的原因。

在今日，以这个信心的大框架为起点要比过去更加重要。过去或许有一段时间，在"基督教"国家里认为相信一位神是过去的创造者和未来的审判官是理所当然的事。在现代社会的世俗主义哲学和宗教多元论的环境下，已不复如此。现在不但必须问人是否相信神，也必须问他相信的是哪种神！

幸运的是，圣经早已预料到这种必须以对一位"良善的神"的基本信心为起点的需要。无论是谁，只要在寻找神，就必须先"相信"祂真的存在，而且祂愿意被寻见（希伯来书11章6节）。重要的是，当使徒向外邦人（与犹太人有所区别）讲道时，他们必定会在提及耶稣基督之前，先建立这个"上帝框架"（使徒行传14章15-17节；17章22-31节）。

但是，相信神不只是相信祂在历史之初及巅峰时期的活动，也必须接受祂介入历史的中途（将历史分为公元前和公元后），为了救赎一个悖逆种族的事实。信心包括承认神决定透过一个民族（犹太人）来接触万民、透过一个人（称为耶稣的犹太人）来接触所有人。一个认为一切都有部分真理、没有任何一件事拥有全部真理的相对主义世代，会认为这种"独特性的丑闻"非常令人不快。就救赎而言，在普遍性和特殊性方面分别由全犹太民族和一个犹太人占据全部的功劳（约翰福音4章22节，14章6节；使徒行传4章12节等等），这和现代思想完全相悖。但这对救赎的信心却至为重要。

但是，这个信心的核心在于构成真正的"历史枢纽"的那些重要事件：也就是死在十字架上、埋在墓中（注意这件事在圣经和信经中具有何等显著的地位）以及肉身复活——这些事都在几天之内，发生在名为拿撒勒人耶稣的历史人物身上（哥林多前书15章3-4节将这三件事列为基督教信仰的基础）。但是，圣经中记载了历史事件，也提供了解释。信仰包括接受事件的重要性以及接受事件的发生。由于这位被杀、被埋葬并复活的耶稣藉此证明祂就是自己宣称的神子化身，因此这些事件对整个历史和全体人类而言极为重要。

因此若上帝掌管历史，历史的方向就是由个人的选择来决定，而不是与人无关的机率；由道德判断决定，而非物质力量，这和视历史为随机事件的偶发循环的普遍看法抵触。但是，由于神是永恒的，因此从长时间的角度来观察祂的作为，要比短时间内来得容易。这个原则有一个例外，就发生于祂的儿子在世上的那段短暂时期。如果说祂的审判是在历史中缓慢地运行，那么祂的怜悯却是迅速完成（这种差异本身就是对祂性格的一种暗示——约拿书4章2节）。耶稣的死亡及复活，为罪付上代价及战胜死亡，已经成为救赎历史的核心。

从整个历史的神到历史的耶稣，这个进程就是使徒传讲的信心架构。举例来说，保罗宣告的两根支柱就是"神的国"和"耶稣的名"（使徒行传28章31节）；腓利也是如此（使徒行传8章12节）。因此，这个"历史的"福音既是广泛性的（神的"统治"是宇宙性的——诗篇103篇19节）亦是密集的（神的权柄"聚焦"在耶稣身上，现在祂是万有的"主"）。它更排除其他的信仰和宗教。

强调救赎信心的这个历史基础至关重要。今天反对这种宣告的社会压力，相较罗马帝国时代，即使没有更大，至少也不亚于。这种信心在当时胜过世界（约翰一书5章5节），当然可以再度胜过！

二、信心是个人的

若是停留在历史层面上，会使信心变成教义式的承认，认识上的接受。没错，信经正是为此而编纂——为未来的世代保护重要的历史要素（包括事实及其意义）。但是人有可能以诚心甚至坚信的态度背颂信经，却缺少救赎信心的必要元素——关系和委身。信经当然以个人化的方式起头（"我信……"），但是未能将这种信仰表白以个人化的方式加以应用。说"我相信那是真的"，和说"对我而言那是真的"是不同的。相信耶稣是世界的救主，和相信祂是我的救主，并非相同的事。成为耶稣的"见证人"需要第一手的见证，以及第二手的信经！

基督教信仰是相信一个人，而非一连串的论点。我们不单单要相信耶稣死了并且复活；更要相信死了并且复活的那位耶稣。前置词的改变是非常重要的，它将信心从理智（信心理当由此开始）转移到意志（这是我们人格的要塞，非常接近圣经中的"心"的意义），是从客观（关于耶稣的资料）转变为主观（对耶稣的信心）。虽然在前一节中，我们强调没有任何客观内容的主观信心的危险，但是现在我们必须察觉情况相反时的危机！

有一件事情或许很重要，就是新约圣经的作者（尤其是约翰）通常偏爱使用动词"相信"（believe），而不使用名词"信心"（faith），强调这是一件要做的事，而不是一个可以拥有的东西。虽然他们有时候将信心称为"真理的本体"（通常会加上定冠词，例如"那信心"〔the faith〕，这在保罗写给提摩太和提多的教牧书信里相当常见），但是通常信心的含义是一种"信任的态度"。

这种信任的态度包括顺服的行为。马利亚在迦拿对仆人说的话（"祂告诉你们什么，你们就做什么"——约翰福音2章5节）就是信任她儿子的深刻表现。用更具神学性的方式来说：相信耶稣包括顺服祂为主，以及相信祂是救主。如果我们真的相信一个人，我们就会毫不犹豫地照着他告诉我们的话去做。（这是洗礼之所以是信心的要件、并因此成为救赎要件之一的原因；宣称我们相信祂，却连祂命令的第一件事都没有做，就算不是假冒为善，至少也是自相矛盾。）

然而即使是顺服，也可能与个人没有什么关系，如果顺服的范围限制于新约圣经所记录的"基督的律法"的话。如果信心的本质是与复活的耶稣的个人关系——圣经中"认识"的概念（约翰福音17章3节；参阅创世记4章1节）将这一点表达得最好。那么顺服祂的成文命令，甚至是相信祂的赎罪死亡可以有效地应用在个人身上，不见得能培养出这种亲密关系，还需要加上其他成分。

三、信心是言语的

现代异端之一就是主张用言语表达欲望就可以使之成真（说出它，支取它！），无论是以心理学的方式应用在我们自己身上，还是以超心理学的方式应用在他人身上，这种说法和所谓的人类与生俱来拥有神圣力量的异教思想有关，而非与圣经的上帝信仰有关。但是，这种哲学具备一项信心的元素——我们的言语会强化并反应出我们的思想。

新约圣经清楚地教导，信心必须付诸言语。但是强调重点不在于用言语表达信心的人，而在于向谁表达信心。单单诉诸言语，可以在独处的情况下进行，但是自言自语（无论多么具有教化意义或有益处！）通常不是心理健全的表现，更不可能会有属灵的益处。救赎的信心是透过向其他人说话来表现的。只有大声说出来让他们听见，也只有因为听众在聆听之故，信心的言语才有效力。

这种言语表达的最佳范例就是在寻求救恩时直接呼

求耶稣的名。彼得在五旬节的第一篇讲道中引用约珥的话来讲述这个效果（"……凡求告主名的，就必得救"——约珥书2章32节，引用于使徒行传2章21节），而且很快就可明显看出他将这个预言解释为意指耶稣。非常令人惊奇的是，此后在使徒行传中极为频繁地指称耶稣的"名"（2章38节，3章6节，4章7、10、12、17、18、30节，5章28、40、41节等等）。其他后续的记载则指出新门徒被鼓励"求告"耶稣的名，尤其是在受洗时（使徒行传22章16节）。

福音书中充满了这样做的男女。经典的例子是关于拒绝沉默、直到耶稣听见他声音的那个瞎子（马可福音10章46-52节）；耶稣对他的宣告："你去吧！你的信救了你了"不能被解释为透过喊叫，他就治好他自己——而是他坚定的话语成为将耶稣的医治能力释放到他身体里的管道。或许福音书的作者记录许多这类故事的原因，就是要鼓励后来的世代如此行，即使他们不能亲眼看见或听见祂——毕竟，耶利哥的那个瞎子也看不见祂！

高声呼求耶稣的名是表达对祂同在的信念，以及相信祂持续地同在。正因为祂仍活着且在我们四周（藉由祂的——灵），这种信心的话语才会如此有效。"我向主呼求，祂听了我……"这句话对新约的耶稣和旧约的耶和华而言都是真实的。

仪式性的背诵不能算是"信心的话语"。只有主知道有多少重复念着"基督，怜悯我们"的会众是真心寻求祂的怜悯（他们甚至可能不明白自己有多么需要主的怜悯）。重复另一个人的话，除非是自发性地浮现在脑海中，否则通常不是从内心真正地呼求帮助（见本书第31章中对于传福音时使用"罪人的祷告"的批判）。"呼求"与在极为迫切的情绪下自然提高的音调有关，因为明白真正的危机迫在眼前。简而言之，那是一个非常需要被"拯救"的人发出的呼声。

保罗关于必须将信心言语化的陈述或许是最被广泛引用的（"*你若口里认耶稣为主，心里信神叫祂从死里复活，就必得救。因为人心里相信就可以称义；口里承认就可以得救。*"——罗马书10章9-10节）。但是这段经文必须小心解读。他将一个原本是摩西加诸于律法上的原则加诸于福音（申命记30章11-14节）。二者之间的连结是"义"，是法律要求的，由福音所提供。这两个情况下的"义"都不是遥不可及的标准，和人的距离就像嘴上的话语一样接近；事实上，以言语表达它是获得它的第一个步骤（参阅约书亚记1章8节）。就律法的义而言，就是要背诵摩西的律法；但是就因信称义而言，就必须承认耶稣为主。注意诫命已经被基督所取代，成为称义之"道路"。

但要向谁"告白"？大部分的圣经学者过于轻易地假设这是指在众人面前告白，若非和众信徒一起的教义性宣告（将"耶稣是主"用引号标示出来的翻译方式造成这种解读），就是向不信者作一个简单的见证。但是此处的前后文是关于相信主和呼求祂的名（见11-13节），因此可能主要指的是向耶稣称祂是主（保罗自己就在大马士革的路上如此行——使徒行传22章8节、10节）。

但是，这种"告白"的两个方向并非互斥的。或许保罗本人就有两种用意。在耶稣面前承认祂为主之后，必须在他人面前作同样的告白，尤其是还不相信这件事的人面前，虽然有一天他们终得承认祂的地位（腓立比书2章9-11节）。福音书和使徒书信中有一个共同的主旨：我们在众人面前承认与基督的关系，与祂在天父面前承认与我们的关系之间有着紧密联结的关系（马可福音8章38节；提摩太后书2章11-13节）。

向耶稣承认我们接受祂的主权，是一种信心的行为，使我们的生命得以拥有祂的义；向他人承认祂的主权也是一种信心行为，使祂的主权变成不可或缺！这样的告白或许是门徒采取的第一个真正的信心"行为"，但千万不能是最后一个。

四、信心是实践的

我们已经说过，信心是我们的所做所为，而不是我们拥有的东西（因此新约圣经偏好使用动词而非名词）。约翰记录耶稣和群众之间的一段有趣对话——他们问祂："我们当行什么，才算做神的工呢？"他们得到的答案是："信神所差来的，这就是做神的工"（约翰福音六章28-29节）。现代福音派可能会回答："你根本不需要尝试去做任何工；只要相信就够了！"但这样的回答是过度简化了。相信是要"信从这道"（使徒行传6章7节）。新约圣经的信心是非常实践性的。

很可惜的是，"行为"这个字被赋予极其负面的涵义，尤其是在那些以保罗的教训为主要（即使并非全部）神学基础的人眼中更是如此。这个字事实上相当中性，只有在和其他的观念连结时，才会出现正面或负面的涵义。有一件事情非常重要，我们需要了解的是，保罗经常提到"行律法"（works of the law），并且强烈地反对认为这些行为可以带来功德（甚至是理所当然的成就！）的想法，尤其是在和称义（蒙神接纳）有关的事上。但是虽然我们不可能因这样的行为而得拯救（以弗所书2章9节），保罗也同样强调我们得救是为要叫我们"行善"（以弗所书2章10节）。我们可能对"行律法"的错误观念太过执着，以致于我们对于"爱的行为""善行"，以及现在所讨论的"信心的行为"变得盲目。

因为"行为"这个字单纯意指"行动"，它指的是将一件事付诸实行。就是在这样的认识中，雅各正确地说**"信心没有行为就是死的"**（雅各书2章20节），也就是说，它没有办法拯救任何人！当雅各补充说：**"人称义是因着行为，不是单因着信"**（雅各书2章24节；这节经文受到相当大的误解，以为和加拉太书2章16节等经文相抵触）的时候，他并不是和保罗有所矛盾，而是补充他的教导。保罗思想的是"行律法"，雅各思想的是"信心的行为"。雅各用来说明其论点的例子（妓女喇合和族长亚伯拉罕）证明他根本没有考虑道德的成就。这两个人都是因为相信神而拿自己的整个未来去冒险（这一点在第28章有充分的讨论）。雅各强而有力地强调他在同一章稍早所提出的重点——如果没有任何行为，则单靠教义式的承认并不能达到救赎信心的标准。他指出魔鬼也是坚定的一神论者，但却不是信徒（雅各书2章19节）！保罗和雅各都同意"称义只能藉由信心的行为来达成"。能拯救人的是付诸行动的信心。

希伯来书的作者也为我们在信心的实践层面上的了解有重要的贡献（第27章说明这封独特的书信的背景和目的）。希伯来书第11章是信心本质的经典阐述——不仅谈到信心是什么（"*信就是所望之事的实底，是未见之事的确据*"——1节），主要是谈到信心的功效：将不可见的转变为可见的，将未来转变为现在，将属天的转变为属地的，将过去转变为现在。他选择的例子都是"信心的行为"，不同的男女因为相信主而做的事：亚伯献上正确的祭；以诺与神同行（一路直到天上！）；挪亚建造方舟；亚伯拉罕在近八十岁时离开家乡，居住在帐棚，与年长的妻子亲密，并且愿意杀死自己的儿子；以撒和雅各都将还不属他们的产业留给子孙；约瑟安排自己葬在一块自从年幼时期就不曾见过的土地上；摩西的父母冒生命的危险，隐藏自己的婴孩；摩西本人离开宫殿，带领被奴役的亲属进入军队和红海之间的陷阱；约书亚绕着城墙行军；喇合把探子藏起来等等。没有只言片语提到他们对于信心有何想法或感受，只记载他们凭信心做了什么事。虽然这些例子都来自犹太人的历史（就一封写给"希伯来人"的信而言是很恰当的），他们也是基督徒信仰的模范——而且事实上，他们正在等候基督徒赶上他们的脚步（40节）！他们当时的外在行为证明他们对未来的内在信心。

换句话说，信心不只是*接受*神话语的真理，而是*按这些真理行事*。但总是会有风险的成分蕴含在其中：如果它不是真的，那么就会有未来的损失；如果它是真的，未来就会有所得着。但是信靠和顺服的行为必须一直维持到信心进入眼界（注意13节的奇妙陈述："*这些人都是存着信心死的*"），这表示：

五、信心是持续的

不断地遵行神的命令，无论祂的应许要多久才能实现，也是信心的本质之一。这就是为何希伯来书会继续劝勉基督徒要追随旧约圣徒的榜样，并且"忍耐奔跑"，将他们的眼光定睛在为他们信心创始成终的耶稣身上，祂因着摆在前面的喜乐，就奔向并经历苦难（希伯来书12章1-2节）。

对于信心持续性的强调，始于旧约圣经。当哈巴谷担心神的审判即将以巴比伦侵略的形式临到，无法分辨以色列当中的少数义人和众多恶人时，神向他保证"义人因信得生"（哈巴谷书2章4节）。翻译为"信"的这个字并不常出现在旧约圣经中，而且在其他所有地方都意指"信实、忠实、对某人保持信心"（希伯来文为*emunah*）；它是一种若不维持就会"中断"的东西。这段经文中的"生"单纯意指"在即将到来的审判中存活"。"义人"指的是神（不是人）眼中看为义的人。因此我们可以将哈巴谷书这段文字意译为："神视为义的那些人将因为对神保持信心，而在即将来临的审判中存活。"先知自己就是在灾难中对以色列的神保持信心的人之一，即使当巴比伦侵略者依照其野蛮的习俗，破坏了所有的树木和动物之时亦然（哈巴谷书2章17节，3章17-18节）。

哈巴谷书这段"金句"经常被新约圣经引用（在数世纪之后也成为宗教改革的战斗口号）。当使徒作者引用这段文字时，强调重点总在于信心的持续性，对神保持信心。就是因为这个原因，保罗引用它（"本于信，以至于信"，或是更照字面意义来说，就是"从信心到信心"——罗马书1章17节），希伯来书的作者也提出同样的重点（"他若退后"，这是降下船帆的海事术语——希伯来书10章38节）。

就和希伯来文一样，希腊文也是如此——"信心"和"信实"是同一个字（*pistis*）。它一方面被翻译为圣灵所恩赐的信心（哥林多前书12章9节），另一方面被翻译为圣灵的果子"信实"（加拉太书5章22节）。事实上，有时候难以知道该使用何者，而且其意义必须根据前后文来判断。充满信心与为人"信实"是相同的。

另外一个关于信心的持续性的指标可以在动词"相信"的希腊文时态中找到。在提及展开信徒生活的信心初始步骤时，会使用不定过去式，意指单一事件或时刻（在使徒行传16章31节，19章2节中可以找到例子）。但是在许多情况下，使用的是现在式，表示持续不断的行动或当前的状况，与过去的状况有所分别。约翰特别喜欢第二种形式："神爱世人，甚至将祂的独生子赐给他们，叫一切信祂的（即继续相信，或是现在相信），不致灭亡，反得（即此时此地，不只是在未来——见36节）永生"（约翰福音3章16节）；"信（即继续相信，或是现在相信）神所差来的，这就是做神的工"（约翰福音6章29节）；"但记这些事要叫你们信（即继续相信，或是现在相信）耶稣是基督，是神的儿子，并且叫你们（继续）信了祂，就可以因祂的名得（即继续拥有）生命"（约翰福音20章31节）。（注意，这个特色使得约翰福音较适合信徒阅读，不适合非信徒，因为它的目标是让读者保持信心，而不是带领他们相信，这也解释了为何它比另外三本福音书晚写成。）

保罗从来不曾仰赖在大马士革路上已成过去的信心阶段。在长途旅行的途中，他倚靠的是现在的信心："我如今在肉身活着，是因信神的儿子而活……"（加拉太书2章20节）。在生命的尽头，他能够宣告："所信的道我已经守住了"（提摩太后书4章7节）。他的教导充满了关于必须"持续"信心的警告（使徒行传11章23节，

14章22节；罗马书11章22节；哥林多前书15章2节；歌罗西书1章23节；提摩太前书2章15节）。有令人难过的消息，就是有人"偏离"了信心（提摩太前书6章10节、21节），甚至"破坏"了他们的信心（提摩太前书1章19节）。难怪他劝勉哥林多人要"*自己省察有信心没有（意即现在），也要自己试验*"（哥林多后书13章5节）。

这个见证的含意很清楚：真正的信心意指"保持信心"。真正的信心是看结局完成什么，而不是看开始。我们可能在信心中的一个时刻得以称义；成圣和得荣耀则是一生相信的结果。（这个看法对于"一次得救，永远得救"观念的态度将在本书第27章中作更全面的讨论，其中考虑到希伯来书中关于"叛教"的经文；第36章亦有谈及，问及一个人何时才算"被拯救"。）

救赎的信心不只是一个步骤；它是一段路途，一连串的步骤，从此生延续到来生（哥林多前书13章13节）。当一个人相信主耶稣基督时，下一个信心的阶段就是受洗……

4
受水洗礼

将洗礼视为成为基督徒不可或缺的一部分，导致广泛的不安。有些人担心这种对于显然是人类行为的强调会大开"因行为得救"之门，牺牲了"单单因信称义"的教义。但是，正如我们已经指出的，他们似乎并不担心在信心或口里承认之上再"增加"悔改。事实真相是，对于洗礼的真正障碍埋藏于更深处，也就是较普遍的关于洗礼"必要性"的关切。

根本的问题在于，洗礼显然是一种肉体的行为，而成为基督徒应该基本上是"属灵的"。物质界的仪式怎么能够影响道德的实质（甚至代表它们）？当然，花一点时间思考，就可以确知其他三项要素都具备一些肉体的关联。悔改可能包括衣服（路加福音3章11节）、金钱（路加福音19章8节）和书籍（使徒行传19章19节）。信心包括使用口（罗马书10章10节，使得言语成为得救的"基本条件"）。领受圣灵往往透过按手来达成（使徒行传8章17节，9章17节，19章6节）。但是这三种"感觉起来"仍然比较属灵，而不属肉体，但是洗礼"感觉起来"比较属肉体，而不属灵！但是为什么这件事有这么大的问题？

无法将肉体和灵魂连结起来，是西方世界的特色，源自欧美思想在希腊哲学中的根，在这样的思想中，肉体和灵魂"世界"的区隔是十分彻底的。这种看法强烈地影响希腊人的行为，导致放纵和禁欲这两种极端表现。它也影响他们的信仰，导致肉体世界（亚里士多德）和灵魂世界（柏拉图）何者较为"真实"的重要辩论。在西方世界，"世俗"思想跟随亚里士多德，而"神圣"思想则跟随柏拉图。这导致基督教信仰过度的"属灵化"（和东方的神秘主义有较多的相似处，形成古怪的反讽）。这种思想隐藏在"圣礼"的定义背后，视圣礼为"内在属灵恩典的外显可见迹象"。因此许多人视洗礼"只是"一种象征，而"真实"的部分则完全是"属灵"的。这种存在于"外在"和"内在"层面之间的区隔甚至认为有可能不经肉体的仪式而拥有洗礼的"属灵真实性"。

有些人真诚地相信新约圣经本身助长了肉体和属灵"世界"的二分法。他们举出先知在旧约中强调真实而非仪式（例如以赛亚书58章6-7节和何西阿书6章6节），认为这种趋势的高峰就在于耶稣漠视洁净的外在仪式（马可福音7章1-23节）以及祂对于内心洁净的坚持。同样地，使徒继续先知所说的心的割礼（申命记10章6节）的观念（歌罗西书2章11节）。最重要的是，希伯来书将"旧"约"属世"的肉体"形式"（圣殿、祭坛、祭物、祭司、外袍、香等等）和"新"约的"属天"属灵"相对形式"作对比。因此，基督徒当然应该专注于属灵之事，不要理会肉体。

但这并非"新"约的全部真理。批评餐前洁净洗手礼的同一位耶稣也命令所有的门徒都要受洗（马太福音28章19节；见本书第7章）。提到心的割礼的保罗将它与洗礼连结起来（歌罗西书2章11-12节；见本书第25章）。写信给希伯来人的同一位作者提到必须把身体用清水洗净后来到上帝面前（希伯来书10章22节；见本书第27章）。因为他们都是犹太人，不是希腊人。希伯来的思想从来不曾犯下把灵魂和肉体区隔开来的错误，因为本身就是灵的那位神创造了物质世界，让我们肯定及享受。圣经责备禁欲主义，称之为异端！性关系具有属灵的重要意义（只有在"希腊"思想中，禁欲才被视为比婚姻更高尚的状态）。

在圣经中，肉体的事物不只是属灵事物的恰当隐喻和适当类比；肉体可以是和灵魂沟通的实际方法。这个原则从起初，从伊甸园的生命树和分别善恶树开始，一直到耶稣用来医治瞎子的土和唾液皆是如此。道成肉身就是最极致的表现。耶稣用祂的身体担当我们在木头上的罪（彼得前书2章24节），而且也是祂的身体复活带来永生的盼望。难怪基督教被称为"世上所有宗教里最唯物论者"（英国大主教威廉·汤朴〔William Temple〕的评语）。

难怪主命令祂的门徒从事两个肉体的行为，一个是开始门徒的生活，另一个是持续这种生活。二者都有强大的效果。在提到主的晚餐时，保罗详细描述"圣餐"的正面果效，以及这种"圣礼"可能衍生"定罪"的负面果效（哥林多前书10-11章）。

在引用"圣礼"的"希腊"定义之后，我们要尝试采用"希伯来"的定义！它是具有属灵果效的肉体事件。有了这个思想为前提，我们可以开始研究洗礼，以及它在基督徒入门的过程中扮演的角色。我们要问四个基本的问题：它在何处进行、如何进行、为何进行及何时进行？

一、洗礼在何处进行？

这个实施源自何处？是谁开始的？

以仪式进行洁净的想法几乎是普世性的——从新郎在婚礼前的沐浴（一种古老而普遍的做法），到现代精神病医师所熟知的强迫洗手症。但是从何时开始，它变成具有宗教意义的特殊性，而这个基督教仪式的根源为何？

新约圣经的洗礼不太可能源自于异教（虽然在哥林多前书15章29节中提到"为死人"施洗时可能和这一点有关；见本书第24章）。更有可能的是源自犹太背景。当然旧约圣经中记载了洗涤仪式的细节，特别是和祭司的职分有关。先知也期盼百姓获得深度的洁净（留意以西结书36章25节中的"清水"）。

在昆兰（Qumran）的艾赛尼派社群中发现的仪式澡

受水洗礼

盆，也见证了至少有一支犹太传统以浸入水中作为常态的洁净之礼；这种做法的时间和地点与施洗约翰和耶稣事工的邻近性令人惊讶。但是，虽然构想上可能有一些关联，但是没有任何二者直接相关的证据，尤其是在约旦河接受洗礼的那些人的思想中。他们并不认为自己是与社会区隔，而是与他们的罪区隔——以回应数世纪以来第一个先知的声音（注意施洗约翰采用以利亚的穿着方式）以及关于弥赛亚即将到来的宣告。

许多学者在犹太人的"改变信仰"洗礼中看到先例，这是在犹太人分散（离散异域）的期间发展出来的，用于预备外邦信徒成为犹太民族的正式成员。但是关于这个做法最早的可靠证据来自第一世纪末，因此我们不知道在耶稣的时代是否已经熟悉这种做法。无论如何，这种洗礼和基督教的洗礼之间有极大的差异。这种洗礼要和割礼一起举行；它是自己进行的；它的施行对象是全家，但是不包括后来出生的婴儿；而且，最重要的是，它是为了除去种族的玷污而设计，不是为了去除道德的罪咎。如果这种洗礼在施洗约翰开始其事工之前就已经广为人知，那么要求犹太人行这种洗礼，必然是极大的冒犯！

尽管有这样的背景，若是我们将洗礼视为约翰在神的直接启示和命令下所提出的原创做法，就不会被误导，虽然把它放在以水进行肉体和灵魂洁净的背景上来看，就可以轻易了解洗礼的意义。

约翰讲道和施洗的突出特色就是强烈地强调道德内容。他宣告等候已久的消息：神的国（是指掌权，不是指领域范围）即将进入历史的舞台，以极高的公义标准对待人类的事务，以至于获得神国公民权利的迫切要务是悔改与赦免。约翰明白浸（见下一节）在约旦河水中这种行为既是悔改的高峰，也是赦免的传递（马太福音3章11节；马可福音1章4节；路加福音3章3节）。

约翰的洗礼和后来的基督教洗礼之间的关联有两方面。第一，耶稣本身顺服约翰，虽然对祂而言，这是"义"的行为，而不是悔改（马太福音3章15节）。祂的顺服和评论是对任何一个认为洗礼不必要的门徒的明确责备！第二，耶稣本人在展开自己的事工之后，继续为其他人施洗。事实上，有一段时间约翰和耶稣使用同一条河，相距几英里远，以至于发生比较双方施洗人数多寡这种令人厌恶的事（约翰福音3章22-26节）。事实上，耶稣并未亲自施洗，而是由门徒施洗（或许这也是为何后来彼得及保罗由其助手施洗——比较约翰福音4章2节；使徒行传10章48节及哥林多前书1章14-17节）。

令人惊讶的是，在耶稣的大部分事工中，没有提到任何洗礼，即使当十二使徒和七十个门徒奉差遣出去宣教之时也一样。但是，它却是在耶稣复活和升天之间给门徒的最后命令中的核心。祂清楚地将施洗纳入宣教命令当中（马太福音28章19节；参阅马可福音16章16节），已经足以解释为何初代教会普遍施行洗礼。我们接下来就会看到，在那时候，洗礼的意义已经有可观的发展，但是模式或方法仍然相同。

二、洗礼如何进行？

后世基督徒艺术家描绘施洗约翰在约旦河边的情形，往往绘制受洗者站在水深及膝、大腿甚至及腰的水中，而约翰则用贝壳洒几滴水在他们头上；这种画面是圣经记录和后世圣礼实务之间的折衷（下半身浸在水里，上半身行点水礼）。不戴着传统的镜片去阅读圣经，是多么重要的一件事！

新约圣经清楚指出，约翰和使徒的洗礼是完全浸在水中（"没入水中"或许是比较好的说法）。约翰选择约旦河的一段特定河道，正是因为它的深度适当（约翰福音3章23节）。腓利带着埃塞俄比亚人"下水里去"（使徒行传8章38节）。有人表示异议，认为耶路撒冷没有足够的水让三千人同时受洗；这种看法忽略了毕士大池和西罗亚池——而且圣经的记录并未宣称他们是同时下到水里去！

"施洗"（baptize）这个字就意味着完全浸入水中。在新约时代，它还没有变成圣礼的确定用语。它是一个普通的希腊字（baptizein），是个描述性的字汇。它用于形容船只沉没（不是出发！）、杯子泡到一碗酒里、把衣服浸在一桶染料里。它的应用场合和英文中的浸湿、浸、浸泡、潜入水中、浸入水中、浸于大水中或湿透、沉没、淹没、泡、浸透一样。它也更广泛地做为隐喻用途，意为"使……难以承受"。约翰被称为"施洗者"(Baptist)，不是因为它是个头衔，更不是它后来成为的宗派名称；那是一个描述性的昵称，意指跃入者、浸湿者（和形容耶稣是以圣灵"施洗者"所使用的形容词组相同——约翰福音1章33节；因此耶稣和约翰一样，是个施洗者！）

有数世纪之久，这种洗（浸）礼的观念广为人知。即使后来洗礼被应用在婴儿身上（见附录一），仍然是把婴儿浸入水中（见证了中世纪洗礼盆的尺寸）。东正教的教会仍然对婴儿行浸水礼（奉三位一体神的名浸入水中三次！），或许是因为他们认识希腊文！很可惜，在我们的圣经版本里，这个字很少翻译为对等的英文，而只是翻译成英文的拼写法。事实上，现在它的意义非常具有技术性，以至于失去了原有的内涵。对希腊人而言，"以洒水方式施洗"就像画一个方形的圆圈或烤雪一样不可思议！

新约圣经的洗礼需要水，而且需要"很多水"。但是它也需要话语。在约翰的洗礼中，受洗者必须口头承认特定的罪行（如本书第2章所述）。在使徒的洗礼中，受洗者必须"呼求"耶稣的名。施洗者也必须施洗归入祂的名（使徒行传19章5节）。当时的洗礼似乎没有固定的公式，像现在经常坚持的，但重点在于包含"耶稣"的名（见本书第7章关于马太福音28章19节的三位一体"名字"和整本使徒行传中以"独一神"的方式使用耶稣之名二者之间矛盾的讨论）。

最后，就模式而言，虽然洗礼从来不是自己施洗，但是它的果效似乎倚重于受洗者的灵命状态，更甚于施洗者的灵命（耶稣是由不曾受洗的人施洗的——马太福音 3 章 14 节）。

三、为何要洗礼？

我们已经指出约翰的洗礼用意在于完全悔改和传达赦免。这个双重目的清楚地传承到基督教的洗礼当中（使徒行传 2 章 39 节）。但是在耶稣死亡、埋葬及复活之后，增加了一个新的强调重点。

洗礼是为不洁之人预备的沐浴

洗礼是为了洗净罪（使徒行传 22 章 16 节；以弗所书 5 章 26 节；希伯来书 10 章 22 节）。它的洁净活动是内在的，而非外在，在于良心而非身体（彼得前书 3 章 21 节），即使这样的意义超出了施洗约翰的理解范围。但是以下的观念为洗礼增加一个全新的层面。

洗礼是已死之人的埋葬

洗礼的必要序曲是像耶稣一样"脱去肉体"，和祂同钉十字架；这就是保罗所说的，不以手施行的"割礼"（歌罗西书 2 章 9-12 节；见本书第 25 章）。"埋"在水里是信徒向旧生命死、向新生命复活之间的重要连结（罗马书 6 章 4 节；歌罗西书 2 章 12 节；彼得前书 3 章 21

节)。就这个意义而言,完全浸入水中的行为是何等地适当——浸入水中和从水里出来,埋葬和复活(其他所有的方式都把焦点集中在沐浴的层面,而非埋葬的层面)。

非常值得注意的是,在新约圣经中提及洗礼之处,大部分使用的措辞是工具性的,而非象征性的。洗礼不只是像沐浴;它就是沐浴。它不只是像个葬礼;它就是个葬礼。这个"记号"实际上完成了它所代表的事。当洗礼被视为"仅仅"是象征,代表的是它以外的某一个属灵事实时,就让人有机会以为它可以代表某件可以在另外一个时间"发生"的事,若不是在洗礼之前的某个时间(就信徒而言),就是在之后的一长段时间(就婴儿而言)。(关于洗礼的这种"工具性"的认识,最好的书籍之一就是毕斯里莫瑞〔G. R. Beasley-Murray〕的《新约中的洗礼》〔*Baptism in the New Testament*, Eerdmans, 1962〕,虽然他没有太清楚地区分水洗与灵洗。)

但是新约圣经的用字遣词既是一致的,也是工具性的,它描述了洗礼之时实际发生的情形。这样一来就把重点放在神在洗礼中的作为,而非人类的行为。只把它视为"顺服的行动"或"见证"(湿淋淋的见证)就是忽略了它的根本目的。它是一种"恩典的方式",救赎恩典的方法。新约圣经的作者毫不迟疑地将"拯救"这个字与洗礼一起连接使用(马可福音 16 章 16 节;使徒行传 2 章 40-41 节;彼得前书 3 章 21 节——最后一处经文是最强烈的宣告,断言"洗礼现在拯救你们")。在这个"重生的洗"（提多书3章5节；见第26章）中，一个人"从水而生"（约翰福音3章5节；见第10章）。

难怪使徒将这个行为与先前历史上一些伟大的救赎事件连结在一起。彼得在挪亚的洪水中看到基督徒洗礼的一种类型，在这个事件中，挪亚和七个近亲经由水与他们过去的邪恶环境分离开来（彼得前书3章20节；见本书第29章）。保罗认为过红海是基督徒洗礼的一种类型（哥林多前书10章1-2节）——我们不免会得到一个结论，认为过红海对于犹太人和法老的意义，就像洗礼对于基督徒和撒但的意义（当然，在洗礼之后，"罪必不能作你们的主"——罗马书6章11-14节）。它是断绝过去、重新开始的圣礼。

有些读者会觉得难以接受这些看法，而且绝对会怀疑我在教导"靠洗礼重生"（baptismal regeneration）的可怕教义。但是这种扭曲的恐惧会把洗礼仪式贬低为单纯的象征。要避免这种错误，就要记住新约圣经绝未暗示洗礼本身能够达成上述的任何一种结果（对于这种机械式、甚至是魔法式观点的技术性描述就是拉丁文词组 *ex opere operato*）。只有在特定的属灵条件下，洗礼才有"功效"。水本身只能洗去身上的灰尘。让肉体的行为拥有属灵果效的，是神透过祂的灵运行能力，回应人的悔改与信心。藉着上述思想的简单进展，我们进入到最后一个问题。

四、洗礼何时进行？

在使徒时代，人们何时接受洗礼？简单的答案是：当他们能够说服他人，相信他们真的悔改并相信时。因此可能发生在他们第一次听见福音的同一天（使徒行传10章48节），甚至在同一个晚上（使徒行传16章33节）。

当然，这件事涉及人的判断，有时候也会犯错（使徒行传8章13节），不过在发现错误时就会坚定地加以修正（使徒行传8章18-23节）。重点在于，判断悔改的标准是证明，而非表白（使徒行传26章20节）。但是，虽然悔改是约翰洗礼要求的惟一条件，基督徒的洗礼要求相信主耶稣基督（使徒行传19章4-5节）。

从这个角度来看，受洗者的属灵状态比水的分量或仪式中使用的言语形式重要得多，因为若是没有这种悔改的信心，洗礼对人而言就没有效用，神也不会接纳（如果洗礼具备和圣餐一样的圣礼性质，那么若是对未悔改的未信者施洗，甚至是有害处的）。因此洗礼是一个由在道德上能够负责任的人所采取的自愿行为（彼得前书3章21节；见第29章）。在个人得救的事上，没有代理悔改或相信这回事。每个人都必须自行回应福音，自行要求洗礼（注意使徒行传2章38节中的"你们各人"都必须"悔改"和"受洗"；见第15章）。

这就解释了动词"施洗"采用"中动语态"这种不寻常的用法（例如在使徒行传22章16节中）。主动语态意指"为你自己施洗";被动语态意指"被人施洗"。中动语态意指"让你自己被人(也就是别人)施洗"。个人的意志和知觉都包含在其中。洗礼是一种有意识、诚实的行为。

五、"幼儿"洗礼

这些看法必然会引起"幼儿"(infant)洗礼的问题(以下使用"婴儿"〔baby〕一词而不使用"幼儿"应该可以厘清辩论的重点,这样可以相当清楚地指出问题是关于那些无法自己悔改或相信的人——事实上,他们根本没有能力犯下洗礼所洁净的那些罪!)。这个问题会在其他主题下更详细地进行讨论(请见15、19、34章及附录一);在这里我们只关心新约圣经对洗礼的看法。

大部分学者同意新约圣经中并未明确记载婴儿洗礼(无论父母是否信主),无论是由施洗约翰还是初代教会施洗。许多人接着解释这种"沉默",认为这些人是"第一代"的基督徒,都是成年归主者。但是,令人无法想象的是这些第一代信徒都没有为人父母或祖父母者,蜂拥到约旦河边去见施洗约翰的数千人或在五旬节时去听使徒讲道的人都没有家人!这种沉默反而变得震耳欲聋。

然而,存在更积极的证据表明婴儿并未包含在内。关于约翰的洗礼,明载它是为悔改而设,受洗者要承认自己的罪——二者都无法套用在婴儿身上。五旬节时,明确地记载到受洗的人是"领受他话"的人(使徒行传2章41节；和受洗的"一家"所使用的措辞完全相同——见本书第19章的详细说明）。

还有其他经文被引用作为洗礼包含婴儿在内的间接证据。然而，彼得宣告的"这应许是给你们和你们的儿女"指的是圣灵的洗礼，而非水洗，而且其资格明定为必须接受且回应圣召，并且平等地提供给"一切在远方的人"（使徒行传2章39节；见本书15章）。保罗提到信主的妻子，说她的"儿女……是圣洁的了"（哥林多前书7章14节；见22章）；但是根据同样的理由，不信主的丈夫也是如此，而且保罗此说的背景是离婚这个主题，而非洗礼。在保罗的书信中，称呼孩子为"在主里"（以弗所书6章1节；歌罗西书3章20节）；但是他们显然年纪够长，可以面对道德的责任。

大部分学者承认，新约圣经中没有婴儿洗礼的直接证据；但是有些人想要提出相反的观点，认为也没有反对这种做法的证据。但是并非如此。问题在于不可能将新约圣经对于洗礼的理论（也就是上文摘述的意义和重要性）应用在婴儿身上，而不致令洗礼变成仅具象征意义（对未来的盼望），而最糟的情况就是变得根本是一种迷信（将婴儿从地狱里拯救出来），再加上介于二者之间的些许情绪作用（婴儿的"出生仪式"）。将洗礼视为将罪洗净的沐浴，或是罪人的葬礼，都需要超乎圣经话语的信心。因为简单的事实是，新约圣经对于洗礼的看法不能应用在婴儿洗礼上。无论是其条件，或是其功效，都必须大加修改甚至忽视，才能将它"套用"在新生儿的身上。

为婴儿施洗的真正基础在于神学，而非圣经经文（我们会在附录一中阐明这一点）。情况是这样的：一个在其原来的上下文意中是合理的圣经观念，被高举成为一个原则，用来解释超出其适当范围的事务。有三个被人如此应用的教义（附录一有更完整的解释），就是原罪、继承的约，以及先在的恩典（prevenient grace）——这些都和新约圣经的洗礼没有直接关系（洗礼是为了洁净实际的罪，而非原罪；它是为从圣灵生的人预备，而非从肉体生的人；它是专有恩典〔appropriated grace〕的圣礼，而非先前恩典的象征）。

六、洗礼不能做什么

洗礼表示旧生命的结束，新生命的开始；罪人之死亡和圣徒之诞生；旧人的埋葬和新人的复活。它是"重生之浴"，不只为生命带来新的开始，也带来可以重新开始的新生命！

但是这种说法可能造成过高的期望！许多人期待洗礼不只让他们能够洁净地开始新生命，也可以保持干净，以为洗礼能够对付他们的未来以及过去，以为洗礼能够成为"双效药剂"，救他们脱离罪的统治和污染。接受洗礼之后所犯的第一个罪非常令人痛苦！我是否破坏了我的洗礼？我需要再接受一次洗礼吗？我真的准备好要接受它了吗?事实上,我们可能只需要洗脚(约翰福音13章10节)!

真正的情况是,水洗礼并不是设计用来为我们完成这一切的。它可以对付我们的过去,但不能对付我们的将来。我们必须记住,施洗约翰承认水洗礼的限制。他承认需要能力和圣洁。透过启示,他知道需要另外一种"洗礼"——而且这个洗礼很快就会临到。他甚至知道施行这种洗礼的人是谁。他的先知洞察力能够理解弥赛亚的双重事工:"除去世人罪孽"(约翰福音1章29节)和"用圣灵施洗"(约翰福音1章33节)——而做这件事的人就是他的表弟,耶稣!

每位信徒都必须接受两个洗礼,一个来自一位基督徒,另一个来自基督。在第一个洗礼中,我们领受神的儿子在死亡、埋葬和复活中给予我们的礼物;在另一个洗礼中,我们领受神的灵用能力和洁净所赐的礼物。旧约时代的利未祭司透过洗于水中及用油膏抹而成为圣洁(出埃及记29章4、7节;利未记8章6、12节)。在新约中,神的万民皆祭司,也需要这种双重成圣。结束对"洗净"的研究之后,我们要开始探讨圣灵的"恩膏"。

5
领受圣灵

虽然初代信徒从来不曾使用"基督徒"(Christian)这个名称,但是他们很可能认为这个名称不适用于任何人,除非这个人领受了圣灵。"基督"意指"受膏者",源自于以油膏抹新王的传统(在英王的加冕礼中,这个特别的步骤仍然被称为"抹圣油礼")。根据圣经,油是神的灵的象征,因此是众所期待的弥赛亚,是"受膏者"(诗篇2篇2节是惟一明确使用这个词的经文),也是基督(希腊文为 christos),会被圣灵膏抹(以赛亚书61章1节)。耶稣被人认明为基督(在马太福音16章16节由彼得认明;在约翰福音11章27节由马大认明)。

经过自然的延伸,祂的门徒被昵称为"基督徒";然而重要的是这个称呼首先出现在外邦人的城市(安提阿),他们第一次被视为一个新宗教(这个宗教的神叫做"基督"),而不是一个犹太教的宗派(在耶路撒冷就是如此认为)。

但是,如果门徒和后世的门徒一样,也采用这个用语,那么几乎可以肯定的是这个名词的意义有所深化。它不仅意味"受膏者的跟随者",更传递出"受膏者的受膏跟随者"这个更深入的思想，或是根据字面意义来看，是指一个"基督化"的人（用现代的用语来说，就是成为基督徒！）。由于福音的基本要义是受圣灵膏的那一位要随后膏其他人，从而透过他们来拓展祂的事工（马太福音3章11节；马可福音1章8节；路加福音3章16节；约翰福音1章33节；尤其是约翰福音14章12节），因此如果初代教会使用"洗礼"(christening) 这个字，他们不会像今日所习惯地将它应用在水洗礼，而是应用在圣灵洗礼。他们想到的是成为基督徒的第四个阶段，而非第三个阶段。

领受圣灵也可以视为一种"坚信"(confirmation)，以及"洗礼"(christening) ！人对福音的回应不能使徒彼得、约翰和保罗感到满意，除非人领受圣灵（见第16章关于使徒行传第8章的讨论，以及第20章关于使徒行传19章的讨论）。使徒之所以不满意，是因为他们没有被说服！圣灵的恩赐是属天的"确据"，以看得见和听得见的方式领受，证明悔改、受洗的信徒已经被神接纳，现在属于祂。保罗在哥林多带领归主者的"灵恩"经验（释放他们当中所有的属灵恩赐）被保罗视为是他的教导以及归主者信主的"见证"（哥林多前书1章6-7节）。因此，拥有圣灵是基督徒的记号（见本书第21章关于罗马书8章9节的讨论），是神圣所有权的可见印记（见下详述），是确据与把握的基本根据（约翰一书3章24节，4章13节）。它是进入神国（见第10章关于约翰福音3章5节的讨论）以及活在"新"约（哥林多后书第3章）中的根本。

领受圣灵

领受圣灵必须从三个观点来进行研究。首先，必须清楚分辨它与基督徒入门的另外三个要素。第二，必须通盘考量所有用以描述它的各种说法。第三，必须明白这件事究竟如何发生在个别门徒的经验当中。

一、它的独特必要性

绝对要注意的是，在新约圣经中，领受圣灵从来不曾被视为等同于悔改、相信或洗礼，或是与之混淆。四者都相当独特，而且四者都是必要的。

少数人将悔改与领受圣灵混为一谈

圣经似乎明显指出悔改是领受圣灵的前奏。在圣灵居住于人心之前，必须先除去罪。相反地，若是赶出恶者，但是没有填补留下来的空洞，则是危险的（马太福音12章43-45节）！

因此，如果认为施洗约翰的事工已经完全，就是误解了他的事工，即使他在洗礼中带领许多人透过悔改进入真正赦免的经验之中（马可福音1章4节）。他承认自己事工的不足，因此清楚地指示他的门徒要接受圣灵洗礼，这个洗礼差异极大，以至于他自己无法为他们施行。然而，从来没有任何暗示说这种由地位更加崇高的施洗者所行的更高等洗礼可以废除悔改或水洗礼。

许多人将相信与领受圣灵混为一谈

"相信耶稣"和"领受圣灵"被广泛假设为同义语（因此也同时发生），以至于这两个在新约圣经中总是有所区别的句子，在大部分福音聚会的呼召中被合并使用，勉励听众要"接受耶稣"。它毫不犹豫地假设任何"接受耶稣"的人就会自动"接受圣灵"，无论是否伴随着任何有意识的经验和外在的证据！但是这种思想在两大方面与新约圣经的教导相悖：

第一，显然在某些情况下，"相信"和"领受"并非同时发生，因此二者不是同义词。举例来说，十二使徒就是这种情形，这是普遍接受的看法。很显然地，在他们领受圣灵之前，他们已经信主好多年（约翰福音7章39节；注意"相信"是不定过去式，表示在这之前已经完成一个一劳永逸的信心步骤）。但是这个例子往往被忽略，因为它发生在五旬节以前；他们没有在信主时领受圣灵，是因为圣灵"还没有赐下"。如果没有五旬节之后的例子，这种论点就可成立，但是并非如此。事实上，有几个后来的例子，人"相信"一段时间之后才"领受"圣灵。最清楚的例子是撒玛利亚人，他们"相信"（再次出现不定过去式）而未"领受"（使徒行传8章17节）。有些人试图闪避这个问题，质疑他们的"相信"是否为"完全的"基督教信仰；但是路加从未如此表示，彼得和约翰也从来不曾对这件事提出任何纠正。其他人可以解释这种"延迟"的独特情境，但是无法回答造成这种现象的真正问题（举例来说，怎么会有人知道他们没有领受？）。他们的"相信"和"领受"相隔一段时间的事实依然存在（见本书第十六章，对于这个事件有更完整的检视）。即使在五旬节之后只有一个这种间隔的例子，就足以支持二者的差异，但是在使徒行传中还有其他的例子，尤其是在以弗所（见本书第 20 章）。保罗亲自向该地的"门徒"提出的问题："你们信的时候受了圣灵没有？"（使徒行传 19 章 2 节；再次使用不定过去式），表示他明白他们可能在思想和经验上与其他信徒有所区别。虽然后来他确实发现他们连信心也有所不足，但是他原本问题的意义仍然有效。而他在为他们施洗归入主名下之前带给他们的"更完整"信心仍然和领受圣灵不同，领受圣灵是发生在他们受洗之后。这种"相信、洗礼、领受"的顺序似乎是新约大部分门徒的常见模式（见本书第 27 章关于希伯来书 6 章 1-6 节的讨论；惟一例外的记录是哥尼流全家，该处的顺序是"相信、领受、洗礼：见本书第 18 章）。

第二，使徒宣教时从来不曾使用"接受耶稣"这种说法。很多人以为这个在现代几乎普遍使用的句子具有圣经根据，但它的基础却是肤浅的读经，而非仔细的研究。从四卷福音书到使徒行传及书信之间的这段时间里，"领受"这个词的意义有明显的改变，分别对应于复活节前和五旬节后的时间。虽然它具有重要的神学意义以及历史意义，但是似乎很少人注意到这种改变。

虽然神的儿子来到世界上，成为肉身，并住在"祂自己的"百姓当中，被许多人拒绝，但仍有部分人"接受"；因此接受祂的人就获得"权柄"（exousia，还不是能力dunamis，因为在五旬节之前能力并未赐下）作神的儿女，因为他们的接受／相信意味着他们是"从神生的"（约翰福音1章11-13节；注意动词的不定过去式时态，它将这个叙述限制在道成肉身的那段历史阶段中）。在耶稣其余的事奉时间里，祂继续使用"接受"（译注：有时译为"接待"）这个字，包括祂自己和关于祂自己（例如约翰福音5章43节）的事。但是，在祂升天并差遣"另一位"来取代祂在世上的位置之后，"接受"这个动词的对象就全部从三位一体的第二位转移到第三位——圣灵（使徒行传2章38节，8章17节，10章47节，19章2节；哥林多前书2章12节；加拉太书3章2节等等）。

这个"规则"只有两个显著的例外。耶稣曾一度表示，接待祂的使徒等于接待祂，相对地也等于接待了天父，因为天父差遣耶稣担任"使徒""受差遣者"（约翰福音13章20节；动词apostellein："差遣"，和名词apostolos："受差遣者"，基本上是相同的）。由于这是祂在世的最后一晚说的话，因此可能是指使徒在五旬节后的使命。但是要注意的重点是，祂并不是说"凡相信福音的人就是接待我"，而是说"凡接待你们的就是接待我，因为你们是我的代表。"（耶稣在提到末日审判时已经解释过这个原则——马太福音25章31-46节）当保罗逼迫教会时，就揭露这个真理的负面意义（使徒行传9章4节）。经文并未将"相信"与"接受"画上等号，也没提到圣灵。

另外一个"例外"是在保罗对歌罗西人的劝勉："你们既然接受了主基督耶稣，就当遵祂而行，在祂里面生根建造，信心坚固，正如你们所领的教训，感谢的心也更增长了。"（歌罗西书2章6-7节）值得注意的第一件事是，这封信的背景并非向未信者传福音，而是在教导信徒；没有任何记录指出保罗（或其他任何一位使徒）劝勉罪人要"接受"救主。更重要的是这里被译为"接受"（received）的这个字；它并不是一个单纯的希腊字 lambanein（接受），而是 paralambanein 这个复合动词，带着意为"在……旁"（para-：beside）的字首。"在旁边接受"是一个较间接的字，意指透过他人来接受——听见某人的事，被教导关于某人的事，获得关于他们的看法或信息。这种"间接"的接受完全合乎保罗的重点，以及他评论的背景。他提醒歌罗西人不要忘记他们最初"接受"的教导，亦即每天生活在耶稣基督主权之下的意义。如果他们要留"在祂里面"，就必须持守并实践起初的教训，否则他们与神的关系就会退化，尤其是当他们听从其他哲学时（8节）。这个"接受"的间接动词也使用在先前讨论过的一节经文里（约翰福音1章11-12节；这里把"不接待"〔paralambanein〕祂的人和接待〔lambanein〕祂的人区别开来；"不接待祂"指的是那些听说过祂但是没有亲自与祂相遇的人——很可能是指祭司和国家领袖——而"接待"意指和耶稣有直接亲身接触的人)。

我们的结论是,使用"接受耶稣"来作为基督徒入门要素的说法,并没有五旬节后的事实基础。以现代的使用方式而言,应该将它视为"相信耶稣"的误导同义词,但是不应该将它解读为包含有"接受圣灵"的意义。这种将两个差异甚大的实体混为一谈的合成品,已经导致许多思想和经验上的混淆。就"相信"而言,主要指的是人类的行动;就"接受"而言,则在于神的行动。在成为基督徒的"正常"过程中,一个发生在洗礼之前,另一个则发生在洗礼之后。

某些人将洗礼与领受圣灵混为一谈

想要公正地为洗礼赋予完整的圣礼重要性(而不只是象征意义)的人特别容易犯这个错误。他们正确地理解重生的意义,将之视为旧生命的结束、新生命的开始,因而将洗礼(主要针对过去)和圣灵洗礼(主要针对未来)合并成为单一的事件和经验。在耶稣关于新生的教导中,将水和圣灵紧密地连接在一起,很可能助长了这个错误(见第10章)。保罗习惯使用动词**"受洗"**(例如加拉太书3章27节)和名词**"洗礼"**(例如以弗所书4章5节)而不作进一步的附带说明,导致一些学者认为使徒本人将这两种洗礼结合为一。但是,新约圣经中的两项证据指向相反的方向。

领受圣灵

第一，没有任何记载有人在接受水洗礼的期间接受圣灵。有一次是刚好在之前（使徒行传10章47节），但是通常是在之后立刻发生（例如使徒行传19章6节），虽然有一次是在很久之后（使徒行传8章16节）。这种模式与耶稣本人的经验相符，祂在从水里上来时"接受"圣灵（马太福音3章16节）。

第二，新约圣经清楚教导，有可能接受一种洗礼而未接受另一种洗礼。领受圣灵的人也必须接受水洗礼（例如哥尼流和他的家人）；受过水洗礼的人也必须领受圣灵（例如撒玛利亚人）。二者都不能令另一种洗礼作废。

尽管如此，此二者之间似乎具有真实的关联。洗礼通常（虽然不是一定）会引导至圣灵洗礼。当保罗发现以弗所的信徒没有领受圣灵时，他立刻怀疑他们的洗礼的有效性（使徒行传19章3节；见本书第20章）！或许在复活的观念中可以找到其间的关联。正如耶稣的死与埋葬导致祂藉由圣灵的能力从墓中复活（罗马书8章11节），悔改的信徒埋在洗礼的水墓中也渴望经历藉着圣灵相同的能力所带来的复活生命（这一点可以在以下经文中清楚看出：罗马书6章3-4节，歌罗西书2章9-12节——见本书第25章；彼得前书3章18-22节——见本书第29章）。正如耶稣的死亡、埋葬和复活在福音书中代表整合的全体，水洗礼和圣灵洗礼也同属于对福音的回应，不过在这两个情况中，组成的各部分彼此之间都没有被视为同一件事或彼此混淆。

但是,"灵洗"究竟是什么?我们可以藉由思考新约圣经用来描述它的文字,开始回答这个问题。

二、叙述上的细微差异

若是以描述领受圣灵的字汇作为判断的根据,它一定是个非常丰富的经验!除了直接的名词和动词之外,圣经还使用许多隐喻和明喻。在对任何一个用词进行详细研究之前,我们必须强调这些文字是描述性的(用于加强我们的理解)而非定义性的(限制其意义)。它们必须被视为动态的词语,而不是教义的术语,必须在生活中以生存意义的角度进行认识,而非在逻辑中以知识的角度去鉴赏。虽然动词比较生动,但是我们要从名词开始。

应许(promise)

这是将"预言"和"实现"连结在一起的用字;它肯定一个已经被预测、因此可以期盼它发生的事件。最重要的是,它指出神信守诺言的信实榜样。由于圣经中包含七百余个独立的预言(其中八成以上已经实现!),因此"应许"这个词在圣经中扮演着重要的角色,甚至被称为旧约圣经神学的关键。路加使用这个名词来形容五旬节那一百二十人和三千人的经验(使徒行传2章33、39节)。圣灵当然是耶稣亲自应许的,在祂死前(约翰福音7章37-39节)和复活之后(使徒行传1章5节)都有应许。但祂只是重述一个早在数世纪之前,即由祂的天父透过以色列的先知（主要是在约珥书 2 章 28-29 节；但亦见于以赛亚书 32 章 15 节；以西结书 36 章 27 节及其他地方）许下的应许（路加福音 24 章 49 节）。事实上，保罗暗示说，从一开始，在给亚伯拉罕的应许中就已经暗示圣灵的浇灌（加拉太书 3 章 14 节）！

恩赐（gift）

和"应许"有密切的关系（经常在同样的文脉中——使徒行传 1 章 4 节），这个字同时强调浇灌下来的圣灵的属天源头和无价的本质。它无法被赚取、交易或靠行为取得；只能用感恩的心"接受"（或是拒绝）。学者对于使徒行传 2 章 38 节的所有格的意义有诸多争议——这里的 of（……的）是指由圣灵构成的礼物，还是指圣灵赐下的恩赐？后者似乎较为可能比较使徒行传 10 章 45 节和 11 章 17 节），因此赐下圣灵才能随后释放其他来自圣灵的恩赐（哥林多前书 1 章 7 节）。圣灵的赐下（*charisma*，单数）带来"灵恩"（*charismata*，复数）。在希伯来书中有一个有趣的词语组合，"尝过天恩的滋味、又于圣灵有份"（希伯来书 6 章 4 节；见本书第 27 章），强调出这项恩赐的经验本质。

凭据（Deposit）

希腊字凭据（*arrabon*）有各种译法："质、抵押、预尝、按期分摊、初熟的果子"只是其中几种。它当然是一个商业用语，今天主要用在金钱方面，形容保证购买之分期付款的头期款（因此有"押金"之意）。在新约时代，它更普遍被用在货物上，代表大批订单的第一批货，作为其余货品已经在运送途中的保证（因此有"保证金"的意义）。这两种应用皆可以"头期款"一词涵盖其含义。保罗使用这个字三次（罗马书8章23节；哥林多后书1章22节；以弗所书1章14节）。

"应许"为恩赐赋予过去的意义，"凭据"则将它转向未来。接受圣灵只是开始！不但在世上可以拥有更多，在天上还会多得多。事实上，住在圣灵里面是预尝天堂的滋味！这件事的记号之一是在音乐中表现出来的喜乐（以弗所书5章18-20节）。另外一个记号则是神的百姓彼此之间以及与神相交所经历的团契。还有另外一个记号是越来越明白神的心意（透过智慧的言语、知识、预言和解释预言）。

更新(renewal)

只有一次和"接受圣灵"一起使用（提多书3章5节；见本书第26章），"更新"是一个发人深省的词，指的是将某样东西恢复它原来的状态，复原已经失去的东西。圣经教导说，神在人里面的形象已经受损，圣灵的影响力也被除去（创世记6章3节；注意，结果导致普世性的暴力）。正是透过圣灵，现在神的形象开始复原（哥林多后书3章17-18节）。当圣灵"浇灌"在我们身上时，即展开复原过程（见下文）。

看完这些名词，我们要接着思想动词。

被……给／被……接受(given ／ received)

这两个字单纯对应于"恩赐"这个名词，虽然第一个字形容事件中属神的那一面，第二个字则是属人的那一面。但是"被……接受"并不完全是被动的；要接受这份礼物，还需要主动的合作，所有的给予和接受都是如此（见本书第13章关于约翰福音20章22节的讨论，以及本书第35章）。

若说有什么区别的话，动词"被……给"（given）要比名词"恩赐"（gift）使用得更加广泛（见使徒行传8章19节，11章17节，15章8节；罗马书5章5节；哥林多后书1章22节，5章5节；约翰一书3章24节，4章13节）。令神的话语如此"生动活泼"的特色之一就是动词的使用频率高于名词（名词很容易太过"静态"），而且使用形容词的频率更低（参阅哥林多前书13章4-7节；"爱"不只是关乎拥有，而是你去做的事！）。

受洗(baptised)

有时候这个字被当做"接受"的同义字使用（比较使徒行传10章47节与11章16节）。名词"洗礼"（baptism）从来不曾用于描述接受圣灵（和现代五旬节教派传讲的不同）；只有使用动词"受洗"（baptised），后面接用介词in（希腊文是en）以及"圣灵"两字（采用与格

pneumati，而且没有定冠词 the——关于最后这一点的重要性，请见附录二）。施洗约翰、耶稣本人和使徒保罗都使用"受圣灵的洗"这一个词组（本书第 23 章谈到为何据信哥林多前书 12 章 13 节应包含这个词组，但是大部根据英文译本都将之删除，把 *en* 翻译为 by，使得圣灵变成洗礼的代理者，而非媒介）。

所有的洗礼都需要一位代理人（施行洗礼的人），一个媒介（完成洗礼的场所），以及一个目的（为何要完成这件事）。正如约翰是水洗礼的"代理人"一样，耶稣是圣灵洗礼的"代理人"；因此两个人都获得"施洗者"（希腊文是 *ho baptizon*——马太福音 3 章 1 节；约翰福音 1 章 33 节）的头衔。但是这个头衔是描述性的意义，而非宗派性！

媒介则有极大的差异："在水里"和"在圣灵里"。但是行动是类似的。"受洗"这个字的重要性在两个情境下是相同的。大卫·华生（David Watson）在《在圣灵里的人》（*One in the Spirit*, Hodder & Stoughton, 1973）第 68 页中清楚地说明：

"洗礼"或"施洗"是很丰富的字汇，在文学中它意为"沉入、沉没、淹没、浸透、漫过"。一个人可以被债务、忧伤、灾难淹没（以字面意义来看，就是被浸在水里），或是被酒或睡眠所胜（以字面意义来看，就是被浸在水里）。在《奥瑞斯提斯》（*Orestes*）中，当水涌进船里时，尤里披蒂斯（Euripides）使用 bapto 这个字，但是当船注满了水或沉没时，则使用 baptizo 这个字。

根据使徒行传描述的经验来看，这当然是新约圣经作者最自然选用的字。

这两种洗礼的目的大相径庭。一个和洁净有关，让基督徒的生命有干净的开始，断绝现在已死并埋葬的过去。另一个则与能力有关（使徒行传 1 章 8 节，10 章 38 节），不只是为了继续基督徒的生命（提摩太后书 1 章 6 节），也是为了在基督的教会里扮演活跃的角色（哥林多前书 12 章 13 节），而且最重要的是，在全地成为耶稣的见证（使徒行传 1 章 8 节）。注意，洗礼的目的透过介词（到……里）into（希腊文为 eis）表现出来；约翰的洗礼是进到"悔改"里（into repentance）（马太福音 3 章 11 节），基督徒的洗礼是"归入耶稣的名下"（into the name of Jesus）（使徒行传 19 章 5 节），而圣灵的洗礼则是"成了一个身体"（into on body）（哥林多前书 12 章 13 节；但请见第 23 章中关于 into 意为"完成"而非"加入"的解释）。

充满（filled）

同样地，对等的名词"充满"（fullness）从来不曾使用在新约圣经中，而现在的用法可能产生误导。将"被充满"（filled with）与"受洗"（baptised in）视为同义词，显然源自于文字比对的结果（举例来说，比较使徒行传

1章5节和2章4节)。但是二者的意义有所不同。"受洗"具有入门的微妙意义；它似乎只在个人第一次"充满"的经验时使用(没有人说是重复受圣灵的"洗礼")。但是"充满"则用在后续的圣灵浇灌中(例如使徒行传4章31节)。事实上，保罗关于"**要被圣灵充满**"的劝勉(以弗所书5章18节)使用现在进行式、前置词in，而且没有定冠词——因此应该译为"要不断地被充满在圣灵里"，清楚指出持续的状态。"受洗"不能使用这种时态，因为它指的是单一、初次的事件。

但是，这个字有另外一种发展。一个在成为基督徒时被"充满"(即"受洗")并且之后不断"被充满"的人会被描述为"满有"(full)圣灵(例如使徒行传6章3节)。这种形态并未带有成熟和成圣的言外之意，仍然主要与能力有关(使徒行传6章8节)；虽然一个不断被充满的人会结出圣灵的果子和恩赐(加拉太书5章22-23节)。

"被圣灵充满"(filled with Holy Spirit)没有定冠词the，便将思想的重点放在主观的能力上，而非圣灵的客观位格上(同样请参阅附录二)。换句话说，"被充满"把强调重点放在祂赐予能力，而不在祂的内住。

最后，"被充满"(filled)通常带有"满溢"(overflow)的意味。我们会在本章后面讨论这个层面。在这里只需提出一点：无论这个字被使用在新约圣经的何处，后面都会随即描述从亲身经历过圣灵浇灌的人表现出来的外显流露。如果这件事本身先是"内在"的，它总会带来"外在"的结果，必然会有声音的特性，我们稍后会讨论这一点(即使是以弗所书 5 章 18 节中关于"被充满"的劝勉，也具备在"诗章、颂词、灵歌"中流露的目的)。

饮(drink)

另一个"液态"文字。耶稣（约翰福音 7 章 37-39 节）和保罗（哥林多前书 12 章 13 节）把"饮"或"喝"这个字与"接受"圣灵连在一起使用。如果"受洗"传达的是外在的浸，则"饮"指的是内在的吸收。同时也从对另一个人的行为的被动服从（被浸在水中）转变为一个人自己行为的主动合作（吞下）。它固定使用不定过去式（单一事件），从来不曾使用现在式（持续的行动）——因而将这个字与"受洗"(baptised)连结在一起，而非"充满"(filled)。因此并没有不断地饮于圣灵的意思，则像把一瓢水加进水泵里！在饮用之后，泉水就会不断地从那个人里面涌流出来（约翰福音 4 章 14 节，7 章 38 节；见本书第 11 章）。只要曾经从外在被充满，一个人就可以继续从内在被充满。圣灵已经进入里面居住。

落在, 临到, 浇灌在(fall on, come upon, poured out upon)

这些戏剧性的用语都来自旧约（很可能源自于希腊文的七十士译本，此译本之所以得名是因为据说它是七十位希伯来学者的作品），而且背后有一段悠久的历史。它们指出"灵恩"活动的突然出现，通常具备先知的本质。

路加特别喜欢这些用语，并且把它们和"接受""受洗"及"充满"交替使用（使徒行传1章8节，2章17节、33节，8章16节，10章44、45节，11章15节，19章6节）。保罗也偶尔把它们应用在和基督徒入门的同一段文脉中（罗马书5章5节；提多书3章6节）。

这几个字指的是这种经验的外部源头（和"饮"一样）。这表示这个经验和任何意在释放某些人相信从出生时就体现在人性中的"神圣"之灵的冥想技巧无关（约翰福音1章9节提到那光具体表现"道"中，对每个人而言都是外在的，但是能够照亮人里面的黑暗）。这些句子也指向天上的源头，而不是地上的源头。这个经验既是外在的，也是永恒的。

最后，我们注意到激动人心的言外之意——某种突然而非渐进、超凡而非平凡、外显而非隐藏的事物。满溢流出通常会激起水花！

印记（seal）

这个生动的隐喻很容易明白，它同样源自于商业世界（"凭据"亦然）。它是一个可见可辨识的记号，放在购得的货物上，告诉其他顾客说它们已经属于另一位买主。今天，它比较常和文件一起使用，作为合约或交易已经完成、不能修改的标记。虽然现代的用法并非不适当（例如在以弗所书4章30节），但是古代的意义可以提供较佳的理解。保罗主要关心的是信心蒙神悦纳的清楚证据（以弗所书1章13节）。不足为奇的，他将这个词与他的其他商业隐喻紧密连结（以弗所书1章14节；哥林多后书1章22节）。约翰可能也在其福音书中使用同样的概念（约翰福音3章34节，6章27节）。

膏抹（anoint）

看到这个字，我们已经绕了整整一圈，回到本章最初的段落。这个字被用于耶稣身上，耶稣也把这个字和祂自己领受圣灵一事连在一起使用（路加福音4章18节；使徒行传10章38节）。由于祂要把圣灵赐给其他人，而且自己也要领受圣灵，因此当信徒分享祂的经验时，"膏"这个字自然也延伸应用到他们身上（哥林多后书1章21节；约翰一书2章27节）。正如前面所说的，这种"恩膏"是真正的"洗礼"，正如"印记"是真正的"确证"一样。

我们讨论的所有文字都指向一个丰富而深刻的生动经验。时而强调上帝，时而强调人类；时而是暂时的，时而是持续的；时而是外在的，时而是内在的；时而是个人的，时而非个人的——新约圣经作者似乎翻遍了字典，要寻找一个适当的方式来呈现领受大有能力的圣灵的许多面向。但是这件事本身究竟是怎么一回事？它是如何发生的，人如何知道它已经发生了？

三、它的确定本质

如果说刚才我们讨论的那些文字描述的事情可以发生在一个人身上,但是这个人或其他人却完全不知道这件事,那实在无法想象。若宣称可以使用这样的用语,但是连受到最大影响的人都未能察觉发生了任何事,那就是剥夺了语言的意义,将它贬低到荒谬的层次。

但这正是那些认为"相信耶稣"和"接受圣灵"是同一件事的人的见解。因为在今天的许多(即便不是大部分)"归主者"身上完全没有任何灵恩的彰显,所以普遍(而且满怀希望)假设圣灵已经自动(而且在下意识中)被接受。若是引用使徒的结论,认为这样的人已经相信但是还没有领受,会造成巨大的教牧问题,以至于不敢面对这个议题。有一点或许很重要的是,这种合理化思维必然伴随着一种抗拒态度,不愿意使用新约圣经的描述文字来形容这样的"接受"圣灵(像"受洗于"、"充满"、"浇灌"之类的字眼显然不适当!)

研究新约圣经中关于"领受"圣灵的说法,就会非常清楚浮现一件事,许多圣经学者也注意到了——也就是所有记录的"独特确定性"(peculiar definiteness)。有人说圣灵的赐下是"可以验证的"。但是也有人评论说,保罗的说法"仿佛领受圣灵和患流行性感冒一样,是明确而且可以观察的事"!很少有人比宣教士罗兰·艾伦(Roland Allen)在《圣灵的工作》(*The Ministry of the*

Spirit, World Dominion Press, 1960）一书 9-10 页中所说的更好：

> 使徒领受所赐下的圣灵是在明确的时间里接受的明确礼物。那和他们在不同的时候似乎明显感受到的模糊影响力的经验不同：它是一个明确的事实，他们可以指出时间和地点。后来圣灵被赐给其他许多人，但是这种独特的确定性必然会标示出这项恩赐的到来。每个信徒总会有一个时间和地点接受这项恩赐。对圣保罗而言，怀疑地问以弗所的某些人："你们信的时候受了圣灵没有？"（使徒行传 19 章 2 节）是再自然不过的事。他提出一个明确的问题，当然希望获得同样明确的答案。他希望基督徒认识圣灵，知道他们是否已经接受祂，并且知道他们何时接受祂……在这方面，赐给后来所有门徒的圣灵恩赐都拥有和五旬节时代第一批恩赐相同的特性。

这种"独特确定性"是在五旬节之前。耶稣本人"领受"圣灵，伴随着可见及可听的迹象（马太福音 3 章 16-17 节），虽然鸽子的具体形象和来自天上的声音是祂"入门"所独有的特征。较接近的类似例子可见于旧约圣经，像是摩西"按手"设立七十位长老（民数记 11 章 25 节），以及神认可扫罗为王（撒母耳记上 10 章 6 节）。在这些情况下，证据是"说预言"，这正是预言中圣灵在"末日"浇灌的迹象（约珥书 2 章 28-29 节）。

说预言

这是旧约和新约都出现的领受圣灵的记号。但是"说预言"究竟是怎么一回事?

它是言语。这个证据由口发出,应该不会令任何人感到惊奇。我们已经看到"被充满"蕴含"满溢"(我们藉由这个表现而知道东西是否已被充满,例如车子的油箱)。在整本圣经中,口被视为心的满溢。在情感的层次上确是如此——充满乐趣,我们就笑;充满怒气,我们就大喊;充满悲伤,我们就哭号;充满恐惧,我们就大叫。就我们的属灵生命而言尤其如此。从口进入的东西不能使人犯罪;但是从口出来的东西显露出心的犯罪状态。如果一个人被充满,能够满溢出神的灵,那么完全可以预期他的口也包含在内。舌头原被地狱的火点燃(雅各书3章2-12节),现在要被天堂点燃!"没有人能够制伏的舌"现在由超自然的力量掌管!

它是自发性的言语。化为言语的动力来自被圣灵充满者的里面。没有高唱圣歌,没有背诵信条,没有进行圣餐礼。它是在人里面的活灵开始浮现并涌流出来。它的特色是非故意、即席的、自然的、未事先计划的——简而言之,是即兴的(见本书第35章,有关于鼓励人"发声"的评论)。

它是自发性的属灵言语。这些话语不是出自于理智,而是来自灵(哥林多前书14章14-15节说明其间明显的区别),略过语言的正常理智程序。灵知道该说什么,因为它受到圣灵的导引。被圣灵充满的人仍然负责实际说话的部分（肺的呼吸、喉咙的振动、舌头和嘴唇的动作），但是不能故意构成话语的内容。因此一个人会完全意识到"说预言"，而且可能完全明白、部分明白（彼得前书 1 章 11-12 节）或完全不明白（如果这是一种他的大脑没有学习过的语言）自己所说的话。伴随发生的情绪反应也会有极大的差异，视性情、环境和其他许多因素而定。新英文版圣经（New English Bible）的句子"狂喜的话语"（ecstatic utterance）（哥林多前书 12 章 10 节）有很严重的误导：事实上，圣经对于被充满的感觉出奇地毫无描述，而在惟一记载在使徒行传第 2 章的"兴奋"经验是好奇的旁观者的反应（6、12 节）。

这种言语可能以几种不同的形式出现：

方言

这个可怕的词传达出"无法控制的胡言乱语"的印象。它的希腊字（*glossai*）单纯意指"语言"（就和 tongue 这个字在较古老的英语中的意思一样）。它意味着正确的文法和句法。由于神赐下世上的所有语言（创世记 11 章 7-9 节），因此祂会讲任何一种语言——透过被祂的灵充满的人类。在巴别塔赐下不同语言的目的是要破坏，但是五旬节时的方言恩赐则为了建造。在后来的状况中，它发挥了"神迹"的有用功能，超越言语本身，直指万国之神的同在，想要将祂分离的东西重新合而为一。听的人不需要听见他们自己的语言（彼得只使用一种语言向所有人讲道）；光是从半识字的北方人口中听到这些语言，就令许多人相信一个超自然的事件正发生在他们的眼前。要注意的重点是彼得知道"用不明白的语言说话"事实上就是在"说预言"，因为他立刻认可它是约珥的预言（"这就是……"，引用约珥书2章28-39节）。如果这项恩赐是全新的（至少自从巴别塔以来是如此），那么彼得只能透过直接启示来作这样的分辨（就像他知道耶稣是基督一样——马太福音16章17节）；但是有可能这种"难理解"的语言已经和旧约中的早期"说预言"连结在一起（例如那七十位长老和扫罗）。事实仍然不变——对彼得而言，方言和说预言实际上是同一件事。

同样的外在彰显也伴随着其他圣灵被领受时的场合发生，而且值得注意的，是在既不需要、也不认得所赐下之语言的时候（使徒行传10章46节，19章6节）。但这是在这种时候"说预言"的惟一形式吗？"方言"是不是显明已经领受圣灵的惟一证据？

在某一个角度而言，它是惟一在每次被描述有"证据"时都提及的神迹，在另一方面，其他的彰显方式也被列出来——有一次是赞美（使徒行传10章46节），另一次是说预言（使徒行传19章6节，和"方言"有所区别，而且可能是用他们自己的语言）；在这两个情况下都没有提到所有人都以其他的语言说话（较自然的解释是有些人这样做，有些人那样做）。根据这个见证的基础，加上没有任何经文清楚声明必须有方言作为领受圣灵的惟一且必要神迹,因此要求所有的情况都必须说方言,似乎过于武断。若说"方言"可能是必要证据,似乎是合理的;说它应该是必要证据,则是不合理的(本书第25章对这一点有进一步讨论)。主张领受"预言的灵"(启示录19章10节)一定会有某种形式的"说预言"作为证据,会是比较安全的说法,但其他还有哪些形式?

赞美

当哥尼流和他的家人领受圣灵时,与说方言一同提及这种形式(使徒行传10章46节),"并"(译注:"and"这个字和合本圣经未译出)这个字指出它显然与方言不同——即使在五旬节时,方言的内容是赞美神的奇妙工作(使徒行传2章11节)。它似乎是敬拜的自发性情感爆发,使用自己的语言。真正的敬拜并不是人的"天然"行为(虽然他可以在社会接纳的前提下,被说服去参加仪式和礼拜);它是神在人里面的属灵活动。不自觉地迸发出赞美必然代表圣灵的进入!

预言

乍看之下,把"预言"列为说预言的形式之一,似乎很奇怪!但是,这个字有广义的用途,包括方言(例如使徒行传第2章),也有狭义的用途,此时就和方言有所区隔——例如以弗所的信徒领受圣灵时(使徒行传19章6

节），例如保罗列出属灵恩赐时（在哥林多前书 12 章 10 节），或提出关于集体敬拜的教导时（哥林多前书 14 章 5 节）。两个主要差异是：一、方言通常对发言者和听者而言都无法明白其义，而预言则是双方皆可明白；二、方言是对神说，预言是对人说（哥林多前书 14 章 2-3 节）。二者的共同点是：内容皆来自于神，而非来自说话者。

其他的呼喊

保罗在书信中提到其他几次自发性的言语或句子。

经典的例子是呼喊"阿爸"（罗马书 8 章 15-16 节；加拉太书 4 章 6 节）。将它称为"内在的证明"是极大的误解，因为这个希腊文动词（*krazein*）的意思是不知不觉地叫喊（参考在马太福音 14 章 26 及 30 节的用法）。这个字是犹太婴孩对父亲的第一个称呼（相当于英文的 Dada 或爹地），也是耶稣称呼祂的天父时最喜爱、也最熟悉的形式，但是祂不曾在公开教导中使用这个字。犹太人绝对不会使用这个字，即使是在私祷中亦然；他们不敢和一位威胁说要严惩妄称其名的神有如此熟悉的关系！外邦人也不会使用这个字，因为它是犹太人的话语（亚兰语）。当人自发地使用这个字时，无论是犹太人或外邦人，必然是耶稣的灵为这个人作见证，证明发出这样"呼喊"的人也已经有资格使用如此亲密的称呼！

另外一个例子是"耶稣是主"这个句子（哥林多前书 12 章 3 节）。必须强调的是，保罗所指的并非信条式的背诵，如同大部分注释者的假设（鹦鹉可以被训练到会说这句话，不需要任何超自然的帮助），而是指出基于认识而自然发出的呼喊（类似犹太儿童看到父亲时大喊"阿爸"）。这个背景还包括被其他超自然力量激发的突然喊叫（"耶稣是可咒诅的"），这显然是在哥林多的敬拜当中叫喊出来的。

另外还有"说不出来的叹息"（罗马书8章26节），虽然必须补充说明的是无论是这一点，还是上面提到的突然发声，都和成为基督徒的那一刻没有特别的关联，不应该过度强调这种联结关系。

接受圣灵

最后，我们必须问他们如何领受圣灵。它是以一种完全随意、预料之外的方式发生，还是存在着必须被满足的人为条件？接受者在当时是完全被动，还是要主动合作？

无需赘言的是，在清楚地悔改、相信和洗礼之前，不能寻求这项赏赐。缺少任一项都可能阻碍赏赐的到来（哥尼流在受洗之前就得到圣灵有其独特的理由，因此他的例子不能视为先例）。

根据使徒行传第一章，有些人教导说必须"等候"主，或许意指圣灵赐下的时间完全由神的主权决定。但是只有在五旬节以前才必须这么做，神在祂的日记上将五旬节标记为第一次浇灌的日子；即便如此，"等候"的时间也只有几天。彼得和保罗显然都期待在对福音的"悔改——相信——洗礼"回应完成之后，立刻得到圣灵。但是，有一个线索指出，祈求圣灵赐下的祷告必须坚定且持续；耶稣在提到圣灵的赐下时（路加福音11章13节），告诉祂的门徒要不断地祈求，直到领受为止。当然，祷告似乎是"领受"的基本要件，即使对耶稣本人而言（路加福音3章21-22节），以及对使徒（使徒行传1章14节）和他们后来牧养的人（使徒行传8章15节）都是如此。必须祈求这件礼物；它不是自动赐下的。

那么按手的重要性如何？按手是祷告祈求的强烈形式，直接且集中为一个人代求。必须指出的是，在新约圣经中仅有两处没有这个动作就领受圣灵的记录，而这两个情况都有非常好的理由。在五旬节当天，没有已经领受圣灵的人可以为他们按手（因此耶稣亲自用祂自己火焰的"手指""触摸他们每一个人"）；就外邦人哥尼流全家而言，则是没有人愿意做这事！在其他所有的记录中都有按手，通常是在洗礼后立刻为之（使徒行传8章17节，9章17节，19章6节）。认为这种肢体行为是将圣灵传递给他人的正常方式，似乎是合理的假设；希伯来书清楚地教导这件事（希伯来书6章1-6节；见本书第27章），按手被列在给初信者的基本教导当中。很显然地，如果这件礼物是自发性地给予和接受（例如哥尼流的例子），那么按手就不是必要的，但是按手确实似乎是很典型的做法。

领受圣灵

同样清楚的是，除了事奉他们的人之外，领受者本身也必须主动。预言是人与神共同参与的行为。我们已经看到，领受圣灵的人透过使用自己的肺、喉咙和嘴唇来合作。但是这种合作是自愿的，还是被迫的？新约圣经的门徒是否被这种超自然的力量所"胜"，以至于他们"不由自主"地从口里进出一些话语来？可惜的是，这些事无法做交叉比对！圣经只告诉我们他们做了什么事，而没有告诉我们他们是否有任何选择权！但是他处的经文指向一个答案。圣灵不只是一股力量，祂是一个位格。祂是保惠师，能带领与引导。和圣父与圣子不同，祂不是王，也不以绝对的主权进行统治。祂会忧伤（以弗所书4章30节）、消灭（帖撒罗尼迦前书5章19节）及抗拒（使徒行传7章51节）。这些都没有传达"不可抵抗的力量"的印象。祂从来不曾违反一个人的意志，也不将祂的能力或恩赐强加在任何人身上。祂甚至将祂的恩赐的控制权交给接受者；他们不是非得被使用不可（哥林多前书14章28节）。

因此我们可以得到一个结论：圣经只会被赐给那些想要接受祂，并且扬帆与风一同前进的人。在祂显能力的日子里，必须愿意！但这是多么令人难以置信的特权——让永生神的灵住在我们里面，持续不断地更新我们，有新的能力服事他人，成为基督大能的见证，并向天父献上儿女的尊崇！

6
重生

自从巴别塔以来,语言一直都是问题!文字似乎发展出自己的生命。有时候它们变得过于有弹性,以至于意义过于广泛;有时候则变得过于固定,以至于意义过于狭隘。"love"(爱)属于前者;"gay"(快乐的、同性恋)则是后者的例子。

圣经的文字亦无法免于这样的改变。使用圣经用语的教师并不一定是在解释圣经真理(同样地,经常引用圣经并不能让一个教训变得"合乎圣经",尤其是在断章取义的情况下)。

我们往往必须除去文字的现代内涵,才能寻回圣经原本的意义。但是"忘却"永远比"学习"困难。打破习惯要比培养习惯困难得多。文字的习惯用法很难改正!

"归信"(conversion)和"重生"(born again)就是这种危险性的好例子,而且难以规避。它们都从弹性的描述转变成固定定义。说"我是个重生的基督徒"几乎是毫无意义的——就和说圆形的圆和有四个角的正方形一样!同样地,"我不记得我归信的那一天"这个叙述带有一个相当不符合圣经的内在假设。

问题是这两个词语早已在福音派圈子里被视为同义词。它们被互换地使用，用于定义神在我们里面所做的工，将我们从罪的死亡当中领出来，进入基督的新生命里。在这两个词里潜藏着一个心照不宣的认知，认为这件事会立刻发生。为了达成有效见证的目的，最好人能够意识到这事发生的时刻，或至少能够明确指出发生的日期，尽管我们"允许"许多信徒（根据部分调查指出，可能是大部分信徒）在信主的那一刻并不明白是怎么一回事。

如果（而且是很大的一个"如果"）大家都同意这两个词指的是一件超自然且立即发生的事件，那么自然会产生一个问题：重生这件事和前面章节讨论的成为基督徒的四重复杂性有什么关系？归信或重生发生在过程中的哪一个阶段？

但是对于这两个字的普遍认知是否真的合乎圣经？这是最优先的问题。我们将试图在本章里指出：仔细检视圣经中对这两个词语的使用方式，就会发现二者都是描述性的文字，而非定义，其中只有一个描述超自然的工作，而且二者都不一定是立即发生的！

一、归信 (conversion)

有谁不曾听过宣教士说："我从来不曾使任何人归信——只有神能够使人的灵魂归信！"这种说法听起来没错，但是非常不合乎圣经。根据圣经，神从来不曾使任何人"归信"！

重生

在现代的福音用语中，经常使用名词（"我的归信"〔my convrsion〕）；若是使用动词，则必然采用被动语态（"I was converted"）。新约圣经从来不曾使用名词，而动词通常采用主动语态（"convert your brother"）或中动语态（"convert yourself"）。动词必然具有人类主词，而非神。（如果你完全不熟悉这种想法，我邀请你详读几处范例经文：马太福音13章15节；马可福音4章12节；路加福音22章32节；使徒行传3章19节；哥林多后书3章16节；加拉太书4章9节；雅各书5章20节；彼得前书2章25节）。

事实上，在新约圣经的希腊文中，归信（convert）这个字并非后来转变成的技术性或神学性用语，它是一个很普通的字，是从意为"转向"（希腊文：*strepho*）的字根衍生出来的一群字当中之一。通常译为"归信"的这个特殊形态会加上字首 *epi-*，使它得到"转身"或"回转"的意义。公路法规中的现代用语"U 形回转"（U-turn）就是意义最接近的词汇。

因此，当罪人转离自己的罪，转身并回转向神时，这是最适合的形容。它形容的是这个人自己的行为（不是神的），不论他是自行决定做这件事，还是被他人说服。这个字本身完全没有定义转弯的速度，无论是突然的还是缓慢的；这个字单单与方向有关。转弯是透过一个大动作来达成，还是一连串较小的动作，并不重要。重要的是一个原本朝着一个方向（往地狱）走的人现在朝着反方向走（往天堂）。了解这些意义，应该可以让许多过去在被要求"作见证"时感到困窘的基督徒感觉自在一点；归正的基本要件是改变方向，而不是改变的时间点。有些朝着错误方向高速行驶的驾驶者在几秒之内就滑行转向（正如好莱坞所发现的，这种画面和声音相当令人感动，也有很好的娱乐效果！）。比较小心的驾驶员可能会不急不徐，避免危及他人。无论那一种方式，重要的是位于正确道路的这一方！事实上，较难以确定日期的是悔改和相信；洗礼和圣灵洗礼比较容易记忆和确定日期。

透过通过"四扇属灵之门"，一个人渐渐完成这种从罪转向神的"转动"。在四扇门的每一扇门处，人的行动都是必要的，并且跨出另一"步"。四扇门在新约圣经中都以祈使句表示，表示它们是必须遵守的命令：

你们各人要悔改（使徒行传 2 章 38 节）

当信（使徒行传 16 章 31 节）

起来……受洗（使徒行传 22 章 16 节）

你们受圣灵（约翰福音 20 章 22 节）

当然，每个阶段要求的人类行为的比例有相当大的变化。就洗礼而言，仅限于寻求及顺服（中动语态非常明确："Get yourself baptized"）。就灵洗而言，神做了大部分的工作，虽然接受是主动的，而非被动的。在悔改和相信方面，则很强调人的这部分，虽然不全然在于人。

因此，从四个阶段的人的角度来看，用"归信"这个字来代表整个过程，似乎是合理的。要完全"转身"，四个阶段都需要。尤其是洗礼，它代表和罪的最终决裂，而圣灵洗礼则开始新生命；二者都是"归信"的基础，应该纳入一个人相信基督的见证之中。

但是，"归正"是可以重复的！新约圣经中用同一个字来形容"回转"向罪的信主弟兄（加拉太书4章9节；提多书3章11节）。他必须再次"回头"归向神（路加福音22章32节；雅各书5章20节），虽然在这种情况下不需要洗礼，也不需要圣灵洗礼。那位据说回转十次、每次都比上一次更好的救世军小姑娘至少是诚实的！

这个字显然比我们所理解的更具弹性。或许使用简单的同义语"回转"(turn around)，也就是它原来的意思，会比较安全。见证需要更加明确，更加客观。若不采用"我如何归信"这种较便利的速写，我就必须描述自己为了什么罪悔改，为何我相信自己所听见的，我何时受洗，以及何时领受圣灵。这样的见证更有益处，也更激励人心！

二、重生(regeneration)

现在我要讨论"重生"——又一个因为变成神学的术语而受损害的词语，它普遍地用来表示属天恩典的作为，罪人藉此得到新的性情。这几乎被普遍地假设是会立即发生的事件，在当时可能不会有主观的感受，虽然后来一定会察觉这件事已经发生了。

这种"教义式"的认知必然会引起问题，把重生的这个时刻与基督徒入门的过程联结在一起。这个神迹发生在什么时候？有三个彼此矛盾的答案竞相争取注意：加尔文教派、亚米念学派，天主教。

加尔文教派。改革宗的神学，强调神的主权，通常把重生的时刻放在成为基督徒的过程完成之前，根据的是一个"逻辑"基础，认为堕落的人类本性绝对无法从罪中悔改，更不用说领受圣灵了。神先在重生中行使祂的主权恩典，让罪人有能力回应福音。因此重生的选择权完全是神的特权。

亚米念学派。大部分福音派和五旬节派的人似乎采取一个假设，认为重生是在悔改和相信之后，但在洗礼之前（至少是和洗礼分隔一段时间）。福音派往往把重生和"圣灵洗礼"画上等号（"从圣灵生的"和"受圣灵的洗"被视为意义相同，虽然很少使用后者）。五旬节派则视它们为截然不同的事情。无论是哪一种看法，都主张选择"重生"包括人和神的选择，当人回应福音时，神就以重生回应（因此强调"决志"）。

天主教。圣礼派将重生与洗礼视为一体，不管它是在个人相信之后或之前（指婴儿的情况）。英国国教《公祷书》（*Book of Common Prayer*）中为婴儿洗礼的英国国教仪式就是这种信仰的具体呈现，虽然《替用礼文书》（*Alternative Service Book*）对于这一点的态度很含糊。在这个情况下，"重生"的选择权似乎在于父母和祭司。

如果这三种观点的结论有明显的分歧，它们的根本前提却是相同的,就是重生是立即发生的。但是这种假设是否来自于圣经?若不是,这能否解释三者之间的明显分歧?更进一步来说,这种看法是如何兴起的?

"重生"就和"归信"一样,其实是个相当"普通"的字,用于形容而非用于定义。它从一个简单的字根发展而来,很容易理解。从动词"是"(希腊文:*eimi*)为始,一个简单的字首就产生了一个动词,意为"变成是"或"成为"(*ginomai*);但是另一个字首将它变成"再次成为"(*anagennao*),虽然当后者以名词形式使用时,会使用意为"再次"的不同字首(*palingenesia*)。

新约圣经使用二百余次"*ginomai*"这个动词,具备许多不同的意义——从非常普通的口语("施洗约翰来到旷野"——参阅马可福音1章4节),这里的用法和英文的 happen 接近;到创造这种非凡的事件("看不见的变成我们看得见的"——参阅希伯来书11章3节)。"成为"的狭义意义也有两种不同的内涵,二者都和我们的研究有关。一方面它可以指全新的开始,首次出现的东西,因此是描述创造世界的合适用字(约翰福音1章3、4、10节也是这样使用)。另一方面,它可以指某个已经存在的事物采用全新的形态,无论是透过自然的过程(芥菜种"变成"一棵大树——路加福音13章19节)或是透过超自然的干预(水"变成"酒——约翰福音2章9节)。

"成为"的这种双重意义(在希伯来文和亚兰语中,以及在希腊文里)使它成为耶稣与尼哥底母谈话时的理想用字。它可以将肉体的诞生（新生的人成为旧创造的一部分）与属灵诞生的观念（同一个人成为新创造的一部分）连结在一起。后者单纯意指"再次诞生"（可以翻译为"从上头再次诞生"，因为这个希腊字可以意为再次或从上头——见第 10 章）。无论如何，都包含有创造的神圣行为，虽然这并未排除制造（也就是使用一些旧材料）的成分。即使是肉体的诞生也不是"无中生有"；它有现有的基因物质和怀孕的程序。道成肉身则具备二者的结合——永远存在的神和始于时间的人类。身份的连续性可以和形态的不连续性共存。

虽然"再次成为"的名词（palingenesia）仅在新约圣经中出现两次（和合本译为：重生、复兴），但却清楚地应用在人类（提多书 3 章 5 节）和整体创造（马太福音 19 章 28 节）。将祂的最高等创造物恢复为最初状态的神，想要对整个宇宙做同样的事！天地都要"重生"（启示录 21 章 1-5 节），虽然这要透过火的洗礼来达成，而非水的洗礼（彼得后书 3 章 10-13 节）！

在"重生"这个字本身，或是在使用它的背景中，都没有任何意味着"变成"是立即发生的。可能立即发生，并无疑义——有时候会特别指出这种情形，例如复活的新身体是在"一霎时，眨眼之间"赐下的（哥林多前书 15 章 51-52 节），虽然不可否认的是此处用的是不同的字。但是主张它一定是立即发生，则根本不对。最初的创造（创世／产生——创世记 2 章 4 节）当然是分为许多阶段的过程,无论对那六日的长度采用何种观点。天地的再创造显然会有类似的阶段。同样地,芥菜种子不会在一夜之间"变成"一棵大树。事实上,这个字在圣经中更常被用于需要花时间——或长或短——才能"变成"其样式的事物上。就连道成肉身也花了九个月的时间。如何变成、变成之后的本质,以及为何变成的目的要比变成的"速度"重要多了!

那么,为何这么强调"立刻"重生?很可能是因为一种广泛的印象,认为缓缓发生或渐渐发生的事可以用"自然"的原因来加以解释(例如水透过种植葡萄和发酵而变成酒),而同样一件事若突然发生,就可以表现出它的"超自然"原因(例如迦拿婚宴)。

这种思想的背后有一个重大的谬误,也就是认为神没有在自然的正常和较缓慢的过程中掌权;同时还有一个错误的假设,认为神的本性要求祂仓促行事。这可以算是用我们的形象来要求神的错误情形,因为我们对于神在历史上的作为最常见的抱怨,就是祂没有用够快的速度回应情势的需要!从祂的创造事工中,我们必须了解祂的耐心(雅各书5章7-8节),尤其是在一个要求"立刻"满足的时代里。

一旦重生的观念脱离"立即"思想的束缚,我们就能够对于它与成为基督徒过程的关系获得新的理解。二者都是过程,而不是单一事件,而且它们以值得注意的方式彼此调和。

把基督徒生命之始视为诞生，是完全合乎圣经的，而且可以回归到耶稣自己说的话，虽然正式来说，必须指出这种用法并不常见（事实上，从圣灵"生的"出现的次数比"受圣灵的洗"还少，比例为六比七——今日的福音派讲道中并不常反应出这一点！）。

因此，在肉体和属灵"诞生"之间有某种类比（虽然尼哥底母过于依照字面意义去解读——约翰福音3章4节），意指二者之间有某种程度的相似处。肉体的诞生当然是个由一连串事件构成的过程。从子宫第一次收缩开始，经过新生儿产出和剪断脐带，到第一次呼吸和第一个哭声，整个程序将一个新生命带到世上（虽然它已经在黑暗中存在了九个月）。将这些阶段中的任何一个阶段称之为"诞生"，是非常困难的。若问婴孩实际上是在哪个特定的时间点上诞生，可能是徒然的，而且当然不恰当。整个过程可能很迅速，也可能相当缓慢。重点是新生命已经开始，健康生命所需的一切都已经预备，而且预备好了。诞生本身的重要性并不高；它是生命的序曲，这个生命的质量才重要。

圣经鼓励我们在"新"生的这个类比中看见这件事，并将"重生"这个字和观念应用在基督徒入门的整个过程中。除了我们可以引用的几个明显对比之外（刚开始"定罪"的痛苦，在"悔改"中剪断脐带，在"洗礼"中清洗婴儿，以及透过按手而在圣灵中发出的呼喊！），也有圣经根据支持我们这么做。

重生

正如我们可以将"归信"这个字应用在成为基督徒的四个阶段上一样,由于提到它们的时候都采用祈使句(意指需要人的行为),因此我们也可以把"重生"这个字应用在成为基督徒的四个阶段,因为都是以直陈法提到它们,指出神动工的事实:

神亲自赐下悔改(使徒行传5章31节,11章18节);

神赐下信心的礼物(以弗所书2章8节);

神从洗礼的墓中复活(歌罗西书2章12节);

神浇灌祂的灵(提多书3章5节)。

整个过程都是神的作为。透过这个过程,祂将一个人"再生"(亦即使他"再度成为")。要开始"正常"的基督徒生命,每个阶段都是必要的,也是健康成长和发展所必要的。

我们已经看到,各阶段需要的人的行动比例不同;而且通常和神在各阶段中的行动比例成反比。在前两个阶段(悔改和相信)中,主要强调重点在于人的贡献;但是在第三和第四阶段(水洗和灵洗)中,重点转移到神身上。事实上,在这四个阶段里,人的作为似乎呈递减之势,而神的作为则相对地增加。这种强调重点的渐次转移可以用图表来呈现:

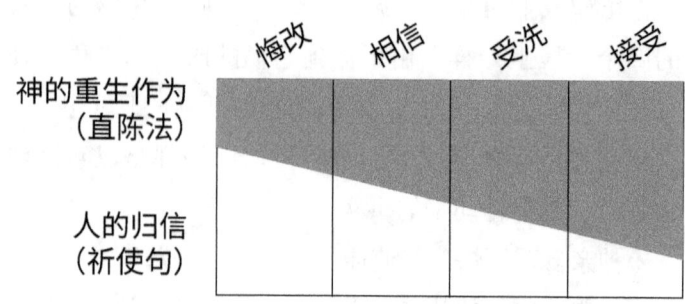

当然，这张图是文字资料的摘要，而非神学观念的叙述。但是这种趋势可能具备一些属灵的重要意义：基督徒的入门是脱离自身的努力，进入神的能量里。

因此，虽然整个过程可以同时视为"归信"（从人的观点）和"重生"（从神的观点），但是重生这个词尤其适合后半段过程，也就是神借以完成进入新生命的两个洗礼。在福音派读者因恐惧而对这个叙述敬谢不敏之前，我鼓励他们再看一次最明确定义"新生"本质的两节经文。约翰福音3章5节（从字面来看）表示，一个人是"从水和圣灵生的"（本书第10章对于这节有趣的经文有完整的解释）。提多书3章5节（同样从字面来看）提到透过"重生的洗"和"圣灵的更新"而得"救"（见本书第26章关于这节经文的详细注释）。无论我们希望耶稣和保罗多么强调悔改和相信对于重生的重要性，我们都必须接受圣经的记载。当我们将重生视为一个整体的过程，紧接在基督徒入门的过程完成之后，这几节经文的用字就没有任何问题。

重生

新生的第四阶段,也是最后一个阶段——领受圣灵,具备另外三个阶段所缺少的重要性。它是重生过程的完成,标示着新生命的开始,以及新生的结束,因为这个新的生命是"圣灵里的生命"(罗马书8章4-5节)。但它也是重生的**确据**,是新生命已然开始的证明。回到肉体诞生的类比:领受圣灵并由口涌溢出来,就相当于婴儿的第一口呼吸和第一次哭泣。在创造亚当这件事上,也含有圣经的类比,神对他的鼻孔"吹气"("生命之吻"),使他得到生命,完成了他的"创造"。

如果这种对于领受圣灵的双重重要性(完成及确据)的理解是正确的,那么悔改、信心和洗礼都不能提供称义的证据或保证。这是因为这三个阶段都可以用神不能接纳的方式来承认及进行,惟独神知道人的内心。祂认可和接受的证据就在于祂赐下祂的灵,如同交易的"印记"。这是确据的基本根据:"神将祂的灵赐给我们,从此就知道我们是住在祂里面,祂也住在我们里面。"(约翰一书4章13节;参照3章24节)难怪在缺少这样的证据时,使徒非常关切(见本书第16及20章);这是成为"基督徒"的检验标准(罗马书8章9节;见本书第21章中关于这种解读的批判)。

此时可能会兴起另外两个问题,在本书第36章里会更完整提供解答。第一,为什么这么强调属灵婴孩的"诞生"(birth)而非"生命"(以至于我们的福音传播比较关心带领人"重生",而非确定他们"完全地活着")?第二,为何福音派如此排斥将水洗礼（五旬节派则不愿意同时重视水洗礼和圣灵洗礼）视为重生的完整过程中的一部分？

在根本上，这两个问题都和过度简化的救赎观点有关。当救赎的传讲重点在于脱离地狱而非断绝罪恶时，当救赎被视为和来生有关而非与今生有关，更适合那些即将死去的人而非预期要继续活下去的人时——那么由圣灵而"生"就变得比"活"在圣灵里更加重要（对称义的需求遮盖了对成圣的需求）。如果我们对救赎的认识降低了"今世"观点的重要性，那么（由于水洗礼和圣灵洗礼主要关切的是今生，使我们在此时此地断绝我们的罪）水洗礼和圣灵洗礼在基督徒生活中的相对重要性就会减低，甚至变成可有可无，而非必要。

这种"天堂入场券"的心态是不合乎圣经的，也显示出对救赎的不平衡观点。称义和重生被视为终点，而不是得到"使人能见主"的圣洁的方法（希伯来书12章14节）。但是新生既非离开地狱的释放证书，也不是通往天堂的季票。它被赐下，让人能够过着没有罪的生活（约翰一书3章9节），在地上和死后享受永生。成圣是称义和得荣耀之间的关键连结。由于水洗礼和圣灵洗礼是成圣的重要元素，它们是完全救赎不可或缺的一部分；这就是为何保罗在提到二者时使用"救"这个字（提多书3章5节），以及耶稣视它们为新生的基本成分之故（约翰福音3章5节）。

对太多的归信者而言，新生的过程漫长而复杂：相信可能发生在悔改之前;洗礼可能在相信很久之后才进行(或是更令人混淆的,在之前许久);许多人不确定自己是否受了圣灵的洗;有些人甚至根本没有悔改;还有人从来没有受洗。这通常不是他们的错。他们被经验不足、没有受过训练的接生婆接生。

撰写本书,就是试着改善这个状况。结束对"基督徒的正常诞生程序"的主题概论之后,我们必须检视实务,将这个教导应用在宣教和牧养中。

但是,在这样做之前,必须先确定前文说明的普遍原则确有坚实的圣经基础。我们必须查看几处与我们的主题有直接相关的重要经文。更重要的是手中要有一本翻开的圣经——以及开放的思想,因为有许多新事要学习,许多旧事要忘记!

第二部

关于四大要素的经文
——圣经的层面

7
大使命

所以,你们要去,使万民作我的门徒,奉父、子、圣灵的名给他们施洗。凡我所吩咐你们的,都教训他们遵守,我就常与你们同在,直到世界的末了。

(马太福音 28 章 19-20 节)

这个赐给使徒、并透过他们颁给全教会的宣教命令,被耶稣所做的关于自己最惊人的两个宣告所托住。祂首先宣告自己在空间中的权柄,最后应许祂在时间中的永恒存在。只有在祂全然的能力和地位的这个背景中,才能完全明白祂的"行军命令"。现在祂行使祂的权利,差遣使徒去招募一支国际性的门徒大军,并将祂自己的绝对标准应用在他们身上。

"万民"指的是民族族群,而不是政治实体:它源自于神渴望在祂的国度里接纳各色人种("国、族、邦"),虽然"万国"或"万族"也是犹太人指称"外邦人"的同义词。非常重要的是,这个使命由马太福音传递出来,这本福音书的主要对象是犹太读者!它非常清楚地表明,耶稣亲自发起对外邦世界的宣教工作,从封闭性的使命转换到"*以色列家迷失的羊*"（马太福音15章24节）。这种改变在祂去世前就曾经预言（马太福音21章43节，24章14节）。

　　耶稣的命令所使用的文法很重要。一个祈使动词（"使……作门徒"）由两个现在分词（"施洗"和"教训"）修饰。他们要去训练门徒，而不是制造门徒。动词比名词更加生动！

　　"门徒"是个学习者，但是是向人学习，而不是从书籍、课程或体系中学习。他是个学徒，而不是学生。门徒训练包含关系——和训练者、老师、领袖的关系。因此问题出来了，使谁作门徒？作他们自己的门徒还是别人？动词的及物形态可以支持这两种应用——彼得可以使人作彼得的门徒，或是作耶稣的门徒。这个问题由背景来决定答案：他们受洗所奉的名并非使徒之名，他们要教导的教训不是使徒的教训。他们要训练"耶稣的门徒"。这一点可以由彼得和后来的保罗细心避免为他们带领信主的人施洗获得证实（使徒行传10章48节；哥林多前书1章13-17节）；早期基督徒被集体称为"门徒"，而从不称为"彼得、约翰、保罗……等等的门徒"的事实也可以证实这一点。但是，只要耶稣的教训具体实现在教师的生命当中，门徒训练就可以藉由模仿和教导来完成（哥林多前书4章16节；帖撒罗尼迦前书1章6节；希伯来书6章12节，13章7节；约翰三书11节）。

　　部分圣经学者特别强调"使人作门徒"的命令先于"施

洗"的命令，并据此推论出洗礼应该总是在教导之后的结论。令人惊讶的是，这一点往往是由主张幼儿洗礼者提出——而这个看法的合理结论却是信徒洗礼（福音派英国圣公会信徒查理·西米恩〔Charles Simeon〕就是持这种主张的人之一，他之前的约翰·加尔文〔John Calvin〕也是——见附录一）。且让品德高尚的理查·巴克斯特（Richard Baxter）支持这种观点（在其著作《关于圣礼权的争议》〔*Disputations of right to Sacrament*〕，149页，引用于华生〔T.E. Watson〕的《婴儿不应受洗》（*Baptism Not For Infants*, Walter, 1967，第27页）：

> 这不是历史上偶尔提及的洗礼，而是基督赐给使徒的使命，要他们去传讲及施洗，并且特意说明他们在几个地点和命令中的几件工作。他们的第一个工作是透过教导来训练门徒，马可称之为信徒。第二个工作是为他们施洗……第三个工作是将其他所有后来要在基督的学校里学习的事情教导他们。轻视这个命令就是拒绝所有的命令规范；因为如果在这里尚且找不到，还能在哪里找到？

但是，文法无法完全支持这种解释，因为这个命令并不是由三个连续的祈使句所组成，而是一个祈使句和两个分词——他们要"用施洗和教训使人作门徒"。即使在这个情况下，施洗也不是发生在教训之前，虽然有其他主张幼儿洗礼的人引用这节经文来主张可以在婴儿"受教"之前为他们施洗。这种相对的观点从文字来看也同样不合理,因为如果当事人没有全然知觉并自愿地选择关系,动词"使……作门徒"则毫无意义。

"施洗"是意译,而非直译。我们已经看到,在希腊文里,这个字意指浸入、沉入、浸泡、浸湿或把东西泡进液体里(例如布泡在染料里,杯子放在一碗酒里,甚至是船沉到海里;见本书第4章)。大部分注释者认为它指的是水洗礼,而非圣灵洗礼,尤其是因为"名"的这个要素。这个看法的证据可见于一个事实:虽然在耶稣的事工中,水洗礼似乎消退,但是从五旬节以来,水洗礼在初代教会中变得很普遍。只有主的命令才能确使一个肉体的仪式能在弥赛亚的全然浇灌来临之后仍然持续不辍(参阅彼得在使徒行传10章47节中对于哥尼流受灵洗的反应)。只有当大使命是真实记录耶稣所说的话时,才能解释为何使徒坚持水洗礼。

将这些话视为初代教会的主张而非耶稣说的话,已经蔚为风尚,然而由于耶稣显然并未在其他任何命令中要人施行洗礼,这种看法会造成进一步的问题,就是要为彼得在五旬节当天坚持水洗礼寻找解释!造成这种看法的主要原因之一是,马太福音28章19至20节中关于三位一体的用字比较令人联想到教会的洗礼习用语,而且和整本使徒行传中耶稣之名的用法相异(例如使徒行传8章16节,19章5节)。当然,在主后第二世纪之前,并无直接证据证明在洗礼中要使用三位一体的名号。

大使命

如果使徒和施洗约翰一样采用浸入水中的形式，那么使用的洗礼习用语当然不同。实际上，在洗礼中使用一个名字显然是使徒的发明。马太的洗礼习用语通常被假设为包含三个名字："父""子"和"圣灵"。但是事实上，这样简单地阅读这个句子是过于简单化的——原因如下：

1. 技术上来说，"圣父"和"圣子"不是"名字"，而是关系。
2. 圣父的"名字"是"雅威"（Yahweh），并衍生出"耶和华"。
3. 圣子的"名字"是"耶稣"。
4. "名"这个字是单数（一个），不是复数（三个）。

然而，"三个名字"的主要问题来自一个事实：虽然使徒知道并使用三位一体之名祝祷（例如哥林多后书13章14节），新约圣经中却没有任何奉三位一体之名施洗的记录。所有的洗礼，就和所有的医治及释放一样，都是单单奉"耶稣"这个单一且强大的名字完成的。我们如何解释这种明显的矛盾？

许多学者（从梅克涅〔MacNeile〕到巴克莱）干脆认为马太福音的洗礼习用语是教会后来使用的祈祷文，藉由耶稣的口将它叙述出来。但是，由于没有手稿可以证明这段文字是后来才加入成书的福音书中，因此这种假设是在质疑写这本福音书的税吏作者的正直，指控他报导不实！

有人指控路加也有同样误报的问题，怀疑他高举耶稣的文学目的导致他简化了使徒行传中的报导，删减实际使用的洗礼习用语，以便强调耶稣的名字。但是，路加没有表现出其他意图压制三位一体说法的迹象（见路加福音3章22节；使徒行传2章32-33节，20章21-22节）。

极端的看法是马太和路加都报导错误——若是如此，就不太可能找回原始的洗礼用语，也就没有讨论的必要！

但是，有可能二者都是正确的回忆。使徒只使用"耶稣"的名字，若非忽略大使命的"字句"，就是认为他们在实现大使命的"精神"。他们会不会认为事实上单单"耶稣"的名字就等于明确地提及三位一体？毕竟，现在他们知道神是"耶稣的天父"，而圣灵是"耶稣的灵"（使徒行传16章7节）。实际上，"楼房讲论"（约翰福音14-16章）就混合使用神的三个位格（例如约翰福音14章26节），以至于向其中一位说话就是向全部三位说话。因此"耶稣"这个名字可能被视为三位一体神的"简短"称谓。

这种看法并不像乍看之下那么牵强。单独使用"耶稣"的名字或许与马太的措辞不完全一致，但是与它相合，以下的讨论会显明这一点。

1. 整段上下文采用第一人称单数（我，我的）。耶稣在这里并不是代表三位一体说话（我们，我们的）。祂没有说"凡我们所吩咐你们的，都教训他们遵守"。

2. "*奉……的名*"（in the name of）是单数，不是复数，表示一个名字就可以涵盖三个名字。祂并没有叫他们奉多个名字施洗。

3. 优西比乌（Eusebius）引用这段经文，说："使万民作我的门徒，为他们施洗归入我的名下，教训他们……"虽然这不能算是对马太原文的可信证明（没有别人以这种方式引用），然而它确实提供了证据，证明对于大使命的一般性理解完全与使徒行传中的记载相符（甚至和"归入主耶稣的名下"〔into the name of the Lord Jesus〕的介词 into 的不寻常用法也相符——使徒行传19章5节）。

4. 最后这一点很重要。在使徒行传里，洗礼不只是"奉耶稣的名"（in the name of Jesus）（希腊文：*en*），而是"归入"（into）（希腊文：*eis*）耶稣的名下。这样的意义远超过施洗者的"代理权限"。它强调受洗者对耶稣的个人认同，一种导致后来保罗用"*在基督里*"（加拉太书3章27节）这个句子来表达的亲密合一关系。这个意义和士兵宣誓加入帝土麾下、由帝王绝对拥有和处置的古代习俗有关（圣礼〔sacramentum〕这个字的原义是指效忠一个"领主"的誓言）。因此就某个角度来看，洗礼中的受洗者失去自己的身份，因此也失去他自己的名字；然后他被赐予一个新的名字，现在这个名字的身份就是他的，也就是"耶稣"。因此洗礼是一个"命名"仪式（但是和为婴儿施洗并命名的做法完全相反，后者是给予婴儿自己的名字；这种做法也和在洗礼时给受洗者一个新名字以表新生、和"旧"名字有所区别的做法有很大的差异）。

因此无论在洗礼仪式中还使用其他任何的字眼或名字，"耶稣"这个名字都应该居于显著地位，因为神全部的权柄和能力都包含在这个名字里（注意，在使徒行传里，"耶稣之名"和"圣灵的能力"几乎是同义字，在前面几章里出现的频率几乎一模一样）。

但是，如果单单根据所使用的话语来判定任何一次洗礼无效（或有效），仿佛言语是使得洗礼有效用（或无效用）的惟一因素，就成了危险且造成分裂的律法主义。坚持必须"只说耶稣"或"三位一体都要提及"才能算是基督徒的洗礼，就是门户之见，并且会导致多次再洗礼。或许使用形态比较具弹性的字词，可以纾解这种紧张，例如"奉父、子、圣灵的名为你施洗，归入主耶稣，进入祂的死、祂的埋葬和祂的复活"（这是我使用多年的词，每个人都满意！），或是："我们为你施洗，归入主耶稣、祂的父和祂的灵的名下。"而且我们已经提醒读者，初代教会鼓励受洗者自己在洗礼时呼求主的名（使徒行传22章16节——见本书第3章）。

最后，我们注意到"施洗"只是"使人作门徒"的第一步。成为基督徒的这个时刻导引至一段漫长的教导时期。"初信者"的身份从洗礼开始（现代往往以洗礼结束！）。受洗者已经和基督同埋同复活，接下来必须受教，明白如何在日常生活中活出这件事（歌罗西书 2 章 20 节 - 3 章 17 节提供绝佳的课程表！）

有一股横跨大西洋两岸的五旬节派潮流，根据耶稣的位格而偏移至单一神教义。他们否定神的三个位格，认为耶稣是以色列的神的完全化身。他们拒绝所有三位一体的洗礼习用语，"单奉耶稣的名"施洗，被称为"单一神运动"（the oneness movement）。由于单单奉耶稣的名受洗的人不见得接受这种异端，因此在遇到这种做法时，必须进一步询问其背后的神学观念。

8
马可福音附录

在七日的第一日清早,耶稣复活了,就先向抹大拉的马利亚显现(耶稣从她身上曾赶出七个鬼)。她去告诉那向来跟随耶稣的人;那时他们正哀恸哭泣。他们听见耶稣活了,被马利亚看见,却是不信。

这事以后,门徒中间有两个人往乡下去。走路的时候,耶稣变了形像,向他们显现。他们就去告诉其余的门徒;其余的门徒也是不信。

后来,十一个门徒坐席的时候,耶稣向他们显现,责备他们不信,心里刚硬,因为他们不信那些在他复活以后看见他的人。他又对他们说:"你们往普天下去,传福音给万民(万民:原文是凡受造的)听。信而受洗的,必然得救;不信的,必被定罪。信的人必有神迹随着他们,就是奉我的名赶鬼;说新方言;手能拿蛇;若喝了什么毒物,也必不受害;手按病人,病人就必好了。"

主耶稣和他们说完了话,后来被接到天上,坐在神的右边。门徒出去,到处宣传福音。主和他们同工,用神迹随着,证实所传的道。(阿们!)

(马可福音16章9-20节)

马可福音原本的结语已经亡佚不可考。最早的希腊文手抄本在一个句子的中间突然停止（"因为他们害怕……"）。后来的版本有几种不同的"结尾"，风格和字汇都与这本福音书的其余部分不同，因此应该是其他作者试图"完成"这本书。现代圣经版本通常采用的是这些补遗中"较长"的一篇。

这位不知名的作者似乎是从另外三本福音书和使徒行传中汲取材料（表示他的编辑工作是在后来进行）。这里的内容几乎都可以在圣经的其他地方找到。就连不受蛇和毒物之害的应许也同时出现在福音书（路加福音10章19节）和使徒行传（28章3-6节）中，虽然把这个应许应用在意外的危险而非刻意的愚行才是合理的。

虽然这段经文可能不是出自使徒之手，并不意味它完全没有使徒的权柄。这些话可能是正确记载耶稣在复活到升天之间六周内的教导话语。关于祂所说的话，我们拥有的记录很少，但是拥有的记录依循着一致的模式，而我们的经文又和这个模式相符。（但是必须补充说明，这里是五旬节以前惟一提到"方言"，也是惟一使用"主耶稣"这个句子的地方；但请参照约翰福音20章28节）。

但是，即使仅是后来的编辑摘要，能够拥有这个表达第一世纪末初代教会观点的见证，仍然有其真实的价值。尤其重要的是，我们得以了解初代教会对于传福音的看法，而这正是这段经文的主题。

一方面，洗礼被视为"得救"的必要而不可或缺的要素，这和使徒的教训完全一致（见提多书3章5节和彼得前书3章21节，在本书第26和29章中会更完整地解释）。但是要注意，一个人在审判日被"定罪"，是因为不信，而不是因为没有受洗。

另一方面，神迹"奇事"被视为福音真理的必要确据；同样地，这和使徒的经验一致（参阅罗马书15章18-19节；帖撒罗尼迦前书1章5节；希伯来书2章4节）。注意这里的期待是所有的信徒都拥有这种"灵恩"的能力，而不只是使徒。福音要被看见和听见（在本书第33章会更深入处理这一点）。因此传福音是主和祂的门徒合作的联合行动——他们要传讲信息，而祂要带来*神迹*（使徒行传4章29-30节，6章8节，8章6节，11章20-21节，14章3节）。这段"较长的结尾"的迟到实际上强化了这一点，就是初代教会预期这个联合使命在使徒离开世界之后仍然长久持续！

9
濒死的强盗

那一个就应声责备他,说:"你既是一样受刑的,还不怕神吗?我们是应该的,因我们所受的与我们所做的相称,但这个人没有做过一件不好的事。"就说:"耶稣啊,你得国降临的时候,求你记念我!"耶稣对他说:"我实在告诉你,今日你要同我在乐园里了。"

(路加福音 23 章 40-43 节)

任何关于成为基督徒的讨论早晚会转移到这个问题:"那个濒死的强盗呢?"这个问题被提出来,通常是为了支持归信(conversion)是一个简单步骤而非复杂过程的观点,尤其这件事被当做缺少水洗礼或圣灵洗礼仍可获得救赎的证据。惟一需要的就是信心,无论多么幼稚轻信。

如果这是真的,那么这本书的大部分内容都是不必要的,甚至有误导之嫌。除了这段经文之外,根本不需要研究任何经文!但是,事实是这种对于基督徒入门的简化观点并非出自于其他的关键经文(使徒行传 2 章 38 节——见本书第 15 章)或重要段落(使徒行传 19 章 1 6 节——见本书第 20 章)。

有几个相当明显的原因，说明这件事为何不能当做今日基督徒"归信"的一般形式。

第一，这名强盗的情况很独特。他再过几小时就会死亡；而且这是审判的结果，而不是自然结果。他是个受到严厉惩罚的年轻人。因此他的情形是任何面对立即且应得之死刑者的好先例（因此卫斯理兄弟和被定罪的重罪犯一起骑马前往现在称为大理石拱门〔Marble Arch〕的泰伯恩〔Tyburn〕接受绞刑时会使用这段经文；培德·葛雷克〔Padre Gerecke〕在纽伦堡陪伴纳粹战犯时也是如此）。加以引申，或许可以用来鼓励和安慰任何即将因自然或意外原因死亡的人。但是用这个故事来说服渴望有正常寿命的健康人相信"他们只需要这么做"，却是相当没有根据的。

第二，这个强盗不可能完成基督徒入门的完整程序。一个人在被钉上十字架以后，几乎无计可施。嘴巴仍然可以动——咒诅人或祷告（这个强盗做了较好的选择）。但是他没有机会产生悔改的行为，也无法在水中受洗。他做了他所能做的一切事：他承认自己的罪，并且承认对耶稣的信心（见以下的说明）。用他的例子来向那些可以做更多事的人保证他们**不需要**这样做，是危险的辅导方式。

第三，这个强盗在肉体上与耶稣同在。这个故事记载在一本福音书中，而非在使徒行传。趁耶稣在世上时和祂说话，与祂回到天上、坐在天父右边之后才和祂说

濒死的强盗

话,是有很大差别的。在前者的情况下,遇见耶稣的人是透过身体的感官——尤其是看和听,就像这名濒死的强盗。再者,那时候有可能透过"相信耶稣的名"而"接受"耶稣,而这种层次的关系伴随着重生(约翰福音1章12-13节)。在耶稣升天时,关系发生改变,祂被"带到天上"(马可福音16章19节)。从五旬节开始,一个人透过"接受圣灵"来成为基督徒,圣灵代替耶稣在世上的地位。这个强盗无法领受圣灵;他的出生和死亡都太快(约翰福音7章39节)。

所以今日成为基督徒的完整图画必须从五旬节后的使徒讲道和实务中一点一滴地建构。但是,有可能从福音书的事件中描绘出构成整幅图画的组成部分,它们往往刚成"胚胎";因此撒该给我们实际悔改的好榜样,而濒死的强盗则是信心的模范,他表现得相当杰出。

这个强盗是在可怕的那天惟一相信耶稣头上那张牌子是真的人。就在一个礼拜前,有数千人相信耶稣是"犹太人的王",但是现在他们的理想破灭,导致祂的跟随者绝望(路加福音24章21节)。彼拉多在固执的怒气和审判的挫败中写出来的话只造成普遍的怀疑(路加福音23章37节)——只有将死的这名强盗例外,他用几乎不可能的信心跳跃宣告他相信这个濒死的人将有一天拥有祂的国度,祂会把祂的十字架换成宝座,荆棘换成王冠,赤身露体换成皇袍,钉子换成权杖和脚凳!

如果我们试图判断他预期耶稣在何处及何时"进入祂

的王权"，就是在臆测当中。但是他要求被"记念"，表示他所想的是一段漫长的时间，耶稣的记忆可能会在这段时间里出了差错（"当你进入你的国度时，请回想你和一个相信你的强盗一起死去的那天……"）。耶稣采取的方法和祂把马大对未来的信心拉到当下的方式几乎一模一样（约翰福音11章25节），祂告诉那名强盗说他不需要等候太久，因此不会有被遗忘的危险！强调用语"实在"或"真的"（希伯来文：amen；或许在英文里类似"诚实地"）是一个保证，耶稣绝对不会把虚假的安慰给予濒死之人（参阅约翰福音14章2节）；这也是一个承认，表示祂即将要说的话会仿佛完全不可置信。他的祷告今天就会蒙应允！他的梦想在几小时内就会成真！这种期待具有预知的元素——死在十字架上通常需要二到七天的时间。这个强盗会和耶稣同一天死去，只是因为他的腿被打断，耶稣必然已经预知这件事，因为耶稣自己选择死在那一天，就在逾越节羔羊被杀的那一刻，完全顺服神，并且控制祂自己，直到最后一口气（参阅出埃及记12章6节；路加福音23章46节；约翰福音10章18节）。

"乐园"（paradise）并不是"天堂"（heaven）的同义词。它原始的意思是一个"花园"，尤其是指王用来为贵宾提供娱乐的皇家花园（就像今日的白金汉宫的花园宴会）：它是为特别的人预备的特别场所。这个应许的特权可能不只是对这个眼光敏锐的罪犯的杰出信心的奖赏；它很可能意味着这件事对于耶稣本人具有多大的意义——只

濒死的强盗

有一个人对祂抱持着道德的支持和理解，这个人分担祂肉体的痛苦，但是也隐约地体会到加诸祂身上的道德压力（路加福音 23 章 41 节）。

耶稣转移这名强盗对于未来的想法，把他的注意力集中在他要与之共处的人身上，而不是他要前往的地方。"你要同我"是一个令人惊讶的保证。这份在生命最后时刻成形的友谊不会因死亡而中断！一旦他们脱离十字架，他们就要在宫殿花园里散步——一起！虽然他们的身体会死去并且"睡着"，他们的灵魂会存活并且"苏醒"（彼得前书 3 章 18 节）。耶稣对濒死强盗说的话说明在死亡和复活之间是完全有知觉的，和"灵魂睡眠"的观念相反。再者，保罗几乎不可能盼望一个没有知觉的存在，视之为"得着"，而且还认为它和在这个世上虽然疲惫且充满兴奋的生命比较起来更加"好得无比"（腓立比书 1 章 1-23 节）。

整件事充满了怜悯的观念，也被正确地用来作为因信称义的代表范例。这个罪犯不可能赢得恩惠或赦免；除了他自己的需要之外，他没有任何恳求的立足点。天堂的大门向承认自己毫无价值的人大大敞开。藉从事娼妓或收保护费（其实"税吏"正是干这种事的）为生的人发现他们比那些严谨而可敬的人更容易"攻进"天国，正是因为他们知道自己一无是处。濒死的强盗只是许多这种"恩典的奖品"的最高典范而已。

然而，他错过了救赎在其他情况下可能为他带来的益处。他的救赎只在另一个世界有效。他在这个世界的生命只能被视为浪费。他也不可能知道在此刻活出良善生活，不受犯罪动机、习惯和同伴辖制的喜乐。他无法在对他现在称为"主"的忠心事奉中表达他的感恩，因此无法在将来的新世代中得到赏赐或责任。赦免不能恢复失去的时间或机会。

这就是为何不能允许他成为"模范"基督徒的原因。把他视为基督徒的模范，只会产生"最低阶"的基督徒，不情愿地问："我当做什么小事才能进入天国？"主正在寻找"最大限度"的基督徒，他们会热情地问："我可以拥有多少确据，以确定在这世上拥有圣洁，在死后拥有喜乐？"后者会渴望拥有远较那濒死强盗所能拥有的更多。他们会要求水洗礼和圣灵洗礼，直到二者都完成，而不是偷偷地羡慕那个没有洗礼而"通过"的濒死强盗。他们会怜悯那个可怜的人，还未曾受洗就死了！

10
第二次出生

耶稣回答说:"我实实在在地告诉你,人若不重生,就不能见神的国。"尼哥底母说:"人已经老了,如何能重生呢?岂能再进母腹生出来吗?"耶稣说:"我实实在在的告诉你,人若不是从水和圣灵生的,就不能进神的国。从肉身生的就是肉身;从灵生的就是灵。我说:'你们必须重生',你不要以为希奇。风随着意思吹,你听见风的响声,却不晓得从那里来,往那里去;凡从圣灵生的,也是如此。"

(约翰福音3章3-8节)

在所有就"你们必须重生"这段经文所做的讲道和所写的论文当中,有多少曾经解释过"水"在其中的地位——或甚至提及它?对"藉洗礼重生"鬼魂的恐惧导致一种福音派的阴谋,对这个主题保持沉默,剥除新生与肉体行为之间的任何关系。尼哥底母不是最后一个误解耶稣教训的人,还有许多人和他一起停留"在黑暗中"!

大部分的注释家(包括教父、罗马天主教、新教改革派、英国清教徒和大部分的现代学者在内）接受第 5 节是第 3 节的延伸，更详细地说明第二次出生。

希腊字 *anothen* 的意思是"再次"还是"从上头"，有不同的看法。支持后者看法的是"从神生的"（约翰福音 1 章 13 节）这个句子的"属天"意义。耶稣指的是属天的事件，而非人的事件，这一点显而易见；祂将超自然的出生和自然的出生做比对（第 6 节）。尼哥底母本身将这个字视为"再次"（第 4 节），并且因为以为它只是重复第一次出生而感到困惑。在约翰福音的其他地方，这个字清楚意为"从上头"（见 3 章 31 节，19 章 11 节、23 节）；而且值得牢记在心的是，如果当时耶稣说的是亚兰文，这个语言是没有"再次"这个副词的。某些翻译（例如威廉.巴克莱〔William Barclay〕）则两面讨好，将这个句子翻译为"从上头重生"！无论那一种翻译，对于耶稣在第 5 节叙述的主要意义都没有影响，它明确说出二者之间的差异，以纠正尼哥底母的错误观念，以为第二次出生会和第一次出生一样。和从肉体生的不同，这一次将是"从水和圣灵生的"（希腊文：*ek*，"从……出来"）。

这就是解读开始发生困难的地方！大致上来说，有三种方法来理解 NIV 翻译为"从水和圣灵"的这个句子：

1. 两次出生，一次肉体一次属灵；
2. 一次出生，纯粹属灵；
3. 一次出生，同时具备肉体和属灵的层次。

第二次出生

我们要详细地讨论每一种可能性。

一、一次肉体的出生、一次属灵的出生

简而言之，这种解读法把第 6 节中"肉身"和"灵"的对应读回到第 5 节，把第 4 节中出生的肉身观念向前读进第 5 节。尼哥底母错误地假设一个人必须有两次肉身的出生，而耶稣纠正他的想法，说人需要一次肉身的出生（"从水"）和一次属灵的出生（"从圣灵"）。

因此"水"是"肉身"的同义，必然在某方面意指肉身的出生。部分现代福音派人士认为这是指肉体出生时的"破水"（例如，见肯尼迪．泰勒〔Kenneth Taylor〕在 Living Bible 意译中的注脚）。这种看法有以下的难题。

第一，没有证据证明古代世界曾经用"从水生的"来形容肉体的诞生。偶尔会以"水"来指称精液（也有用"露水"或"雨"来指称的），但是这指的是怀孕而非出生；而且和"从……生的"这个词句也没有任何已知的关联。

第二，如果耶稣的意思确是如此，那么祂说"从肉体和圣灵生的"，会更加简单。为什么要在这个时候使用"水"这个字来混淆尼哥底母？

第三，以这个理解为基础，则这段叙述的第一部分会变成一段无关的言论！"人若不先从肉体出生，就不能进神的国……"这句话似乎根本没有必要说！就定义而言，一个"人"已经是一个生出来的个体。而且"若不"的显著位置强调出进入神国的重要标准，以修饰整个句子。

第四,"水"随着肉体出生一同出现,但水并不能导致肉体出生的进行。将一个前置词 ek("从")放在两个字(水和圣灵)的前面,表示对二者而言,这出生是同样的因果、方法/目的关系。它不能被某一个伴随着,由另一个造成。这样"从水"生的和"从圣灵"生的之间就没有对应的关系。

第五,文法指出是一次诞生,而非两次。耶稣并没有说"从水生的和从圣灵生的",也没有说"从水和从圣灵生的",而是说"从水和圣灵生的"(基本上就使二者成为这个出生的"前后"关系)。

第六,尼哥底母非常不可能把"水"视为意指第一次(肉体)的出生。

二、一次纯粹属灵的出生

第一个观点把"水"和"肉体"视为同义,这个观点则把"水"和"圣灵"视为同义。第 6 节的"从灵生的"这句话被视为和第 5 节的"从水和圣灵生的"完全相同。

为了支持这个命题,便指出约翰经常使用"水"作为非肉体、属灵实质的隐喻,特别是指圣灵(例如约翰福音 4 章 14 节,7 章 38 节)。这和旧约圣经的用法一致(例如在以西结书 36 章 25 节中,"清水"为心带来内在的洁净)。

乍看之下,这种看法很轻易地解决了问题——但是仔细检验就会发现这种解决方式太简单。它无法解释以下各点:

第一,如果"水"这个字和"圣灵"同义,那么它似乎是多余的。为什么要用直接和间接的方式作这种重复的陈述?"从圣灵(也就是"水")和圣灵生的"并不像历史上最伟大的教师说的话!

第二,约翰福音中的"水"总是意指实体的水(H_2O)。在前面几章里,它的意思从未变过,甚至在这一章的后面也是同样的意思(1章26节、33节,2章7节,3章23节)。在后面少数以它作为圣灵隐喻的经文中,它一定会由一个额外的形容词(例如"活")或词组(例如"泉")加以修饰——从来不曾单用一个"水"字。

第三,尼哥底母——也就是说这句话的对象——非常不可能视它为圣灵的隐喻。如果耶稣几乎立刻改变话题,以"风"的隐喻来帮助他了解的话,他应该会更加困惑!"人若不是从水和风生的……"!

因此,根据这三个论点,这种解释也必须排除。

三、一次出生,同时具备肉体和属灵的层次

根据这种解释,耶稣告诉尼哥底母他需要一次转化(transforming)的经验,透过肉体和属灵的管道与祂联结——因此第二次出生是一个同时具备肉体和属灵层次的事件。"水"意指受洗的肉体行为,但是如果没有圣灵的神圣作为,单靠这个行为本身不能带来新生。为了支持这种理解,我们要引用以下的思考。

第一,圣经研究有一重要原则,就是以最浅白的方

式理解经文意义，除非有极佳理由必须采用其他原则。以此例而言，"水"的意思就是"水"，"圣灵"的意思就是"圣灵"！

第二，这样的解释符合文法，两个名词由同一个动词和前置词控制。"水和圣灵"并列，是单一事件的双重根据。

第三，几乎可以肯定尼哥底母了解"水"在仪式洁净方面的意义，他很熟悉预言中的应许和法利赛人的实务。再者，这段对话的背景不只是耶稣的神迹事工，也包括约翰施洗进入悔改的事工（1章19-28节，3章22-26节）。我们知道法利赛人拒绝这种洗礼，也被拒绝（马太福音3章7节；路加福音7章30节）。在尼哥尼母于约翰福音3章2节的开场白中，甚至可能略略提到施洗约翰，因为约翰不行神迹（约翰福音10章41节）。"水"这个字也可能在温和地责备尼哥底母的奉承，因为法利赛人（尼哥底母是其中一员）完全知道耶稣也在这个时候受洗（约翰福音4章1节）。耶稣岂不是在告诉尼哥底母，他不能一方面想要拥有大能事工的秘诀，却又拒绝顺服洗礼，无论是约翰或是祂的洗礼？

第四，"水"和"圣灵"的连结用法已经是四本福音书中熟悉的主题，因为约翰传讲两种洗礼，一个是在水中，一个是在圣灵里（马太福音3章11节；马可福音1章8节；路加福音3章16节；约翰福音1章33节）。认为约翰福音第3章和两种洗礼之间现存的连结没有任何关联，未免过于巧合。

第二次出生

第五，这种解释与新约圣经作者提到水洗礼时所使用的措辞一致（见本书第4章）。他们显然相信洗礼"实现它所象征的事"，而且既是神的作为，也是人的作为。约翰福音3章5节与提多书3章5节有惊人的一致性——"从水生的"和"重生的洗"之间的差异并不大。

第六，历代以来的绝大部分圣经学者，包括天主教和新教，都认为"水"清楚意指洗礼。

通常拒绝上述解释的原因并非基于内在和文字上；而是外在和神学上方面。一方面，在西方世界里，肉体和属灵之间存在极大的差距，但这主要是源自柏拉图哲学，而非圣经的教训；另一方面，福音派对于"靠洗礼重生"患有恐惧症，令许多人看不见主话语的明白意义。瑞士改教家慈运理的圣礼观点（将圣礼视为单纯的象征）是拒绝将属灵的功效归功于肉体的行为——尽管食用知识树的实体果实（创世记2章17节）或在不配的情况下取用圣餐的饼和水（哥林多前书11章29-30节）会带来灾难性的结果。

我同样关切以为人可以单靠水洗礼就"重生"的看法（只要是正确的人使用正确的文字！）。在论及无法对悔改或相信有任何回应的婴儿时，这种看法更加令人不快。但是如果"水"意指真正悔改和相信之人的洗礼，那么情况就有极大的差异，和传统上视为"靠洗礼重生"的迷信或魔法观念远远不同。再者，耶稣将"水"和"圣灵"作了如此紧密的连结，也确保没有人能够假设可以单靠水来完成。若是没有圣灵的重大贡献，就不会有新生。这就使我们进入最后一个问题：在这个关系中，"灵"这个字究竟是什么意思？

细心的读者会注意到，为了遵循NIV的翻译，我在直接引用约翰福音3章3至8节时使用"圣灵"，但是在处理"水"和"灵"的解读争辩时，则偏好使用"灵"这个字。我的这种用法强调：第5节缺少定冠词。因此这表示"由……圣灵生的"（第5节）的意思和第6节的"从灵生的就是灵"指的可能不是同一件事（即使在某些早期手稿中，这里也没有冠词）；但是，NIV的翻译明显指出翻译者在这件事上的解读选择。

当"水"意指洗礼时，"灵"通常会被假设是指圣灵在施行圣礼过程中的活动。当人的代理人施用水的"媒介"时，神的代理人（圣灵）则运用这个环境完成内在和属灵的工作。当然，我们可以同意说，若是没有圣灵的这种活动，那么这个肉体的事件就没有任何属灵的功效，因为人类代理人和物质媒介都没有能力完成这件事。但是这样是否能完全解释耶稣的陈述中那些不寻常的文法特色？

这些特色，正如先前我们所提出的，就是缺少定冠词，以及"水"和"灵"用同一个前置词（"从"）限定的惊人事实，意指它们和新生命的关系是相同的（而我们刚才探讨的观点则将"水"视为媒介，"圣灵"视为代理人）。

第二次出生

如果把"水和灵"视为意指水洗礼和圣灵洗礼，难题就完全解决了。在新约圣经的教训中，此二者关系极为密切，但是从来不曾完全视为同一件事。以下的思考指向这个方向。

第一，正如我们已经指出的，在约翰的教导中，"水"和"圣灵"已经被连结在一起，意指这两种"洗礼"——一个是他的工作，另一个是弥赛亚的工作。尼哥底母完全知道约翰的教导；他是所有非凡事工的敏锐观察者！

第二，这样一来，共同的前置词以及其不寻常含义，就完全有意义了。即使是肉体诞生也是"从"前一个状况"在母亲的子宫里"生出来的（这正是尼哥底母在第4节提出的重点——不可能"回到"那个状态，以期再一次从它"出来"！）。耶稣说的是，第二次出生不是从子宫"出来"，而是从"水和灵"。"在"水里受洗和"在"圣灵里受洗的人从这双重经验中"出来"，进入新生命。"水"和"圣灵"是这次出生发生的媒介（见本书第23章关于哥林多前书12章13节的讨论）。

第三，缺少定冠词表示圣灵能力的主观经验；有定冠词则把焦点放在圣灵位格的客观存在（见附录二中对于这个受忽视重点的完整论述）。"在圣灵里受洗"（baptized in Holy Spirit）这个句子从未包含定冠词 the；强调的是这个恩典的领受者正在明显经历的事情。在水洗礼中，受洗者在圣礼期间几乎未能察觉圣灵的内在工作，但是在圣灵洗礼中，这种察觉是最重要的特色，对受洗者和其他在场者而言皆是如此。在和尼哥底母的交谈中，耶稣强调这种对于圣灵运行的知觉——就像感觉风吹在脸上和听到风的声音一样。这个陈述和五旬节众人都"受圣灵的洗"的关系是不可能斩断的。当一个人"从圣灵生"之时，事件可能是看不见的，但是不会听不见！

附带一提，耶稣也回答他原本的问题，就是一个师傅如何能产生神迹和话语。耶稣本人接受水洗礼和领受圣灵之后才有能力做到。如此神迹也是神国的记号（马太福音12章28节）。

现在应该列举我们的发现摘要了。重生是从水和圣灵生的，也就是"在水里及圣灵里受洗"，并且从二者中"出来"，好在基督里藉着祂的圣灵过新生活。保罗以不同的话语陈述同样的真理，他说："救了我们……藉着（同样以一个前置词用在两样东西上）*重生的洗和圣灵的更新。圣灵就是神……厚厚浇灌在我们身上的*"（提多书3章5-6节；见本书第26章）。因此，水洗礼和圣灵洗礼不只是成为基督徒不可或缺的；它们是重生和得救的基础！

11
活水的江河

节期的末日,就是最大之日,耶稣站着高声说:"人若渴了,可以到我这里来喝。信我的人就如经上所说:'从他腹中要流出活水的江河来。'"耶稣这话是指着信他之人要受圣灵说的。那时还没有赐下圣灵来,因为耶稣尚未得着荣耀。

(约翰福音7章37-39节)

在中东地区,住棚节是在六个月没有下雨之后举行的,而这场"收成感恩节"的高潮是一个祈祷仪式,祈求"早雨"能够开始。在新约圣经时代,所罗门之池的水于庆典的第八天("伟大之日")时被倾倒在祭坛上。雨一直是神对这片土地和人民的祝福记号,就像不降雨被视为神的咒诅一样(申命记28章12、24节)。

在这一天,耶稣应许要除去"旱日";从今以后,将有永恒丰盛的泉源从每个人里面涌溢出来。但是,要获得祂的赏赐,必须符合两项重要的条件。

第一,它由人类的行为来决定。这里有三个祈使动词:"到……喝……信"。它们都以祂为中心。在这些词中的含义是一个非凡的宣告——"你们忙着向神求水；我会给你们水！"

约翰的评语（在39节）清楚指出，耶稣的话是比喻（就像祂宣称三日内重建圣殿一样）。祂说的是效果远大于支持肉体生命的属灵泉源。他所说的"活水"或"生命之水"就是这个意思。

第二，它并不是立刻就可以取用。耶稣并不是提供立即的祝福！

再一次，约翰的解释是必要的。由于指的是圣灵的恩赐，因此人可能要经过一两年的时间才能领受，因为要等到耶稣恢复祂在天上的地位时，才能释放这个恩赐。一直到五旬节以后，这个应许才能实现。

在文字本身，有几个重点要注意。最令人疑惑的是提到"经上"——也就是旧约圣经——记着一个具有这等功效的应许。和即将来临的弥赛亚时代有关的明确预言中，并没有能够和耶稣这个特别的宣告交叉参照的。可能的经文如下：

以赛亚书12章3节，从救恩的泉源取水；

以赛亚书58章11节，水流不绝的泉源；

以西结书47章1-12节，从殿中流出的水；

撒迦利亚书14章8节，从耶路撒冷出来的活水。

最后一处经文的优势是它原本就是关于弥赛亚在住棚节时出现在耶路撒冷的预言的一部分。但是，我们必须承认，我们无法确定耶稣（或是约翰在解读耶稣的话时）所说的是哪一段经文。当我们查看经文本身的其他特色时，可以获得更为坚实的基础。

值得注意的有趣之处在于，对于当时耶稣的跟从者而言，"相信"和"领受"是相当分离的事件。他们已经相信耶稣，但是还不能领受圣灵。至少对该世代而言，相信耶稣和领受圣灵并非同一件事。39节中被译为"信"的字是 *pisteusantes*，一个不定过去式分词，用于已经完成的单一、决定性步骤，而"领受"则显然仍是未来的事。

当然，这些都是在五旬节之前，当时他们可以相信，但是不能领受，即使他们愿意（因为圣灵还没有"赐下"——见下文）。"相信"和"接受"之间的区别要在五旬节后继续维持，就必须确定两件事：

第一，在五旬节后有一些情况是人相信耶稣但未领受圣灵。事实上，有一些这样的情形，包括保罗本人，但是最清楚的例子是撒玛利亚人（见本书第16章关于使徒行传第八章的讨论，此处再次使用不定过去式：*episteusan*）。

第二，使徒的教义区分此二者。关于这一点，保罗清楚地表现在他对以弗所人的问题中："你们信的时候受了圣灵没有？"（见本书第20章关于使徒行传19章的讨论，这里和约翰福音7章39节一样，再次使用不定过去式：*pisteusantes*）。

我们的结论是，无论是在五旬节之前或之后，"相信耶稣"和"领受圣灵"既非同义,也不一定同时发生(见本书第16章及20章中关于这个结论的更多证据)。

第39节的后半段也包含一个不寻常的结构,相当重要。圣经的大部分版本都在这里加上额外的英文,但是与希腊文不符;额外增加的字并未扭曲原意,而是将之阐明,但是却将原文的含义和影响力伪装起来。若就字面翻译,应该是:"因为圣灵还不在"。这种解读衍生出两个重点,为这段经文提供亮光。

第一,这句话不可能意指圣灵还不存在。祂是永恒之神的三个位格之一。清楚的意义是祂的资源还没有完全供应给人类。常见增加的字是"赐下",意指祂的位格和能力在未来的彰显。但是在使徒行传19章2节中,以弗所人回答保罗时使用几乎完全相同的结构:"**未曾听见有圣灵**"(使徒行传19章2节——见本书第20章);同样地,增加"赐下来"这几个字阐明他们的说明。他们听说过将来的圣灵洗礼(毕竟他们是约翰的门徒,而约翰已经将这件事告诉所有的门徒);他们还没有听说的是这个恩赐已经赐下。大部分版本错误地表达他们的回答,以为他们完全不知道圣灵的事,这是相当大的误导。

第二,在约翰福音7章39节这里和使徒行传19章2节中,这个词组都缺少定冠词,这一点非常重要。让魏斯科主教(Bishop Westcott)在《约翰福音》(*Gospel of John*, John Murray, 1903)第123页中的评论说明这个地方的省略:"当字词以这种形式发生时(没有冠词),就是标记一项操作，或是彰显，或是圣灵的恩赐，而非位格的圣灵。"注意，这节经文一开始使用定冠词，强调圣灵的位格（请参阅附录二，其中详细检视新约圣经提及圣灵时的这个特性）。

最后，我们必须注意这段经文从"喝"一直发展到"流出"。"喝"相当于"领受"，在哥林多前书12章13节中也采用这种用法（见本书第23章），虽然在那里的动词是不定过去式（指第一个"饮"），而在这里是现在祈使句，表示要"去喝"。这里的重点似乎是入口和出口将互相调和。一个人会成为管道，而不是蓄水池！继续喝入圣灵的人会继续传授圣灵。这种对于持续性的强调也可以在第38节"信"的现在祈使句中看出（希腊文：*ho pisteuon* = "现在相信的人"，而非"已经相信的人"，与第39节作对照）。

路加福音和使徒行传两本书的主要对象是未信者，因此主要强调重点是最初接受浇灌下来的圣灵（诸如"落在，降在，浇灌在"这类的词组都强调圣灵在一个人的外面）。为信徒写的约翰福音（"……叫你们信了祂，就可以因祂的名得生命"——约翰福音20章31节）则强调住在人心里的圣灵的持续涌出（因此，像"从他腹中要流出"这类的词组强调圣灵在人的里面）。

认真地看待所有新约圣经作者的不同观点，再将这些观点组织成一个完整而平衡的神学，是多么重要的一件事。这种态度的重要性在与圣灵的位格和工作有关的教义上尤其突出。路加、约翰和保罗都有个别的特殊贡献——而且或许应该依照这个次序来进行研究,才能获得真正的了解!

12
已知的陌生人

"就是真理的圣灵,乃世人不能接受的;因为不见他,也不认识他。你们却认识他,因他常与你们同在,也要在你们里面。"

(约翰福音 14 章 17 节)

在痛苦死去的前一天晚上,耶稣还得安慰祂的门徒!他们感受到灾难即将来临,而这感受源自于耶稣宣布自己即将离去。关于"代替者"(Stand-by)的应许(比"慰助者"更好的翻译),很难鼓舞士气。一个完全陌生的人怎么能够取代祂在他们内心和生活中的地位?

接着就是令人惊讶的宣告,说他们早已经认识这位代替者!耶稣说的不是圣灵在世界上的一般性影响,因为这件事从来不是(也不可能是)个人关系的基础。这个世界从来不曾定睛仰望祂,也不曾经历与祂的亲密关系。但是门徒已经察觉祂的亲自同在,虽然他们可能并未察觉祂的身份。

他们和这位"真理的圣灵"的关系(在希腊文里,"真理"和"真实"是同一个字)只能以反论(paradox)的形态来表现。它们同时具备连续性和不连续性。同一个人会"常"与他们同在，但是祂又会被"差遣"给他们；这不是一个新的关系，但是它会成为新的关系；祂已经与他们同在，但是祂将会在他们里面。

有一部分新约圣经手稿的抄写者发现这种模糊的情形过于严重，因此修改了动词时态，让它们都使用现在式（"祂现在与你们同在，并且在你们里面"），而更常见的情形是将二者都改为未来式（"祂将来会与你们同在，并且将来会在你们里面"）。但是最可靠的读法无疑是同时包含过去式和未来式。圣经应该以它原来的内容加以解读，不能为了让我们觉得有"意义"而加以改变；这样做会把真理变成胡言乱语！过去式和未来式混合的用法指向关系中的连续性和不连续性。

一、连续性

"祂（已经）与你们同在"。存在两种可能的方式，圣灵已经与（事实上，希腊文是 para，意为"在旁边"）他们同在。

第一，**以耶稣的肉身同在**。由于祂已经领受圣灵，是"没有限量的"（约翰福音 3 章 34 节），因此他们已经在耶稣的性格、对话与作为当中经历到圣灵。祂的信息和祂的神迹是圣灵的工作（马太福音 12 章 28 节）。

第二，**透过耶稣的肉身的缺席**。让他们非常惊异的是，他们发现即使耶稣差遣他们出去，他们自己也可以医治疾病和赶鬼。这种非常真实的经验带给他们极大的喜乐（路加福音 10 章 17 节）。

严格来说，在耶稣终于离去之后，能够持续到未来的是第二种经验（因此也是耶稣的话的主要意义）。但是由于两种经验"感觉起来"非常类似，故第二种经验和第一种经验一样美好，甚至更好（约翰福音 16 章 7 节）。的确，就存在的经验而言，实在难以区分二者（约翰福音 14 章 20 节、23 节）。这就可以解释当耶稣终于离开他们时，他们那矛盾的喜乐。

二、不连续性

从对这个位格的外在（"在旁边"）认识转变为内在（"在里面"）的认识，在关系上必定有一种剧烈的转变。这种改变，也就是大部分学者称之为门徒身份的"前五旬节"和"后五旬节"阶段（亦请见第 13 章关于约翰福音 20 章 22 节的讨论），究竟有何重要性？五旬节造成的最明显改变可以列举如下。

从不知不觉到有意识。这种对于圣灵同在的充分察觉，带领他们自然地谈论圣灵，如同谈论耶稣一样（在使徒行传的前 13 章里，直接提到圣灵约 40 次）。

从暂时到永恒。过去他们在奉差遣进行"使徒性"旅程的途中偶尔得知祂的能力，在其他的状况中知道缺乏它（马可福音 9 章 28 节）。现在他们将拥有一个持续而且意识到的能力，可以使用这个资源。

从迟疑到信心。他们在事工中尝过失败的滋味,他们的士气在十字架前被彻底击垮。五旬节之后,他们因其勇气著称(希腊文:*parrhesia* = "说真话的勇气")。他们的对手误将这种现象归因于他们过去和耶稣的关系(使徒行传 4 章 13 节),然而这是他们现在与祂的圣灵联结的结果。

从代理到直接。虽然他们曾经在耶稣在世时,有效地成为祂的代表,现在他们以他们觉得自己"拥有"的"权柄"来使用祂的名("只把我所有的给你……"——使徒行传 3 章 6 节)。

这些对比构成一种程度上的改变,而不是类型上的改变——但是这种改变是突然发生,而非渐渐发生。

或许应该注意的最重要的事是,一直到五旬节发生改变,在门徒"领受能力"之后,在他们"受圣灵的洗"之后,在他们被"充满"和"恩膏"之后,"在里面"的这种说法才适用于门徒身上。在新约圣经的其余篇幅中仍继续这种用法(例如保罗写道:"岂不知你们的身子就是圣灵的殿吗?这圣灵是从神而来,住在你们里头的"——哥林多前书 6 章 19 节)。这种思想和现代福音派所说圣灵从相信耶稣的那一刻就"内住"的教导有所差异(见本书第 21 章关于罗马书 8 章 9 节的探讨)。

在耶稣自己的生活中,祂和圣灵的关系也有类似的改变。既由圣灵感孕(路加福音 1 章 35 节),很难相信在耶稣的童年和早年岁月中,祂与圣灵的关系会不如祂那位"从母腹里就被圣灵充满"的表哥约翰（路加福音 1 章 15 节）。但是在 30 岁时，就在祂接受水洗礼之后，当祂祷告时（马太福音 3 章 16 节；路加福音 3 章 21 节），祂立刻、明显地被"圣灵和能力膏抹"（使徒行传 10 章 38 节），并且继续施行约翰无法行的神迹，而施洗约翰并未和耶稣一样在水中受洗（马太福音 3 章 14 节），也没有被圣灵所膏。这或许可以解释为何耶稣虽然将约翰放在最崇高的地位上，但是仍然认为"*天国里最小的比他还大*"（马太福音 11 章 11 节）。

换句话说，耶稣在约旦河的经验和门徒在五旬节的经验之间具有一种明确的对应关系（在这两个情况下，圣灵都"落在他们身上"，也就是从他们外面）。二者都是以圣灵的能力恩膏，以便事奉。第一个经验发生在耶稣的肉体上，开始祂的弥赛亚使命；第二个经验则发生在祂的奥秘身体（教会）上，为的是继续进行同样的事工（见使徒行传 1 章 1 节）。

在后来的信徒身上，一直到今日信徒的经验中，是否也有类似的改变？若把约翰福音 14 章 17 节视为不过是一段历史陈述，以为只有在救恩历史中一个逝去的阶段里是如此，那或许是相当大的错误。就某种意义而言，所有信徒和圣灵的关系都可以拥有同样矛盾的移转。

从属灵苏醒的第一次接触，经过迫切寻求神的阶段，直到完全降服于祂的旨意之下，圣灵一直与他们"同在"。没有祂的同在，就不会有定罪、公义或审判。预备他们迎接新生以及带领他们经历新生的，就是圣灵。圣灵传递神"赐下"悔改以及神"赏赐"信心。圣灵带领他们接受水洗礼，并使用这件事来完成他们的埋葬与复活。在这一切事上，圣灵显然与他们"同在"，而且他们透过经历祂的作为而"知道"祂的同在。

但是当他们"在圣灵里受洗"时，这个关系就发生剧烈的改变。现在他们在彰显的能力中"领受"祂（亦即具备外在证据）。在约旦河发生在耶稣身上的事，以及五旬节时发生在门徒身上的事，现在发生在他们身上——产生同样可察觉的信心和神迹的事工。因此介系词的改变，从"与"（with）改变为"在里面"（in），也可以正当而适宜地应用在他们身上。

重点是，"领受"和"内住"的说法只有在新约圣经提到亲身经历五旬节能力的人身上才使用。新约圣经从来不曾用这种说法来形容圣灵在悔改、相信和水洗礼中的作为（虽然我们在本书第 36 章中会看到，"门徒"这个字被用于基督徒入门的早期阶段上）。因此，有可能作为一个悔改、相信、受洗的"门徒"——但是没有领受内住的圣灵（撒玛利亚人就是这种不正常状况的典型例子——见本书第 16 章）。一直到这个时候，圣灵以不能与未信者的世界同在的方式与门徒"同在"；但是祂还没有在信徒的"里面"，因为要等到基督徒入门的过程完成时才会如此。

当然，这种认识不能单单以约翰福音的这节经文为基础；它无法承载这样影响深远的结论。但是当我们继续察看其他的经文，尤其是使徒行传和书信时，我们会发现支持这种看法的丰富证明。这个结论的实际含义会在本书的最后一个部分进行讨论，特别是本书第 35 章。

13
最初的十一位使徒

说了这话,就向他们吹一口气,说:"你们受圣灵!"
(约翰福音 20 章 22 节)

第一个复活节主日早晨的这个"楼房"事件和两个月后发生在圣殿院子的五旬节事件之间有何关联?为什么门徒对于耶稣的行为和命令没有明显的回应,至少根据记载而言,他们自己没有体验到任何改变?为什么在这件事之后,他们仍然必须"等候"父所应许的(路加福音 24 章 49 节)?还有,为什么一周以后,他们仍然怯懦地躲在上锁的门后面?

这些问题最常见的解答是"自由派"的指控,宣称约翰为了自己的文学目的而扭曲历史。由于他根本无意重复路加的工作,撰写第二本关于初代教会的书,而是想要完整地涵盖救赎历史中的决定性事件,因此他改变了五旬节的日期,以便将它纳入其福音书中。由于已经提到在耶稣得荣耀之后,圣灵会被赐下(7 章 39 节),他觉得必须完成这个故事,并审改事实以达成这个目的!

即使就一般的看法而言,这种解读方式也不能接受。除了毁谤约翰的正直（而他的历史正确性渐渐地被学者承认，现在有些学者宣称他在这方面比其他作者更加优秀）之外，这种操纵真理的做法也不符合相信圣经是神默示的看法。

这种解释应予以否定，因为这种臆测的时间转变明显地改变了事件本身：它变成一个个人事件，而非公众事件；牵涉的是一个规模小得多的团体（大小只有十二分之一）；而且没有成文记录的结果，无论是对相关者的影响或透过他们对其他人的影响。实在令人难以接受约翰说的就是五旬节的事件。

基于这些及其他原因，接受约翰的记录合乎历史似乎是正确的做法。在同一段上下文中，提到升天仍是未来的事情（20章17节），耶稣回到世上也是（21章22节）。因此我们可以认为，约翰正确地报导耶稣从死里复活那天的所言所行。但是确实发生的情形为何？这个问题至少有三个可能的答案：他们领受圣灵；他们重生了；或是他们在"预演"五旬节。让我们逐一讨论这几个答案。

一、他们领受圣灵

这个答案假设在这里实现了住棚节时所作的应许（7章38-39节——见本书第11章）：已经相信耶稣的人现在领受了圣灵。他们被告知"将要领受"，而现在他们领受了。祂被钉死在十字架上（12章23-33节）和复活已经满足了必要的先决条件（耶稣先得"荣耀"——7章39节）。因此这件事使他们完全认识三位一体的第三位。

乍看之下，这似乎是惟一可能的解读，但是进一步思想，就会产生几个疑问。

第一，如果我们以这种方式来理解该事件，那么要把这件事和五旬节当天发生的事联系起来，就有极大的困难，且五旬节的重要性会大减。在马太福音、马可福音或路加福音中根本没有提及、在约翰福音中也仅有一节经文提及的一件事，成为使徒生命中的最重要事件，五旬节变成仅仅是能力的释放而已。如果他们已经"领受"了圣灵，而且现在祂"住"在他们里面，我们要如何解释用来形容五旬节的"落在"和"浇灌在"等画面——至少这些措辞看来并不适当？

第二，同样难以将这个"楼房"事件和在这件事情之前他们已知的事情联系起来。如果圣灵已经和他们"同在"，而且他们已经"认识"祂（约翰福音14章17节；见本书第12章），那么就不容易看到这个时候发生了什么决定性的改变。完全没有证据证明在这个事件和五旬节之间的那段时间里，门徒的行为或活动有任何显著的改变——除了完全可以用与复活的耶稣相遇来解释的喜乐之外。

第三，如果这种看法是真的，那么这种看法就和耶稣先前的坚持相抵触。耶稣之前坚持圣灵的到来取决于祂的离去，然而这件事却还没有发生（16章7节）。

第四，对约翰而言，"*得荣耀*"难道不包括耶稣升天，在那里得回祂原有的荣耀吗（例如17章5节）？

第五，彼得在此时和五旬节时都在现场，他一向称后者为他"领受"圣灵的时刻（见使徒行传10章47节，11章17节，15章9节；在本书第18章中都有说明）。如果使徒自己都认为他们直到五旬节时才"受"圣灵，那么我们就不能任意地暗指他们疏忽了"楼房"事件的重要性，以为以我们的智慧可以比他们更加清楚地了解这件事！

根据上述反对将这件事视为等同于领受圣灵的理由，我们必须查考另外一个解释。

二、他们重生了

这种观点将这个事件视为使徒们"重生"并进入"永生"的时刻。利用这个方式，他们"预备好"迎接五旬节，因为"凡从圣灵生的才能受圣灵的洗"。

最后引用的话透露出支持这种解释之人的神学假设。这是"五旬节派"两阶段、"第二次祝福"的救赎观点。这种说法的支持者将圣灵洗礼与重生分别开来，主张每个信徒都有一次双重的"领受"圣灵。圣灵首先因着救赎和赦免（在悔改和相信时）而被领受，接着则为了事奉和能力而再次领受圣灵。约翰福音20章22节几乎是这种理论惟一的"证明文字"（或许因为它是新约圣经中惟一除了"在圣灵里受洗"的经验之外，还提到圣灵是

"领受"的经文）；这个事件被视为所有后来归信的标准先例。使徒从圣灵而"生"和在圣灵里"受洗"之间有七个礼拜的间隔，加上在祷告中"等候"，被当成今日基督徒初入门的"规范"。

这种观点的优势在于简单扼要，但是或许过于简单了！事实上，至少有两个明确的指示，指出这并不是使徒"重生"的时刻。

第一，在这件事发生之前，圣经就使用"重生"这个词来描述使徒：约翰福音 13 章 10 节说他们已经"干净"；约翰福音 1 章 12-13 节说凡接待耶稣并相信祂名的人，就是"从神生的"（如果这句话包括所有的人的话，当然也包括门徒在内！）；马太福音 13 章 11 节说，天国的启示已经是他们的；他们可以"看见"它（比较约翰福音 3 章 3 节）。

第二，"楼房"事件发生时，并非所有使徒都在场。这一点非常明显，但是几乎总被人忽略！十二位使徒中只有十位在场。多马何时"重生"？马提亚呢？而且就这件事而言，五旬节当天"在圣灵里受洗"的其余 120 位使徒又是在何时"重生"？如果五旬节被视为第二次领受圣灵，那么这些人的第一次领受是在什么时候？

看起来第二种解读也不能令人满意。因此，或许现在我们应该思考第三个，也是最后一个观点，看看它能否为"楼房"事件提供更具说服力的解释。

三、他们在"预演"五旬节

我们不问在这个情况下发生了什么事,而是必须问一个更加激烈的问题:有没有发生什么事?也就是说,除了耶稣的所言所行之外,有没有发生其他事情?我们只能根据约翰实际记录的内容来回答这个问题——而答案相当简单:什么事都没有发生!

若真是如此,那么这件事究竟有何意义?为什么约翰要记录它,它又达成什么目的?

耶稣在预备祂的门徒迎接一个即将在数周内发生、且前所未有的经验。这是一场"排演",让他们熟悉即将发生的事件中的某些层面,这样当事情发生时,他们可以明白发生了什么事,并且以适当的方式去回应。

为了预备他们,耶稣给门徒一个神迹(或记号)和一个命令。这是一个绝佳的"发生这件事时,要这样做……"的预备训练经典范例。

神迹

经文说(逐字翻译)"耶稣吹"。"向他们"这些额外的字是试图将不寻常的希腊文动词 *emphusao* 翻译出来,它的字面意思是"吹进"或"使之鼓起"。使徒们应该可以听见及感受到这种吹气(参阅3章8节),他们耳中的声音类似风声。当他们在七周之后听见这个声音时(使徒行传2章2节),他们立刻就知道耶稣再次向他们吹气，将祂的圣灵吹入他们里面。附带一提，在希腊文里，"气"、"风"和"灵"这三个字使用同一个字——*pneuma*。同样地，在旧约圣经中，是用 ruach 这个拟声希伯来字（那是声音和意义相同的字之一，它的 ch 发音类似注音符号的"ㄏ"）作为这三个字使用。

命令

"受"在这里是祈使句；它是一个命令。它也采用不定过去式，表示接受的单一行为。领受圣灵是一种主动回应，而非被动。它意味着伸出手去抓住，而不只是"让它发生"。合作是不可少的；当耶稣吹气时，他们必须吸气！这个过去式的祈使句并不一定表示耶稣命令门徒立刻在那个特别的情境下做这件事。约翰福音20章中也没有任何暗示说他们在当时就回应这个命令。但是当五旬节到来时，他们当然有所回应。当耶稣的风／气息吹在他们身上时，门徒"说起别国的话来"（使徒行传2章4节）。他们顺服在祂的运行下。这是一种合作的意志行为，自由地领受圣灵的恩赐。

附加的考量

当我们以实际记载的内容来看待第一个复活节晚上的这个"楼房"事件，不对它妄加解释时，困难就消失了，因为这些问题之所以发生，是因为我们怀疑可能发生了什么事。把约翰福音20章22节视为预备性的彩排，或是用更符合圣经的用语来说，是预表未来事件的"预言行为"，这段经文就更能符合它的广泛背景。旧约和新约圣经都常出现这种预言行为（例如以西结书第4章；使徒行传21章10-11节）。以下的其他考量为这种解释提供更多证据。

第一，依据这个假设，经文本身比较容易解释。我们已经指出，希腊原文中并没有"他们"这个词；只有"耶稣吹进"。更显著的是，"受"这个命令是在吹之后，而非之前；如果是吹的动作将圣灵分给他们，耶稣应该会说："你们已经受圣灵"（也就是说，使用直述法，而非祈使句）。

第二，整段文字指向未来，而非现在。在约翰福音20章21节中，耶稣差遣门徒出去——但是还没有出发！虽然动词采用现在式，但是他们并非立刻出发。只有在五旬节之后，这个"差遣"才有效。在约翰福音20章23节中，门徒要（用老掉牙的术语来说）去"释放及捆绑罪"（赦罪与不赦免）。但是这件事不会立刻发生；只有在五旬节之后才会进行这个工作。第一个赦罪的记录是在使徒行传第2章，而第一个"留下"（不赦免）罪的记录是在使徒行传第5章。如果约翰福音20章21节和20章23节使用现在式动词，却明显具有这样的未来关系，那么很可能约翰福音20章22节也是如此。

第三，耶稣已经在这个"楼房"中给过他们这种"预期"（也就是对未来的期待）动作的例子。祂曾经拿起饼和酒，告诉他们要把饼和酒当成祂的身体和血吃喝下去——就在祂真正死亡的前一天，在祂的身体被打破、祂的血洒下之前。我们不需要相信在第一次"主的晚餐"时，饼和酒就真的成为祂的身体和血的"共融"，如同后来演变的含义一样（哥林多前书10章16节）。在那个不能遗忘的晚上，当祂的血仍然在祂的身体里、祂的身体仍然与他们同在时，祂其实是在预演即将成为他们敬拜的中心行为的事。同样在那个时候，祂限制自己只赐下一个记号（饼和酒）及一个命令（"如此行，为的是记念我"）；同样也是在那个场合，没有记载显示使徒领受到这个记号以外的任何东西。这个行为一直到它所盼望的事情发生之后，才成为圣礼；事实上，看起来一直到五旬节之后，才开始重复这个行为！

第四，在耶稣说完话和行动之后，在门徒身上没有发生任何事；现在这个事实显得非常重要。约翰的报导完全准确。耶稣当然是在把祂的权柄委托给使徒，但是祂还没有把祂的能力传递给他们。

因此，耶稣透过这句简单的话和简单的行为，将五旬节永久且紧密地与祂自己连结在一起。难怪当这件事真的发生时——在这样一个预言式的"前置法令"之后——彼得能够如此有信心地肯定"祂（耶稣本人）……把你们所看见所听见的，浇灌下来"（使徒行传2章33节）。这是"你们钉在十字架上的这位耶稣，神已经立祂为主，为基督了"（使徒行传2章36节）的最后证据。

14
第五十天

耶稣和他们聚集的时候,嘱咐他们说:"不要离开耶路撒冷,要等候父所应许的,就是你们听见我说过的。约翰是用水施洗,但不多几日,你们要受圣灵的洗。"

(使徒行传1章4-5节)

五旬节到了,门徒都聚集在一处。忽然,从天上有响声下来,好像一阵大风吹过,充满了他们所坐的屋子,又有舌头如火焰显现出来,分开落在他们各人头上。他们就都被圣灵充满,按着圣灵所赐的口才说起别国的话来。

(使徒行传2章1-4节)

由于圣经是一本"自我解释"的书,因此必须研读整体,才能明白其中任何一部分。必须将任何一个事件视为神圣历史连锁中的一个环节,才能明白其重要性。有些事情非常重要,若是没有它们,整个故事就会瓦解。五旬节就是这样一个事件。

五旬节这个日子起源自旧约圣经,而旧约圣经最重要的意义就是先知的图书馆（从摩西五经到玛拉基的小册）。族长本身就是先知（创世记 20 章 7 节；诗篇 105 篇 15 节）。摩西表达说希望有一天，主的所有百姓，不只是长老们，都能"说预言"（民数记 11 章 25-29 节）。约珥更进一步预言说，在末后的日子，主的子民都会说预言（约珥书 2 章 28-29 节）。

先知说预言，因为"主的灵""降临""落在""充满"他们，或是"赐给"他们。因此，当所有人都能说预言的那日来临时，应该会是因为圣灵比过去更大规模地"浇灌"下来。这就是神要立的"新约"，取代在西奈山定的"旧约"（以赛亚书 32 章 15 节；耶利米书 31 章 31-34 节；以西结书 36 章 26-27 节）。

这个"应许"在福音书中得到证实和放大。四本福音书都记载施洗约翰的预言。身为"旧约"预言的最后一位代表，施洗约翰大略说明将来之弥赛亚君王的两重事工，就是除去罪以及用圣灵代替罪。但是约翰自己引进水洗礼，为这个先知性的膏抹介绍一个新的用语，和即将发生的事成为生动的类比。基督自己将被圣灵膏抹，然后要用圣灵为其他人"施洗"（baptize）。这不是一件新事，但它是一个旧经验的新名字，这也是为何它实际上与前面提到的旧约用语同义之故（见本书第 5 章）。这个新字强调恩膏的覆盖和压倒性的本质；接受者会被浸润、浸湿、浸泡、泡入、淹没在圣灵里——完全的渗透和穿透！

第五十天

在去世的前一天晚上,耶稣扩大其门徒对于这个"应许"的认识,强调圣灵是又真又活的一位,不只是一股能力而已,祂的功能是继续耶稣的定罪和教导事工,填补因祂离去而留下的空隙(约翰福音14-16章)。在祂复活的那一天,祂带领他们"彩排"这个应许的实现(见本书第13章)。路加记载祂升天时的命令,要他们在耶路撒冷等候,直到"穿上了能力"为止(这是另一个旧约圣经的用语,请参阅《吕振中译本》士师记6章14节;历代志上12章18节)。

因此,五旬节戏剧的舞台用了数世纪的时间来设置,而现在我们必须探讨这一天本身的重要性。这个特别的节期是年度犹太三大节庆之一,目的在于庆祝西奈山颁布法律,正好发生在"逾越节"羔羊的血洒在埃及的50天之后,因此命名为"第五十"或"五旬节"。律法的颁布导致三千个违背律法的希伯来人死亡(出埃及记32章28节)!自从进入应许之地后,这一天获得农业的含义,虽然这在律法中早已预见(在出埃及记34章22节中将之称为七七节;出埃及记23章16节中称之为收割节;而且,对新约而言最重要的是在民数记28章26节称之为初熟节〔译注:和合本圣经此处译为七七节〕)。事实上,它在数世纪之后变成"初熟果子"的日子——当那三千人从死里复活的时候(字句叫人死,但是圣灵叫人活 哥林多后书3章6节)。

这个事件有人的"预备",也有神的"预备"。参与这件事的 120 人（这个数字是根据使徒行传 1 章 15 节估算而得）是耶稣的门徒，而且都是来自加利利的"北方人"（使徒行传 2 章 7 节，参照 1 章 11 节）；十二使徒中惟一来自南方的加略人犹大，早已被取代。他们见证了耶稣的死亡和复活，而且已经共同经历了绝望的悲伤和狂喜的强烈感受。他们应该已经可以不抑制情感（这是今天非常普遍的障碍，尤其是在英国！）并且准备好不尴尬而随心所欲地回应浇灌下来的圣灵。他们也一起专心定期的祷告；主耶稣相当清楚指出，天父将圣灵赐给"不断祈求"的人（路加福音 11 章 13 节；注意它的现在进行式）。因此他们都想要"受圣灵的洗"和"得着能力"（使徒行传 1 章 5 节、8 节）。但是在他们的预期当中，当他们的祷告得垂听时，会发生什么事？他们是否知道这事何时会发生？抑或五旬节无论是时间和内容皆是完全不可预期的？

就他们所预期的而言，我们只能猜测。看起来他们预料会听到升天的主再次对他们"用力吹气"的声音（见本书第 13 章），虽然少数人可能会想象这次应该像怒吼的狂风！而且他们几乎必然会想到领受了应许中的圣灵的结果就是从他们自己的口中流露出来（他们应该熟悉像扫罗在撒母耳记上 10 章 10 节中的例子，更不用说先知的例子了），虽然他们很可能没有想到自己会这么流利地使用他们从来没有学过的语言，而且甚至可能根本没有察觉这件事。

第五十天

至于他们预期圣灵何时"降临"在他们身上,极有可能他们已经把焦点放在五旬节。他们很难忽略耶稣将自己的死亡刚好"安排"在逾越节羔羊被杀的时间(在逾越节下午三点钟——见出埃及记12章6节,"黄昏")。预期下一个伟大的历史事件发生在随后到来的五旬节里,是世界上最自然不过的事,届时来自远方各地的犹太人将一起聚集在耶路撒冷。无论如何,耶稣最后告诉他们的其中一件事情就是他们"**不多几日**"就要受圣灵的洗(使徒行传1章5节)。从他们选择聚集的时间和地点,可以看出他们可能已经猜测到正确的日子。

在使徒行传第一章中,并没有任何暗示指出上午九点是他们祷告会的例行时间。然而,那是**圣殿公祷**的时间,而就是在这里,他们于节期的第一日聚集在一起,"为了一个目的"。聚集的地方是圣殿,而非楼房,可以从后来有数千人来到他们聚集的地方这个事实推演得知(而且不能反推);门徒惟一的行动是十二位使徒站起来,其他人仍然坐在原来的地方(使徒行传2章14节)。很可能是"屋子"(house)这个字误导了读者,以为它意指一个"家";但是这个字也用来形容圣殿是神的居所(撒母耳记下7章5-6节;以赛亚书6章4节,56章7节;路加福音19章46节;使徒行传7章47节等等)。我们也知道,它是五旬节之后初代门徒们经常使用的聚会地点(使徒行传3章1节;使徒行传2章42节中那个不寻常的词组"**祈祷**"可能亦指圣殿的礼仪)。很有可能的是,他们就是在所罗门的廊聚集，在那里两性可以混坐（若是如此，今日那个位置是亚克萨寺清真寺的所在位置）。

在他们"外面"的"客观"现象构成序曲。风和火是极具爆炸性的组合，也要注意视觉和声音的组合；眼睛和耳朵是和灵魂沟通的两个主要门户，彼得后来用它们作为真理的证据，宣称"你们所看见所听见的"（使徒行传 2 章 33 节）。任何犹太人都明白风的意思，他们使用同一个字（ruach）来代表气息、风和灵。运动中的空气是生命和能力的象征；风是神不可见之大能的隐喻（以西结书 37 章 9-10 节）。火不是这么明显，虽然它是神同在时常见的记号，就像摩西眼前那座燃烧的树丛（出埃及记 3 章 2 节）。通常火所指的是神毁灭性的审判，因为神是烈火的火（申命记 4 章 24 节，9 章 3 节；诗篇 97 篇 3 节；希伯来书 12 章 29 节）；而这很可能就是施洗约翰说弥赛亚会用圣灵与火施洗时所指的意思（比较玛拉基书 4 章 1 节和马太福音 3 章 11-12 节）。在使徒行传第 2 章中，"火"很可能代表神的同在，而非祂的洁净。我们不要想象是每个人头上都有一盏火焰在燃烧（主教冠的独特尖形顶部是造成这种普遍错误印象的主因）；这里用的文字暗示是一片庞大的火焰向下焚烧，分岔成火焰，火焰的尖端接触到每个人的头，虽然一根头发也没有烧焦。

这就相当于神的按手！由于"每个人"是同时被接触，因此他们"全都"同时领受圣灵。这之所以能成为

第五十天

一个集体经验，正因为它是个人的个别经验。这是极重要的一点，除非一群人中的每个人都被圣灵充满，否则这群人不能被充满。圣灵并不是赐给以集体为单位的"教会"，虽然许多宗派的圣灵降临节时常常传讲这样的信息。祂是个别地被赐给每个成员，再透过他们赐给全体。因此，如果教会的成员没有领受圣灵，教会就不能继续拥有圣灵；如果教会牧人自己没有在圣灵里受洗，也不能透过礼拜仪式将圣灵分传给会友。如果把五旬节视为教会整体领受圣灵的独特情况，就是错误地庆祝五旬节；较正确的看法是把它视为教会成员领受圣灵的第一次情况（虽然必然不是最后一次），即使他们是以群体的方式被圣灵拜访并同时领受圣灵。在后面记载的情况中，当一群人在同一个时刻领受圣灵时，通常并不是同时发生；希腊文清楚表明他们随着按手在身上而"一个一个"地领受圣灵（见本书第16章及20章关于使徒行传第8章和19章的讨论）。

注意在使徒行传1章5节预言的"受圣灵的洗"现在被记载为"被圣灵充满"，表示这两个用语是可以互换的，只是"充满"可以在同一个人身上使用一次以上（如同在使徒行传4章31节中），而"受洗"则保留使用于第一次充满。同样的经验在后来发生于其他人身上时，亦被形容为"被浇灌""赐予""领受""降临在"等等（见本书第5章中关于所用的各种用语的完整列表）。

在这个时候，"客观"现象（来自外在）被"主观"

现象（来自内在）取代。他们要"被充满，直到涌流出来"！正如我们已经说过的，口是心的自然涌流——幽默化为笑声，怒气化为吼叫，悲伤化为嚎哭，恐惧化为尖叫。一个充满圣灵的人会爆发出某种形式的"说预言"（希伯来文的"先知"〔nahbi〕这个字的意义之一，就是"滔滔不绝的人"）。自发性的言语是伴随而来的神迹，而且后来所有人都领受了圣灵。舌头原本是"从地狱里点着的火"（雅各书3章6节），现在只说圣灵启示的话语。

在五旬节时，所说的话都是用说话者本人不明白的语言说的，但是神所明白的话语。事实上，这是历史上神第二次"降临"，并使只知道一种语言的人以多种语言说话。但是，五旬节是巴别塔的颠倒，而非重复（创世记11章7节）。在巴别塔时，它是神审判的行动；其目的是要混乱、分离和排除。（换一个想法，"陌生的语言"也是后来对以色列的审判之一——比较申命记28章49节和以赛亚书28章11-12节；这些经文是保罗在哥林多前书14章21-23节中反对在敬拜中集体说方言的论述背景）。在五旬节时，同样的能力被赐下是为了安慰、联合和包含。它们不再令人分离，而是将人吸引在一起（使徒行传2章6节）。

被强烈吸引的旁观者都承认，这里的"方言"是真正的语言（或至少是不同的地方方言），具备文法和句法。（"方言"〔tongues〕这个字——英文圣经翻译通常使用的字——相当容易误导，让人觉得它是一种没有逻辑

第五十天

的胡说。新英文版圣经〔New English Bible〕值得赞扬,将这里使用的希腊字 *glossai* 更准确地翻译为"其他语言"——但是在新约圣经的其他地方又非常不一致地将它翻译为"狂喜的话语",是不当的做法。使徒行传第二章记载了惟一的"狂喜",是描述旁观者发现自己的语言被半文盲的北方人说出口时的惊奇!)

注意,这种语言是人类与神的主动合作的结果。"他们"开始说话,包括震动声带的有意识行为。圣灵只"给他们话语"——也就是说,人控制舌头和嘴唇,将声音转变为有条理的语言。祂没有"叫他们说话",而是"赐下词语"给从他们口中流泄出来的思想和感觉。门徒负责说话,圣灵告诉他们该说什么。所有的圣灵恩赐都具备这种双重特性;从来没有人强迫我们去使用它们。它们可以被赐下,但是人必须主动地接受它们,而非被动。

直到这一切都发生后,才有大批的旁观者聚集。由于当时是五旬节,因此耶路撒冷全境,尤其是圣殿,会充满了朝圣者。他们没有见到风和火的客观现象(如果他们看见了,会更加"惊奇"),但他们被不寻常爆发的肆无忌惮的行为所吸引,而这些行为通常和醉酒有关!当距离够近,能够听见所说的话时,他们看见一个与这个解释不符的情形。非凡事件的证据包括可听见的(他们听到自己的语言)和可看见的(他们看到这些人是加利利人,可能是根据其衣着)。彼得后来诉诸这种视听证据(使徒行传 2 章 33 节)。

抓住一群大感兴趣的群众的机会，十二使徒"**站起**"，而彼得代表他们，以一种语言传讲他的第一篇、而且可能是最伟大的一篇讲章。其他的，如同人们所说，都是历史了。

为了达成我们在本书中的目的——分辨新约圣经在成为基督徒方面的教导——我们必须问一个重要但简单的问题：这个事件是独特而无法重复的，抑或它为后世成为基督徒的人提供了先例？

认为五旬节是独特的，而且绝对不能视之为后来经验的标准的人通常强调这个事件的集体层面。那天被视为"教会的生日"。耶稣"用圣灵施洗"的应许被视为已经完全实现在第一批120位信徒身上，因此历代的普世教会都已经在圣灵中"受洗"，并保留这个经验作为永久的产业。因此个别门徒不需要寻求在圣灵里受洗的"五旬节经验"；他只需要加入教会——福音派说藉由信心，天主教说藉由洗礼或坚振礼——就会自动进入真教会的这种"圣灵洗礼"中，无论那个身体是定义为眼不见的还是制度上的。但是，我们已经看到这种说法不能解释五旬节对于个人层面的清楚强调；也不能适切地解释五旬节之后发生在其他人身上的情形。

不可否认的是，最初的事件的确有一些独特的特色，是从未重复出现的。风的声音和火的景象在新约圣经中不曾再度出现，虽然在后来的教会历史中零星出现过这样的现象。也没有其他的记载指出"方言"被认为

第五十天

是已知的语言——同样地,在后来的教会历史中确有一些例子。因此,我们所谓的"客观"现象不能类比到新约圣经的其他地方。

但是"主观"现象可以！使徒行传中至少还有三处记录类似的事件,使用相同的描述文字并表现出同样的实际结果。在一个情况中,使徒彼得明确地指出最初事件发生的情形(见本书第18章关于使徒行传10章47节,11章15节,15章8节的讨论,这些经文谈论的都是凯撒利亚的哥尼流一家)。那么五旬节单一独特性的倡议者如何解释这些发生在撒玛利亚、凯撒利亚和以弗所的"非常态"事件？他们提供的答案是把同样的"集体"观念套用在这些事件上,认为他们不是由一起"受圣灵的洗"的个人所组成的群体,而是人类种族中的新民族,代表教会不断扩大的圈子。因此,撒玛利亚变成撒玛利亚混血儿的五旬节；凯撒利亚变成外邦放逐者的五旬节。以弗所不大容易归类,因此把它视为历史性的年代误植,视之为约翰先前门徒的五旬节。这种观点的支持者认为这四种从属的五旬节涵盖了全人类种族,因此他们并不期待会再发生此类(集体)成为基督徒的经验。他们假设华人、俄罗斯人和美国人都在凯撒利亚与哥尼流一起"受圣灵的洗"。

这种看法被用来"安慰"许多自称是基督徒的人。他们将这四个事件当做根据,因此视之为非常态,他们就有借口,不需要自己寻求圣灵洗礼。

但这是正确的解释吗？就圣经来看真是如此吗？仔细查考五位新约的教师，就发现一致的期待，"五旬节"可以重复出现在每一位信徒的经验中！

施洗约翰。约翰预言弥赛亚未来"以圣灵施洗"的事工至少和他自己"以水施洗"的事工一样庞大。当他说"祂要用圣灵为你们施洗"时，他隐含的意思是指前来接受他的悔改水洗礼的那数千人中的每一个人。他形容的是一个要接续在他的事工之后、持续不断且影响久远的事工。如果告诉他说，他的预言会在一天之内（最多三天或四天！）结束，他必然会惊讶不已！他是满有信心地预言一个会普遍供应的"圣灵洗礼"。

使徒约翰。第四卷福音书也带有这种普世性的期待，记载耶稣公开邀请任何口渴的人都前来喝（约翰福音7章37-39节），作者并加上自己的注解，将这个邀请等同于五旬节。若是告诉他说这个邀请仅限于120个刚好出现在正确的时间和地点的人身上，他必定会十分惊讶！

彼得。在第一篇讲道的结束，彼得满有信心地邀请听众一同享有他们刚刚经历的经验，坚定地相信刚刚实现在那120人身上的"那个应许"现在要普遍地实现在所有世代（"你们的儿女"）和所有种族（"一切在远方的人"）身上。

路加。路加对于撒玛利亚和凯撒利亚事件的记录显示，每个事件中惟一不寻常的特色就在时间点。在其他的每个方面，正如我们将在后文看见的，这些情况都符

第五十天

合其他所有信徒所领受的基督徒入门的正常模式，尤其是在他们"接受"圣灵时伴随发生的"五旬节"现象。即使是以弗所的事也与这个标准相符。

保罗。"五旬节"的表现风格被应用到保罗所有读者成为基督徒的经历上。他们"从一位圣灵受洗"（哥林多前书12章13节；见本书第23章），有圣灵厚厚地"浇灌"在他们身上（提多书3章6节；见本书第26章），并藉此"受了圣灵"（加拉太书3章2节）。

在这个证据下，可见新约圣经中少有或根本没有依据，可以把五旬节的事件视为一个独特而无法重复的集体事件，并且已经完全实现约翰关于将来之圣灵洗礼的预言。所有用来形容当天门徒"主观"经验的文字都可以应用在后来的门徒身上，且当时他们并不在现场。或许存在着一些独特的"客观现象"，致使那第一次经验显得突出，但在基本上，它是众多圣灵"浇灌"的第一次。

我们可以如此下结论，五旬节当天"开创"了基督徒入门的最后一项要项，让圣灵洗礼得以与悔改、相信和水洗礼一起完成四重模式。因此那些在场者的经验是一个典范，为后来的信徒设立基准。

15
三千人

彼得说:"你们各人要悔改,奉耶稣基督的名受洗,叫你们的罪得赦,就必领受所赐的圣灵;因为这应许是给你们和你们的儿女,并一切在远方的人,就是主——我们神所召来的。"彼得还用许多话作见证,劝勉他们说:"你们当救自己脱离这弯曲的世代。"于是领受他话的人就受了洗。那一天,门徒约添了三千人。

(使徒行传2章38-41节)

为什么彼得没有叫他的听众要相信主耶稣?"和你们的儿女"这句话是否认可婴儿洗礼?为什么没有提到圣灵在新信徒当中的彰显?这段短短的经文引发许多诸如此类的问题,并造成许多争论!

我们可以称这件事为"后五旬节"传播福音的第一个例子!因此我们可能预期它会为之后的教会世代透露出一些关于基督徒入门的线索。彼得的听众想要一些非常实用的指示,了解如何回应他的信息,因而真心地询问,这使得他的回答非常值得注意。这是第一次出现发问者被劝勉要得救赎。彼得的教训和技巧值得我们仔细分析。

令人惊奇的特色是没有出现"相信"这个动词，甚至连名词"信心"都没出现。最接近的同义词是后面的评语，说他们"领受他话"（2章41节）。我们可以假设彼得若非从他们的问题中推测，就是直觉地下结论认为他们已经相信他所宣告的"耶稣（是）……主，……基督。"（2章36节）。当然他们没有表现出想要挑战彼得讲道的企图，甚至也不想讨论。他们现在相信耶稣的复活及升天，就像他们相信耶稣的被钉十字架和埋葬一样。他们的问题显示他们完全知道，单单是理智上接受这些事实还不够；事实必须生出行动（"弟兄们，我们当怎样行？"——2章37节）。因此，告诉他们要"相信"是多余的，他们已经到达想要知道如何以实际行动回应的阶段。

但是他们的问题具备一个道德的暗示。彼得指责他们参与十字架的刑罚（"你们钉在十字架上的"——2章36节）。他们毫无疑问或借口地接受他的控告。他们犯下最为凶恶的罪行——身为犹太人，他们谋杀了他们等候已久的弥赛亚！因此他们的问题可以视为从内心发出的呐喊，而不是出自头脑的询问。那是绝望和盼望的混合体。我们或许可以把他们的请求改写为："我们能不能做些什么来纠正这么大的错误？"这个问题的重点似乎是"我们当怎样行？"

即使他们可能怀疑情势是否可能摆正，彼得的回答却充满盼望。他们的罪可以除去。如果他们遵从他的慎重指示，他们能让自己"得救"（40节原文的动词为被动式，但中文没有翻成被动）。

他的第一个劝告是祈使形态的命令："**悔改**"——正是施洗约翰和耶稣宣告天国"近了"的时候所使用的同一个字（见马太福音3章2节，4章17节）。对彼得的听众而言，这表示在思想、言语和行为上要有同样激烈的改变。他们知道自己过去对于耶稣的审判是何等大的错误，现在他们必须公开承认这事，并和门徒一起站到祂那"边"，无论必须付出什么代价。公开承认耶稣的确是主和基督，可以证明他们的悔改。

"**受洗**"（38节）表示从一开始，使徒就明白水洗礼的做法，源自于约翰，并由耶稣继续，且将和弥赛亚时代的圣灵洗礼一起继续下去。这两种洗礼是"末日"的特征。只有耶稣亲自发出的清楚命令，例如马太记录的内容（马太福音28章19节），可以解释为何彼得和其他使徒从来不曾认为圣灵洗礼废止了水洗礼或视之为多余（使徒行传10章47节描述恰恰相反的情况——圣礼洗礼使得水洗礼更加必要）。再者，彼得为水洗礼提出的理由和约翰的理由一模一样，也就是罪的"豁免"或"赦免"（比较使徒行传2章38节和马可福音1章4节）。他所用的话显然是工具性的——彼得相信水洗礼会影响洁净。对他而言，正如对其他使徒而言一样，身体的洗涤和良心的清洁是同一件事的外在和内在，外在的行为导致内在的改变。他们的理解是"圣礼性"的，而非"象征性"的。明白地说，如果有人问他说他们能否不受洗而罪得赦免，彼得会十分惊讶；他很可能会质疑他们告白悔改和相信的真实性。

这两个祈使句（"悔改并受洗"）是对个人所说，不是对着家族或国家。不能代替别人悔改或受洗。"你们各人"都必须为"自己"需要赦免的罪负完全的责任。彼得的要求只针对那些在道德上需要为自己的错误态度和行为负责的人（他的许多听众一定会回想起自己参与"钉他十字架"那群暴民吼叫的罪行）。这样一个洗礼和婴儿完全无关，他们和父母的任何实际罪行都无份。洗礼是为不道德之人预备的道德行动，必须是个人的自愿选择，即使是由另一个人来施洗。

说明这个双重要求之后，彼得随即宣告提供的机会："你们将会领受所赐的圣灵。"许多人假设，由于这个叙述的动词采用直陈法而非祈使句，加上彼得说话显出的把握，因此一定具备以下两个结果：

第一，除了必须悔改和相信之外，要拥有这个"**所赐的圣灵**"绝对不需要其他的条件。一旦满足这个条件，"领受"就完全是被动的。换句话说，是**自动得到的**。

第二，以这个保证为基础，我们可以相当肯定，每个信徒都已经领受了圣灵，即使当时没有任何外显证据。对彼得应许的信心就足够成为信心的基础。

但是彼得本人会因为这些从他的讲道衍生而来的现代说法感到惊奇！除了他将洗礼视为领受圣灵的必要先决条

件（而非相信）之外——显示出洗礼通常先于领受圣灵（哥尼流是新约圣经中惟一的例外）——彼得后来在撒玛利亚的行为也显示他既不接受也不采用上述的假设。

当悔改且受洗的信徒没有表现出明显已经"领受"的外在证据时，彼得并不像现在许多人那样，假设他们一定已经自动且不自觉地领受了圣灵；相反地，他的结论是他们还没有领受，并且采取主动的步骤——例如更多的祷告配合按手——以改正他们尚未完全的基督徒入门过程。

尽管如此，彼得确信每个真正在悔改和洗礼中回应的人都可以也应该领受这份礼物，无论是立刻还是一段时间之后。当他和约翰一起为撒玛利亚人祷告时，他也以同样的信心如此行。宣告每个在悔改、相信和洗礼中回应福音的人都可以领受圣灵（如同 2 章 38 节一样）是一回事；宣称每个以这种方式回应的人都已经领受圣灵则完全是另一回事——这是错误解释这节经文所造成的认识。

应许

彼得确定他们会领受圣灵，乃是坚定地立足在天父的应许上，这个应许的范围是没有限制的。当天已经发生在一百二十人身上的事是普遍适用的，而且显然延伸到另外三个团体：

"你们"。这不单是指那三千人，而是包括其他所有当时在听的人，以及同一个"败坏世代"其他愿意听从的人。这个人称代名词涵盖彼得那个时代的所有以色列人。

"和你们的儿女"。被译为"儿女"的希腊字并不是指小婴孩（*brephos* 或 *nepios*），甚至不是指幼儿（*teknion* 或 *paidion* 或 *paidarion*），而是一个代表"后代"的普遍用语（*teknon*）。它不只是指下一代，而是指所有后来的世代。这个应许不局限于彼得同时代的人，也将穿越时间，延长至历史的尽头。

"并一切在远方的人"。这个应许在空间和时间上都没有限制；它就和耶稣升天时"往普天下去"作见证（使徒行传 1 章 8 节）的命令一样广阔。当时彼得本人很可能不明白，这个应许会包括所有民族和所有国家。也许他想到的是分散各地的犹太人，他们离家住在"远方"。但是，当哥尼流领受这个应许时，彼得迅速从他最初的惊奇中平衡过来！或许和混血撒玛利亚人的经历已经将他预备好，尽管还需要华丽的异象才完成他的教育！彼得并不是最后一个发现自己传讲的内容超出其经验范畴、直到后来才明白自己话语的全面意义的讲员。

在这节经文中，还有其他几个重点值得注意。要强调的第一点是，这个"应许"完全关乎圣灵的赐下（2 章 33 节），和较一般性的救赎无关。如果从上下文中将"和你们的儿女"抽离出来，假设它是指家庭单位这种限制较多的观念，那么我们必须指出，彼得在这里是为儿女提供圣灵洗礼，不是水洗礼——他提供的是"确据"，而非"成为基督徒"！

同样重要的是，要明白这个应许的范围比它的实现要更加广阔。这份礼物是赐给三个团体中的所有人,但是不会自动变成他们的。并非所有人都让自己够条件接受这份礼物。要领受这个应许,必须满足两个条件(都来自约珥书2章32节):

神的呼召:"是主——我们神所召来的"这句话适用于三个团体——这种选择性的邀请必须先被听见。

人的呼求:必须回应神的呼召,并且透过"悔改及受洗"来作适切的回应——这个句子亦适用于三个团体("你们"、"你们的儿女"和"一切在远方的人")。

因此,正如基督在十字架上的补偿工作一样,虽然这个"应许"是普遍提供给所有人,但是只对个人有效。只有听见主呼召的"那些"人,"每一个"呼求祂名的人,"每一个"悔改并受洗的人才有用处。应该很明显的是这里没有证据支持代理回应的看法,让一个人代表全家或由父母代表家人。根据这一节经文为儿童施洗,就形同在逻辑上包含所有在远方的人,无论他们有没有悔改!彼得的提议和要求是完全针对那些能够自己回应的人。

在提议和要求之后,接下来是一个延伸的呼吁,路加用一句话作了摘要。"救自己"是将一个不定过去式、被动祈使动词作了不适当的翻译。被动式意指"被拯救",而不是"自救"(新约圣经没有DIY自救这回事!)。不定过去式意指采取一个决定性、一劳永逸的步骤。祈使句意指彼得是在告诉他们,而不是请求他们——坚持,而非邀请;他的语调像是一个救生员命令溺水的人抓住丢给他的救生圈一样。（把这个劝戒和亚拿尼亚在使徒行传22章16节对保罗说的话："洗去你的罪"作比较，后者是另一个不定过去祈使句，但是这次采用中动语态，和前面的命令"受洗"一样；最接近的英文同义句应为："让自己受洗，让你的罪被洗去"。）

至于被彼得称为"你们"的这个团体，我们知道有三千人在洗礼中支取这个应许。倡导点水礼的人宣称有不能克服的后勤问题，不可能让三千人在同一天里于耶路撒冷接受浸水礼；但是西罗亚池和毕士大池应该足够（还不提最近在圣殿入口发现的仪式盆）。由于"五旬节"发生在早上，因此他们有一整天的时间可以进行洗礼。

如此成功的宣教，之后的门徒训练才是惟一的后勤问题。每一个才刚刚接受圣灵洗礼的教会成员，平均必须照顾25个初信者——而这只是第一天！使徒行传2章42-47节显示，跟进工作彻底成功。洗礼直接带领进入教导、团契、敬拜、事奉，以及进一步的福音传播。他们适应得如此良好，几乎可以归功于耶稣用三年的时间训练了这些要带领这个团体的人。

这里庞大的洗礼数量引起一个有趣的问题。很可能在他们之中有许多人，甚至可能是大部分，已经受过约翰的洗礼——因此这是"二次洗礼"。但是，彼得认为这件事不重要。所有领受他信息的人都受了洗，无论是第一次还是第二次。很显然地，这个洗礼和前一次的洗礼不同。基督徒的洗礼包括认同主耶稣基督，特别是奉祂的名。因此彼得毫不犹豫地为那些回应整全的基督徒福音的人再度施洗,理由和保罗在以弗所做的事一样(见本书第 20 章)。

还有一个问题,与整段记录中一处令人惊奇的忽略有关:在这三千人的经验里,没有提到任何圣灵外在的彰显。如果路加的报导很详细,那么显然他们得到的就是全身湿透!愿意相信圣灵是自动领受得来,而且认为大部分时候没有外在证据的人,抓住这个忽略以支持他们的论点。但这是"从沉默发出的论证",而这样的论证提供的是极不稳固的基础,因为只要提出相反的演绎,就可以立刻反击。再者,此处的沉默并不全然彻底,我们很快就会看到。

且让我们暂时沉溺于些许的臆测之中。当彼得应许他的听众说,他们也包含在这个已经用视觉和听觉的方式,实现在他自己和他周围或坐或站的人身上的应许之中,那么他会在听众的心里引起什么期望?当然不是他们不曾听到的强风,也不是他们不曾见过的火焰。但是人们应该会期待也能从口中以许多他们最初误以为醉酒的语言说出赞美和预言。而彼得本人也必然期待这件事发生在他们身上。如果他们"领受"到的只是一身湿,那么若不是甚感挫败的气愤,至少会有相当大的失望!那种状况会比起初的彰显造成更大的迷惑!几乎不可能想象彼得诉诸现代咨询辅导的合理化,告诉他的听众说:"如果你们没有任何感觉,也别担心",抑或"不要期待会发生任何事"。

但是，由于沉默绝非全部的面貌，因此我们不需要沉迷于这种想象的臆测中。彼得后来的行动及讲道都清楚地建立在一个前提上，就是这三千人确实以和那一百二十人相同的方式"领受圣灵"（使徒行传10章47节，11章17节，15章8-9节）。撒玛利亚人缺少外显现象，哥尼流却有，都由彼得以所有耶路撒冷信徒的经验加以评估，他把他们成为基督徒的经历视为标准。只有当先前所有的信徒领受圣灵时都具备这种外显现象，彼得才可能知道撒玛利亚人还没有这样"领受"，或知道哥尼流已经领受（这个重点在本书第16章和18章中有完整的论述）；在这两个例子里，他们领受的时间点就算不能说独特，至少是很不寻常；但是他们接受的方法则和其他所有人一样。

在目前的上下文中省略这个部分未加提及，乃是因为文学的理由，而非神学上的重要性。路加不愿意作不必要的重复。基于这个理由，所以没有描述他们已经悔改或相信。二者都是暗示的。他们"领受信息"可以视为和相信同义。而他们愿意接受洗礼可以视为他们悔改的证据。如果路加每次提到人信主时，都要把四扇"属灵之门"都提一次，他的风格就会相当沉闷。在每个情况中，他将对该情况而言最重要或最显著的要素凸显出来。同时看到三千个洗礼就足够令人印象深刻地保留在记忆里，但是有一个更深刻的理由，为什么在这个情况下应该把洗礼凸显出来。这里是杀害耶稣的从犯们责备自己的行为，并且完全认同自己和耶稣的死亡与复活，并且披戴祂的名为（宇宙的）主和基督（犹太人的弥赛亚王）。有这么多人在第一次宣讲福音时就这么做，是令路加认为最重要的层面。

  这些人后来的生命透露出领受圣灵的长时间证据，这一点毋庸置疑。忠心参与敬拜、团契、教导和祷告；超乎自然的敬畏；自动自发地分享物质资源；喜乐的赞美；持续地成长——这些都是圣灵洗礼的结果，不是水洗礼。但是使徒并非从后面列举的这些副产品得知他们已经领受圣灵。领受圣灵的证据是由当时观察而得，而非透过事后的推论；从立即的行为得知，而非最终的举止。在撒玛利亚人的事件中尤其清楚……

16
撒玛利亚人信主

那些分散的人往各处去传道。腓利下撒玛利亚城去,宣讲基督。众人听见了,又看见腓利所行的神迹,就同心合意地听从他的话。因为有许多人被污鬼附着,那些鬼大声呼叫,从他们身上出来;还有许多瘫痪的,瘸腿的,都得了医治。在那城里,就大有欢喜。

有一个人,名叫西门,向来在那城里行邪术,妄自尊大,使撒玛利亚的百姓惊奇;无论大小都听从他,说:"这人就是那称为神的大能者。"他们听从他,因他久用邪术,使他们惊奇。及至他们信了腓利所传神国的福音和耶稣基督的名,连男带女就受了洗。西门自己也信了;既受了洗,就常与腓利在一处,看见他所行的神迹和大异能,就甚惊奇。

使徒在耶路撒冷听见撒玛利亚人领受了神的道,就打发彼得、约翰往他们那里去。两个人到了,就为他们祷告,要叫他们受圣灵。因为圣灵还没有降在他们一个人身上,他们只奉主耶稣的名受了洗。于是使徒按手在他们头上,他们就受了圣灵。

西门看见使徒按手,便有圣灵赐下,就拿钱给使徒，说："把这权柄也给我，叫我手按着谁，谁就可以受圣灵。"彼得说："你的银子和你一同灭亡吧！因你想神的恩赐是可以用钱买的。你在这道上无分无关；因为在神面前，你的心不正。你当懊悔你这罪恶，祈求主，或者你心里的意念可得赦免。我看出你正在苦胆之中，被罪恶捆绑。"西门说："愿你们为我求主，叫你们所说的，没有一样临到我身上。"

使徒既证明主道，而且传讲，就回耶路撒冷去，一路在撒玛利亚好些村庄传扬福音。

（使徒行传 8 章 4-25 节）

为了我们的研究目标所提出的关键问题很简单：撒玛利亚人的"归信"经验是如同五旬节派所宣称的正常，还是如同福音派宣称的不正常？这个问题后面的神学议题可以用不同的方式表达：撒玛利亚人的"相信耶稣"和"领受圣灵"之间的延迟是否意味二者之间的区别（即使二者同时发生），其意义是信徒有可能拥有其一而未拥有另一个？大部分圣经学者接受在撒玛利亚人的特殊案例中，相信和领受之间有一段"延迟"，但是以不同的方式来解释这件事。

福音派注释家把重点集中在为何会延迟的问题上。撒玛利亚人是以色列国流亡时留在原地的犹太人和迦南地"原住民"通婚的混血种族后代。考虑到这些种族因素，这一派的注释家把这整个事件视为教会的大跃进，

撒玛利亚人信主

超越至今为止一直具有排他性的犹太民族疆界。虽然这个激烈的步骤是自发性地进行，而非刻意地（使徒行传8章4节），但是它完全与门徒们的宣教委任相符（使徒行传1章8节）。

然而，犹太人和撒玛利亚人之间深刻的仇视——强烈到犹太人宁可绕远路取道耶利哥，以避开撒玛利亚人（路加福音10章33节），甚至不肯和撒玛利亚人使用同一个饮水容器（约翰福音4章9节）——造成神的新百姓，也就是教会，第一次的分裂威胁。结果可能造成两个"民族"教会，然后迅速变成三个（犹太人、撒玛利亚人和外邦人）。为了避免这个危险，福音派注释家就假定神亲自扣留祂的"核准章"，不给予这个新类型的信徒，直到祂能够透过犹太信徒的代表来进行调停，从而透过彼此倚靠来保护教会的合一，并且防止种族团体变成彼此独立。藉由这个属天智慧的行动，延迟圣灵的赐下，直到彼得和约翰这两位关键的使徒在场时才赐下，便因此而避免基督身体（教会）的分裂。

暂时偏离主题，有些人在这里发现"使徒继承"之始，后来由一个"君主主教"发展成为确认和任命的仪式。这件事的可能性不大，原因在于使徒并非惟一能够分授圣灵的人，即使在那时候亦然（就在下一章里，亚拿尼亚就在这方面服事保罗——使徒行传9章17节）。腓利本人也可以因为使徒为他按手而宣称拥有这种"特派权柄"（使徒行传6章5-6节）。

另一方面，彼得和约翰不可能仅仅代表耶路撒冷的犹太信徒（像腓利一样）。他们代表教会中最高的"权柄"（十二使徒，而在这个地方，是由三人组成的核心圈，由彼得、雅各和约翰组成），而且完全认同拓展教会疆界的做法。由一个热心的"执事"在几近漫不经心的情况下开始的事工必定被视为与使徒对整个教会的策略一贯。

尽管如此，我们必须指出前面所有关于撒玛利亚人延后"领受"圣灵的"解释"完全是猜测，远远超出圣经的记载。这些推论或许完全合理，但是路加并没有作出这样的结论。他只提供事实，没有任何解释。他告诉我们发生了什么事，但是并未尝试说明他认为为何这样发生。只有描述，没有解释。这只是他关于使徒如何将好消息从耶路撒冷经过撒玛利亚带到罗马的"正确记录"的一部分。

即使这个理论是正确的，它也不可能是这个故事的主要重点。事实上，这样的推测可能导致焦点转移，而且在这个例子里，它已经成功地把注意力转离路加用心记录的那些细节的重要意义。讨论为何神延迟"赐下"，是避免争辩撒玛利亚人如何"领受"的方法之一；但是后者才是明白路加的"入教神学"的重点。

两个问题可以为我们打开道路。第一，人怎么知道撒玛利亚人还没有领受圣灵？第二，当他们领受圣灵时，人怎么知道他们已经领受圣灵？事实上两个问题的答案是相同的：*一直到撒玛利亚人的那个时候，每一次领受圣灵都伴随着清楚的外显证据，而且他们也不例外。*

撒玛利亚人信主

必须强调这个重点，因为它的意义影响深远。我们只能得到结论说，在撒玛利亚人之前，从五旬节当天的三千人开始，每一次有人信主，都会发生不证自明的"五旬节"圣灵浇灌，而这是惟一知道"领受圣灵"的方法。进一步而言，这种"领受"也因此而与悔改、信心和水洗礼有所区别（甚至"大有欢喜"，第8节）——后面这些全部可以在没有领受圣灵的情况下发生。

为了避免得到这样的结论，有人尝试质疑彼得和约翰到达之前，撒玛利亚人信仰的正当性，仿佛那不是完全的"救赎"信心。由于使徒完全没有作进一步指示，显然他们毫无疑问地接受撒玛利亚人的悔改、信心和洗礼的效力，因此可以证实这种质疑仅是一种教义的合理化。撒玛利亚人相信神国的好消息，受洗归入主耶稣的名下，并且见证医治和释放的神迹（因此他们比保罗在以弗所遇见的那些"门徒"走得更远——见本书第20章）。宣称这一切都在某方面属于"次等基督徒"，就是公然反对清楚的文字记录。撒玛利亚人缺乏经验并不是因为缺乏对过去的认识或委身。延迟是由于神对他们的回应（无论是因为什么原因，大概是以上列举的几项），不是因为他们对祂的回应。彼得和约翰必然认为撒玛利亚人完全够资格领受圣灵，因此当他们前来时，他们在祷告中祈求神，而不是对撒玛利亚人讲道！

对使徒而言，再如何强调亦不为过的是，在归信入门的当下，没有外在彰显就会被视为还没有领受圣灵。

现代观点认为他们一定已经领受了,但是必须在圣灵里被"释放",这种看法连和新约圣经的语法都毫无关系,更不说是新约圣经的神学了。使徒按手在他们身上,不是为了"释放"已经在他们里面的东西,而是让他们能够"领受"还没有"降临"在他们身上的东西(16节;比较1章8节,10章44节,11章15节,19章6节)。

透过相同的证据,外在彰显的存在被视为已经领受圣灵的证据。虽然这段经文并未明言这个状况下的证据的确实本质,但是证据的确够清楚能说服在场的其他人相信他们已经领受了圣灵:动词的未完成式——"正在接受"(were receiving),表示当彼得或约翰为每个人按手时,"一个接一个"地发生在他们身上,而不是所有人一起领受,像五旬节当天一样。当西门"看见"这事发生时,他就贪图这种能力,想要让被他按手的每个人都发生这事。很明显地,证据是实时出现的,而非后来才从品格或行为的外在"果实"推演而得的。

关于西门,还有一些值得讨论之处,他身为魔术师好出风头的习惯,使他对于将此能力给予他人之能力的兴趣大过自己领受圣灵的机会。他并不是最后一个想要利用超自然力量来高举自己而非侍奉他人的人,也不是最后一个认为恩典的礼物可以购买的人。彼得以严苛的话语(相当于"你跟你的钱一起下地狱去吧!")排除他"参与这项事工"的任何机会(他是指领受圣灵还是分授圣灵?),并且质疑他的悔改和得赦免的真实性。西门仍然是魔术师——在他的心志和心态上都是。他不理会彼得劝他直接向主忏悔自己的基本动机，反而乞求彼得为他代求（伯撒抄本〔Bezan〕的经文补充说，他"没有停止痛哭"）。没有线索指出彼得是否接受这个需祭司职分的建议，或是西门得到赦免，更没有提到领受圣灵。西门就是一个信心和洗礼不能保证得救的提醒，尤其在没有真正悔改的情况下。有些人对他的"相信"不屑一顾，认为只是表面工夫，但是彼得在当时并不觉得必须这么说，后来路加也没有如此记载。他提供的一个有用建议是向我们确认，当圣灵被"赐下"是个别给予时，领受圣灵会伴随着立即的外显证据。

这件事亦强调出领受圣灵和按手之间的连结。这是第一个为此目的而按手的记录，并且说明当圣灵未曾"自发性地"被领受时（亦即没有人为的帮助，像五旬节当天一样），应该采取的适当行动。这样的表现代表认同和代求的结合，如此一来使徒的行为应该毫不令人意外。按手已经被应用在多种针对特殊责任而派任和膏抹的场合中（包括腓利本身——使徒行传 6 章 5-6 节）。

顺便一提，撒玛利亚事件可以作为使徒本身态度改变的见证。上次他们到撒玛利亚时，撒玛利亚人对耶稣的侮辱行为导致他们想要从天上降下火来烧死那里的人，以免中断他们前往耶路撒冷的旅程（路加福音 9 章 51-56 节）！现在他们则为了一个相当不同的事物能从高天降临在这些人身上而祷告。

总而言之，撒玛利亚人的经验既不像某些人所主张的十分独特，也不十分特殊。它并不是许多解经者所谓的"第二次的五旬节"，用以标记撒玛利亚人的加入。在本质和内容上，他们的领受圣灵是完全正常的，也和他们之前的其他所有信徒所经历的相同。"五旬节"已经被一再重复，次数就和新门徒的人数一样多！

但是，在撒玛利亚人的例子里，有两个不同于标准的变化。第一，他们的水洗礼和圣灵洗礼之间有漫长的延迟，但通常二者的发生时间会相当接近，虽然从来不会同时发生。第二，存在按手的人类行为，这在使徒行传的后续记载中仍有提及，但是之前从未提到过。上文已经就这两项特色分别提出适当的解释，这些特色即使并不异常，至少也可算是不寻常。

但是这些差异并不能影响我们的基本结论，也就是成为基督徒的正常程序中，领受圣灵的经验是必要元素之一，它可以也必须和悔改、相信及水洗礼有所差异，就算不是顺序不同，在内容上也必有所差异。若是应该发生却没有发生，该采取的适当行为就是按手祷告。

最重要的是，这件事证明了即使在五旬节之后，仍然可能有人历经悔改、相信并受洗，但是没有领受圣灵。只要有一个这样的例子，就可以证明这种情形确实可能发生，但是这种状况再度发生的可能性则不能直接从这段经文推演而得——或加以排除。但是，使徒的认知是：缺少立即外显证据必须解读为"还没有领受圣灵",这样的认知仍然可以作为永久的标准。应用在今日的教会上,我们可以得到结论:撒玛利亚人成为基督徒的未完全经验绝不特殊!

询问撒玛利亚人的属灵地位或在水洗礼和圣灵洗礼之间的灵命状态(例如:"如果他们在使徒到达前就死去,他们会上天堂吗?"),是把现代的宣教观念代入新约圣经。现代对于"得救"和"基督徒"的定义与使徒的分类法并不十分切合。使徒关心的显然是撒玛利亚人应该到达何种地步,而不是他们已经到达何种地步!当时作为一个"门徒",看重的是行走在"道"上(使徒行传18章25、26节,19章9、23节),更甚于跨越一条界限;是出发从事一段旅程,而非抵达一个目的地。但是即使路加不理会这些问题,它们今日仍然会被提出,因此在本书第36章会对这些问题有更完整的论述。

17
埃塞俄比亚的太监

二人正往前走，到了有水的地方，太监说："看哪，这里有水，我受洗有什么妨碍呢？"（有古卷加：腓利说："你若是一心相信，就可以。"他回答说："我信耶稣基督是神的儿子。"）于是吩咐车站住，腓利和太监二人同下水里去，腓利就给他施洗。从水里上来，主的灵把腓利提了去，太监也不再见他了，就欢欢喜喜地走路。

（使徒行传 8 章 36-39 节）

关于这段经文，要说的第一件事就是它是个极其浓缩的记录。举例来说，除了腓利的谈话主题——耶稣——之外，我们对于他的谈话内容所知甚少。他得到的是个人布道者所能盼望的最佳开场白！如果说曾经有哪一位慕道者提出正确的问题，那就是这位太监；但是他提出问题的时候，已经在读圣经了！然而，尽管可以假设他对犹太人关于神的知识已有基础，问题的答案也必然花费可观的时间来解说。

这名太监自己提起洗礼这个主题，也不应该令我们感到惊讶。腓利很可能提到洗礼，因为福音书一开始就提到施洗约翰的事工（马可福音1章1-4节）。但是身为一位"敬畏神"的外邦人，一个犹太宗教的信徒，若非变更信仰者，这名太监应该相当熟悉这种仪式性沐浴的必要性，必须透过它来"加入"神的百姓，并将他们的弥赛亚引为己有。然而，似乎他身为太监，生殖器割除成了障碍，使他不能被犹太祭司全然接纳（根据他们是否依循申命记23章1节，或以赛亚书56章4-5节的规定）。

吸引我们注意力的是，洗礼显然是他对于腓利"讲道"的惟一回应。如果这就是他所做的一切事，那么我们在这里或许找到一个"靠洗礼重生"的案例！从他热诚地前往耶路撒冷朝圣，可以推论出他的悔改，使他获得和哥尼流在彼得造访之前类似的属灵状况；但是没有明确地提及信心或领受圣灵。

明显的是初代教会有些经文"抄写者"对于他那不完整的成为基督徒的要素（至少就其记录而言），以及它对后来的"慕道友"的负面影响感到不自在，因此在后来的手稿中加入额外的经节，以弥补较重要的忽略部分。

有些抄本加入一节经文（在某些圣经中的37节）："腓利说：'你若是一心相信，就可以。'他回答说：'我信耶稣基督是神的儿子。'"在这段额外的对话中，明显可看出把信心视为赞同信经的后世观念，但是它确实说明初代教会想要相当明确地指出，这名太监在受洗之前就是一位真正的信徒。

有一个抄本（被多数人称之为西方文本〔Western

Text〕)的 39 节内容相当不同:"圣灵落在太监身上,一名主的天使把腓利带走。"新约圣经学者亨利·艾弗德(Henry Alford)认为这段不同的经文源自于"意图使这名太监受洗的结果与这个神圣程序的常用方法保持一致。"如果这节额外经文是可回溯至事件发生当时的真正传统,那就表示在这个案例中,腓利的事工相当足够完成成为基督徒的程序,此时显然并不是在撒玛利亚。即使它不是历史性的记载,这里的修正也让我们看到初代教会并不认为一定要经由"使徒"的手。

这两种增加经文的方式都是初代教会见解的明确证据,即使对路加而言它们并非原创;它们透露出对于成为基督徒的完整程序的一致信念。

有一个比较小的重点,"下水里去"和"从水里上来"代表的是浸透,而非点水礼;显然这个人是被带到水边,而不是把水带到人那里去!让下半身泡在水里,以便把水洒在上半身,似乎有点矛盾(虽然有许多基督教艺术品描绘这种相当荒谬的组合,可能是在绘制两种模式之间的转换阶段!)

有些人就地形提出反对意见,认为加萨走廊是沙漠,不会有适合全身浸在其中的水流。除了中伤路加的历史或地理准确度之外,这种批评可以用两种方式去面对。第一,有一道"干谷",在圣经中称之为"埃及的河",有时候会在山丘上偶发的"急性"暴风雨之后泛滥;这或可解释该名太监看到河流时的惊讶语气。另外,他们的相遇可能发生在更前面的"沙漠之路",它从耶路撒冷直通到加萨。

这位来自苏丹(即圣经中的埃塞俄比亚〔古实〕)的宫廷官员显然是第一个受洗的"外邦人"。为什么当彼得因着为哥尼流施洗而受质疑时,没有提到这件事?很可能只是因为这名太监若非生来就是犹太人,就是已经在宗教上被视为犹太人。如果这个事件被记录下来,主要是为了展现圣灵提醒人到普天下去传扬福音——在这个例子里,是往非洲大陆——那么它就和路加的整体主题完全一致。

18
罗马百夫长

彼得还说这话的时候，圣灵降在一切听道的人身上。那些奉割礼、和彼得同来的信徒，见圣灵的恩赐也浇在外邦人身上，就都希奇；因听见他们说方言，称赞神为大。于是彼得说："这些人既受了圣灵，与我们一样，谁能禁止用水给他们施洗呢？"就吩咐奉耶稣基督的名给他们施洗。他们又请彼得住了几天。

(使徒行传10章44-48节)

正当那时，有三个人站在我们所住的房门前，是从凯撒利亚差来见我的。圣灵吩咐我和他们同去，不要疑惑（或译：不要分别等类）。同着我去的，还有这六位弟兄；我们都进了那人的家，那人就告诉我们，他如何看见一位天使，站在他屋里，说："你打发人往约帕去，请那称呼彼得的西门来，他有话告诉你，可以叫你和你的全家得救。"我一开讲，圣灵便降在他们身上，正像当初降在我们身上一样。我就想起主的话说："约翰是用水施洗，但你们要受圣灵的洗。"神既然给他们恩赐，像在我们信主耶稣基督的时候给了我们一样；我是谁，能拦阻神呢！"众人听见这话，就不言语了，只归荣耀与神，说："这样看来，神也赐恩给外邦人，叫他们悔改得生命了。"

(11章11-18节)

辩论已经多了，彼得就起来，说："诸位弟兄，你们知道神早已在你们中间拣选了我，叫外邦人从我口中得听福音之道，而且相信。知道人心的神也为他们作了见证，赐圣灵给他们，正如给我们一样；又藉着信洁净了他们的心，并不分他们我们。现在为什么试探神，要把我们祖宗和我们所不能负的轭放在门徒的颈项上呢？我们得救乃是因主耶稣的恩，和他们一样，这是我们所信的。"

(15章7-11节)

凯撒利亚的事件往往被称为"外邦人的五旬节"。那些使用这个用语的人往往假设这只是圣灵在初代教会中第三次这种"最初"的浇灌（使徒行传4章31节的本质是"再次充满"）。环绕这件事的特别情况被用来排除这些事件和今日正常成为基督徒的教义之间可能具备的任何关联。

令人无法否认的，这个事件确实有一些就算不是独特，至少也可算是不寻常的特色。让彼得和哥尼流聚在一起的机会一定也不平凡——还包括天使、声音和异象！这个超自然基体的核心让彼得从他对哥尼流的种族和宗教偏见中释放出来，并让他明白自己在五旬节所传之道的完整意义——"所有在远方的人"正是这个意思！

但强调这事件的"外邦人的角度"或许太超过了些。虽然彼得第一次有这一类的接触,但是腓利实际上已经领先一步(见前一章)。而且我们必须指出,这个罗马人就和那个埃塞俄比亚人一样,已经进入犹太教传统的外围,被称为"敬畏神的人"(使徒行传10章2节)。身为犹太人使徒的彼得(加拉太书2章7节)蒙神导引进入这个外邦人的处境中,具有其重要性,正如外邦人的使徒保罗被引导进入犹太人的处境中一样。宣教事工的领域从来不是互斥的。

但是,我们的主要关切是分析哥尼流(以及他的全家见下一章)成为基督徒的经验,其中最特别的部分就是圣灵突然在毫无预警的情况下同时浇灌在他们所有人身上,而且是在他们承认相信和受洗之前,甚至是在彼得结束讲道之前。彼得惟一提到圣灵的地方是和耶稣自己的事工有关(10章38节),而彼得惟一提出的福音条件是罪得赦免。他当然还没有到达"呼召"的阶段,或告诉他们该做些什么以回应他的信息。

假设他们"敬畏主"的态度已经包含悔改(10章35节中的"行义"可以视为意指"与悔改相称的果子"),看起来是合理的。看重内心的神显然在传道人的信息中看出他们的信心,而彼得本人也获得同样的结论(见使徒行传15章7-9节)。但这是惟一在水洗礼之前领受圣灵的记载。在"正常"的基督徒入门模式中,神的部分要在人的部分完成后才施行。难怪彼得和随行的人如此讶异，虽然他们的讶异或许更多在于受浇灌的对象，而非结果！一直到那个时刻为止，他们甚至没有想过外邦人可以（更不用说是会了）领受赐给他们祖先的"应许"。

经常提出的关于哥尼流的注释问题和撒玛利亚人的问题相同：为什么神偏离祂的正常时间表和程序？在撒玛利亚，圣灵比平常晚赐下；我们可以假定一个合理的解释，说明为何发生这种现象（见本书第 16 章）。在凯撒利亚，圣灵比平常早赐下；但是这次这里有其原因的明显线索，就在文字本身。

彼得对于外邦人根深蒂固的偏见只能依阶段渐次修正，对他而言，进入外邦人的家里已经算是迈出一大步，更不用说在那里分享福音了。因此就算是承认悔改和相信，也很难说服彼得相信外邦人也能领受基督徒的洗礼。主必须亲自除去最后的这一点保留，透过单方面的行动，给彼得具有说服力的证据，证明主已经接纳外邦人进入祂在世上被圣灵充满的身体里。若是主没有采取这个行动，那么洗礼永远也不会进行。然而，彼得值得赞扬之处在于立刻接受这个状况，并且勇敢面对任何不同意他将外邦人接纳成为基督里的弟兄的人。

关于这里的洗礼，有三件事值得注意。第一，彼得并未亲自施行洗礼，而是由同行者进行（就和他之前的耶稣，以及他之后的保罗一样——约翰福音 4 章 2 节；哥林多前书 1 章 14 节），很可能是为了避免在受洗者之间拿施洗者来作引人反感的比较。第二，所有的洗礼都是可以回应的"成年人"的自愿行为。由于只有"领受圣灵"的人才接受水洗礼,而且只有"听到信息"的人领受了圣灵,因此显然不包含婴儿(见下一章中关于"全家"在这个关联方面的进一步检视)。第三,也是最重要的一点,领受圣灵并未废止水洗礼,却使它更加重要。当这两种洗礼被错误地合并时,圣灵洗礼的"内在真实"降低了水洗礼的"外在仪式"的价值。在新约圣经中,这两种洗礼从来不曾如此密切地加以辨识,以至于任一方都能"传达"另一方。虽然它们发生的时间往往很接近,但是没有记录显示它们是同时发生的。

到目前为止,还没有谈到外邦人领受圣灵的经验,它的内容和它的时机一样独特。这是否也是非常不寻常,甚至是不正常——因此完全只具有历史意义(许多注释者如此宣称)?或者这个局面是完全"正常",因此可以为今日的基督教设定标准?

彼得如何知道圣灵已经"浇灌"在这些外邦人身上?证据是听得见的,而且包含了被圣灵感动而自然发出的流露。经文提到两个形态——"说方言"(其他的语言,不是胡说八道)和"称赞神"(应该是用他们自己的语言)。"并且"(和合本未译出,请参考现代中文译本:"这些人说灵语,并且颂赞上帝的伟大。")这个词汇的文法,禁止我们把这两件事结合成一件事,变成"用方言赞美神"。也让我们不能假设所有人都做了这两件事;自然的判断是有些人做了其中一件事,有些人做了另一件事。

若是如此，那么坚持"说方言"是领受圣灵的惟一且不可或缺的证据，则超出了新约圣经的证据范围。

方言和赞美的组合显然令人回想起五旬节（使徒行传2章11节）。而且由于这是在五旬节事件之后第一次提及"方言"（正如许多学者的主张一样，方言也可能发生在撒玛利亚），因此普遍假设（甚至在教义上肯定）这种"不常出现"的现象是一种非凡的记号，标示着外邦人的加入。这种解释，以及它在教义上的应用，必须以彼得自己对于这件事的看法来直接检验。

在当时和后来的争论中，彼得大力地强调他之所以做了那些事，只是因为这些外邦人的经验和其他所有人的经验完全相同！外在的彰显是完全正常的，并不特别。提出这个重要论点之后，彼得有效地平息了对他的批评。

他必须说服的第一个团体是"来自约帕的弟兄"，他们和他一起来到凯撒利亚。彼得说服他们施行洗礼，正是因为"他们和我们一样领受了圣灵"。他说的"我们"的最自然解释就是彼得诉诸于与他同行的同伴的经验。但是没有线索指出他们在五旬节的那一百二十人当中；基于地理和统计机率的理由，他们可能并不在场。能够说明的是，这些来自约帕的信徒以和哥尼流全家完全相同的方式领受了圣灵。

我们循着这一系列的问题，进入彼得返回耶路撒冷后的下一次讨论（使徒行传11章1-18节）。这次他面对的是"受过割礼的"(亦即犹太人)信徒,现在数量已达数千之众,其中大部分人并非五旬节的最初那批人。讽刺的是,他们似乎比较担心彼得和外邦人一起吃饭,更甚于他为他们施洗!彼得再度使用同样的论点:"*圣灵便降在他们身上,正像当初降在我们身上一样。*"再一次地,他话语的清楚意义是诉诸其听众的经验,邀请他们认同所发生的事。哥尼流的信主入门程序是正常的,并无例外。

这种理解可以透过将注意力拉到彼得在这时候增加的一句措辞来加以挑战:"当初"(11章15节)。这措辞乍看之下是指五旬节的事,因此将比较对象限制在当时在场的少数人;因此"我们"就变成几近于崇高的"我们",指的是耶路撒冷的一群精英。但是,这种印象可能是英文翻译造成的结果,我们经常为"当初"(at the beginning)加上定冠词 the,然而在希腊原文并没有定冠词。这种做法产生误导的作用,将一般性的指称转变为特定的指称。若是没有冠词,"开始"(beginning)这个字(希腊文:arche)用于一般性的基督徒成为基督徒,门徒身份的开始(约翰一书2章24节就是一个例子);加上冠词时,则用于特定的历史事件(使徒行传26章4节是一个例子)。如果按照字面意义翻译彼得的话,应该译为"就像祂在我们开始时降在我们身上"。这样一来,指就是彼得所有的听众,而不是少数在"当初"(即五旬节)在场的特定少数人。这种说法可以在彼得结束辩护的注脚中得到证实："神既然给他们恩赐，像在我们信主耶稣基督的时候给了我们一样"（不定过去式意指"已经相信"）。如果彼得指的是五旬节当天的那一百二十人，那么他选择的说法就有所矛盾；这是一个适用于整个教会的描述。进一步的证据可见于彼得引用耶稣升天前的应许："约翰是用水施洗，但你们要受圣灵的洗"（使徒行传1章5节，11章16节）；引用的句子完全相同，但明显省略了"不多几日"这个句子，若是加上这几个字，就会将这个应许限制于五旬节当天。

完全相同的重点再度发生在耶路撒冷会议中。当彼得发现无法回答的论题时，他并不在意重复自己的话！"神也为他们作了见证，赐圣灵给他们，正如给我们一样。"（15章8节）此时彼得指的是"使徒和长老"（15章6节）或是"众人"（15章12节），有一点模糊不清；但是他没有直接意指五旬节当天，也没有区分当天在场的人和不在场的人。彼得的话的全部力量都在于哥尼流的经验与他所有听众的经验相同。

这种说法胜出，平息了对保罗和彼得的批评，甚至使他们之中一些人发出赞美（11章18节）。如果彼得提出的论点是外邦人经历的是一种非常特殊的彰显，并未赐给耶路撒冷或约帕的大部分信徒，那么回应会如此一致吗？若彼得这么做，就会把外邦信徒放在高于犹太信徒的地位上，很可能引发争论和嫉妒，而非满足和喜乐！不，彼得的例证的力量正在于神"并不分他们我们"（15章9节）。

没有理由把"j"视为意指"我们之中的一些人"或"我们当中有幸在五旬节时经历第一次浇灌的人"。

结论是，外邦人领受圣灵惟一不正常的地方就是它的时间点，在水洗礼之前。在其他每一个方面，它都是正常的，并不特殊，是一个范例，而非例外。虽然路加将这件事记录下来，主要是因这事件在种族上的重要性，但是这并不能排除它与宣教的一切关联。对于进入神在地上的国度的必要条件，路加和彼得的理解是一致的。

19
全家

他有话告诉你，可以叫你和你的全家得救。

(使徒行传 11 章 14 节)

她和她一家既领了洗，便求我们说："你们若以为我是真信主的（或译：你们若以为我是忠心事主的），请到我家里来住"；于是强留我们。

(使徒行传 16 章 15 节)

他们说："当信主耶稣，你和你一家都必得救。"

(使徒行传 16 章 31 节)

管会堂的基利司布和全家都信了主，还有许多哥林多人听了，就相信受洗。

(使徒行传 18 章 8 节)

我考虑把这些经文放在一起考量（哥林多前书 1 章 16 节或许也可以纳入），是基于成为基督徒是个四重过程（悔改、相信、受洗和领受圣灵）的基本命题。自然产生的问题就是这个过程发生的顺序是否重要，或是只要四个要素最终都具备，顺序是否不太重要或根本不重要。

举例来说，显然圣灵可以在接受水洗礼之前就领受，虽然在新约圣经中只有一笔相关记录（使徒行传10章47节）。

但是，比较大的问题是水洗礼是否能够发生在其他三项要素之前。我们很自然地认为悔改和相信都是基督徒生活持续不断的特性，在水洗礼这个单次事件发生后会继续发展。但是如果在受洗者开始悔改或相信之前就施行水洗礼，这样的洗礼是否正当及有效？这个问题的重要性在于广泛实施的"婴儿"洗礼，通常对象是年龄只有几周大、无法有意识地悔改或相信的婴孩。

婴儿洗礼的捍卫者经常宣称圣经支持他们的看法，引用彼得和保罗宣教途中所记载的"全家"洗礼为依据——哥尼流、吕底亚、腓立比的禁卒、基利司布和司提反等人。有两种论点以这些事件为基础。在实务的层次上，他们主张这里的全家必然包括婴儿，因此必须也包括在洗礼的对象内。（这个看法也可以用不那么武断的方式来表示，说婴儿不一定被排除在洗礼之外。）在神学的层次上，他们主张全家的洗礼证实了旧约圣经观念的持续性，旧约的约包含一个人的后代和他本身——举例来说，在神与亚伯拉罕立的约中。因此婴儿可以接受洗礼，作为他们凭着肉身的祖先而属于这个恩典之约的一个记号，他们在新约中的洗礼相当于旧约中的割礼。

全家

这些看法有许多值得讨论之处,其中有一部分稍后再行处理(见附录一)。技术上来说,从我们眼前的这些经文中只能读出实践意义,神学上的假设则只能透过解释经文而得。但是,我们将查考这两个层面,从特定的经文来看实践意义,并以一般性的真理来思考神学假设。

"一家"(译注:或译"全家")这个词本身就是个好起点。这个字的现代含义是指"核心家庭"(父母加上子女),但却被严重地误读。圣经中的意义比"延伸家庭"的概念更加广泛,虽然它当然可以包含年长的父母和祖父母(提摩太前书5章4节)。这个用语的一般用法包含所有与一个家庭有直接关系的仆人、奴隶和雇工——而这些人的数量可能远大于血缘上的亲属。这就是亚伯拉罕的状况,他先为儿子施行割礼,随后是"家里"的一切男子(创世记17章23-27节),人数一度高达318人!在这个背景下,"家人"和"全家"之间可说是有所区别的,如同后来喇合的例子(约书亚记6章25节)。这种不完全的区分可以回顾至整个圣经历史和初代教会历史(初代教会的一位教父提到一位"主教的妻子、她的全家和她的儿女"——注意其顺序!)。在我们的西方平等主义社会中,"仆人"的说法已经过时,因此并没有真正的同义词,但是维多利亚时代的人会更容易明白这个观念,虽然他们会使用"工作人员"(staff)或"侍从"(retinue)这类的用语。或许现在我们最能接近这个想法的用语是"全体人员"(personnel)!

这些说法难以证明婴孩并未包含在新约圣经的"一

家"观念中,但是它确实说明"一家"所包含的远不止"家人",即一个人的属肉体后代(参阅约翰福音4章53节)。事实上,它可以应用在完全没有家人的状况下;一个人仍然可以拥有"一家"的奴隶——这或许是,也或许不是,我们现在所讨论的这些新约圣经例子的情形,因为没有任何一个案例提及一家之"主"的婚姻状态。因此这些文字所证明的对婴儿洗礼的倡导者来说太过庞大了!如果主张一家之主自动将他的"一家"带进恩典之约中,那么其范围必须套用到他的父母和祖父母、他的家仆和家庭事业中的雇工。这或许是透过恩典的救赎,但它是没有信心的救赎!宣称婴儿可以免除相信,而成年人不必,是没有用的;所有记载中都没有提到这样的区别。"你和你一家都必得救"(使徒行传16章31节)的应许,若非单单需要家主的信心(即禁卒),就是需要家中所有成员的信心;文法可以具备这两种意义,但是不可能意指要求所有成年人的信心,孩童却不用信心!

事实上,上下文证明保罗的叙述应该解读为对全家的邀请,要他们"相信主耶稣……必得救"。禁卒的问题透露出他只关切自己的未来,但是保罗抓住这个机会,将他那些受惊吓的员工也包括进来,透过分享他的信心,给他们机会与他的得救上有份。从路加仔细记录他们的反应看来,就可清楚看出这是正确的解读。福音不只是对禁卒传讲,而是他一家的所有人;他们都受洗,而且他们都充满喜乐,因为他们都相信了!

同样的看法可以应用在其他的状况。哥尼流全家"都"听见信息，领受圣灵，说方言和预言。这群人被形容为"他的亲属密友"（使徒行传 10 章 24 节）。他们都是虔诚和敬畏神的人，也都期待能够带领"全家"进入救赎的信息。基利司布的"全家"先成为信徒，然后受洗（使徒行传 18 章 8 节）。司提反一家"专"以服事圣徒为念（哥林多前书 16 章 15 节——亚该亚最早信主的人）。无论提出其他什么论点，这些"全家"都完全由能够主动回应福音的人组成（我自己就是这种"全家洗礼"的一员，"同一个屋顶下"的所有人大约在同样的时间里悔改并相信，虽然在今天，包括的人数显然要少一点）。

虽然将被动的婴孩排除在新约圣经的全家洗礼之外的主张并非无懈可击，但举证的责任似乎应该由把婴孩纳入其中（而且根据其含义，应该把"全家"里可以相信、但是不信的成人成员排除在外）的人来承担。到目前为止，我们只考虑文字的资料，但是这些文字的神学背景的更深层议题也必须加以考虑，因为这是为何如此解读它们的真正原因。

就婴儿在自己悔改或相信之前即为他们施洗这件事而言，有一些重要的神学上的反对。最明显的困难是难以将洗礼在新约圣经中的意义和重要性（见本书第 4 章）套用在无法回应的被动接受者身上。透过洗礼的行为以彻底表达悔改和信心的概念完全丧失殆尽。洗礼这个工具性的用语，暗指这个行为能够使它所代表之事确实发生——亦即实质上与基督同埋葬同复活，但是它让步给两种扭曲的看法之一。对某些人而言，极端的圣礼观点占了上风，认为水和言语就足以为身体带来救赎（这种观点被正确地称为"靠洗礼重生"）。其他人则采取极端的象征观点；洗礼本身只有些许作用或全无作用，只是一个指向已经发生之事（藉由肉体的出生而进入约中）或希望在将来会发生之事（藉由属灵的出生而进入神国）的"指标"。这两种看法，一个过于重视仪式，另一个则过于轻视仪式！二者都认为洗礼是不完全的，需要在到达能够担负责任的年龄时加上某种形式的"确据"。有些人说，后来必须以圣灵洗礼来完全水洗礼（虽然天主教神学将二者视为一，并且认为婴儿在洗礼时即领受圣灵）。

主张幼儿洗礼者最一贯的见解是建立在约的观念之上者。通常这种见解根据整本圣经中只有一个"恩典之约"的前提，而且它以不同的阶段和模式渐渐显露出来，因此主张神与人的来往比较偏向于群体而非个别，祂的恩典不但以属灵的方式授予，也以肉体的方式继承。祂和一个"民族"立约，而不是和个人。家庭是救赎的单位，而一个人是出生进入父母的属灵"状态"（status）。因此，当"全家"洗礼被理解为"家庭"洗礼时，就完全符合上帝的行事方式。

这种思想背后的基本假设，亦即认为整本圣经中只有一个"恩典之约"，必须加以挑战。这个用语从来不曾出现在圣经里；这种概念也没有出现过。圣经提到多种约（复数），根据其接受者、应许和条件而加以区分。即使在旧约圣经中，也有差异甚大的约，分别与挪亚（第一个提到的约）、亚伯拉罕、摩西和大卫立定。后面三个约深深地相互关联，而且三个都包括肉体的后代或亲属——因此"约"的"集体"概念当然与神和以色列的关系有关。

但是新约圣经说到一个"新"约，耶利米在旧约圣经中曾经预言，说这个约和与摩西立的约不同（耶利米书 31 章 32 节），它会使旧的约失效（希伯来书 8 章 13 节）。我们必须检视这个新约在哪些方面与旧约不同。

一个主要的对比是，它是和每个个人立约，而非一群人。先知已经预见这事（耶利米书 31 章 29-30 节、34 节；以西结书 18 章 2 节；约珥书 2 章 32 节），但是在施洗约翰和耶稣的讲道中非常清楚地披露，耶稣更是大力地说家世已经毫无意义（约翰福音 3 章 9 节，8 章 39 节）。肉体只能生出肉体；现在需要的是来自圣灵的第二次出生（约翰福音 3 章 5-6 节）。因此产生对于个人责任的全新强调（意指回应的能力）。新约的语言非常个人化——"每个人"、"各人"，以及"凡是"，强调每个个人都必须自己回应神（路加福音 14 章 26-27 节的"人"；约翰福音 3 章 16 节的"一切"；使徒行传 2 章 38 节的"各人"）。将来的审判是以个人为对象（罗马书 2 章 6 节），从将来的愤怒中被赎回也是一样。

不可能有两条进入神国的道路——一部分人藉由肉身出生而进入，另一部分人藉由在圣灵里出生而进入！洗礼属于后者，而非前者。

这个论点的必然结论之一，就是家庭不再是神救赎行为的单位。毫无疑问的是，新约圣经指出"一家"，甚至是家庭本身，都可能因为福音而分裂。耶稣说，祂来不是带来和平，而是带来刀剑——会使父母与子女分离，兄弟与姊妹分离。举例来说，一个有五个人的家庭可能会分裂成两人和三人（路加福音12章51-53节）——耶稣惟一未曾设想会破裂的亲密关系就是在"圣洁"的婚姻关系中的丈夫和妻子的关系（见本书第22章）。

我们的结论是，"新"约乃是建立在与"旧"约相当不同的基础上，它的承认仪式也会有不同的应用方式。但是何者是"旧"约？新约圣经中所有提到旧约之处都使用"旧"这个形容词来描述透过摩西与以色列立的约，从来不曾用来描述与亚伯拉罕立的约。事实上，在新约圣经中，外邦信徒被说成是"亚伯拉罕的后裔"（罗马书4章16节），继承了应许给他的祝福。由于和亚伯拉罕立的约也由他的"后裔"继承，难道这不也适用于今日基督徒的后代吗？"全家"洗礼不正是亚伯拉罕割礼的直接替代品吗？

重点是，当新约圣经把基督徒与亚伯拉罕连结起来时，实际上从来不曾使用约这个字。他们和他的连结是属灵的，而非肉体的；是来自信心，而非来自血气。他们之所以是他的"后裔"或"儿子",在于他们藉由分享他的信仰而有他的样式;他是多国的信徒的"父亲"(罗马书4章16-17节)。基督徒并未继承所有应许给亚伯拉罕的东西——举例来说,他们没有接受迦南地——但是他们领受了应许赐下的圣灵(加拉太书3章14节)。我们也必须记住,亚伯拉罕的割礼是在他相信之后才施行,只能作为他自己信心的"印记";它不能成为任何一个后裔的信心"印记"(罗马书4章10-11节)。他是所有先相信、后来才承受印记之人的父。水洗礼从来不曾被称为"印记";在新约圣经中,这个用语是保留给圣灵洗礼用的。而新约圣经中惟一在同一段上下文中一起提到水洗礼和割礼的经文就相当清楚地指出,割礼的肉体仪式根本就不在考虑范围之内(歌罗西书2章9-12节;见本书第25章)。

亚伯拉罕的后裔和"新"约之间的连结就是主耶稣基督自己。"旧"约在祂那里结束。祂在八天时所受的割礼是最后一个应神要求的割礼,耶稣是继承亚伯拉罕祝福的惟一"子孙"(加拉太书3章16节)。"新"约从祂开始。耶稣于30岁时在水中受洗,并在33岁时受苦及死亡,这些都是开创继承亚伯拉罕祝福的新方法所必须的(路加福音12章50节,22章20节)。祂没有选择受割礼,但是祂确实选择受洗。关键就在这里。对比在于肉体的生命和圣灵的生命。家谱对于"旧"约下的神的百姓而言非常重要,在耶稣的家谱中到达它的高峰和终点

（马太福音第 1 章；路加福音第 3 章）；从那一点开始，遗传已经无关紧要。新约在新的基础上形成一个新的民族。耶稣透过肉体继承了亚伯拉罕的祝福，现在单靠人的信心就将这祝福分送给他们（将使徒行传 1 章 33 节及 11 章 17 节，与加拉太书 3 章 2-14 节比较）。

结束这段重要的离题之后，我们可以回到关于"全家"受洗的经文上，并且有信心地说内在（文字）证据和外在（神学）证据都不能支持婴儿洗礼。即使允许某种程度的模糊地带，我们也必须坚持婴儿洗礼应该在不引用这些经文的情况下进行证明(如果还能证明的话！)。

容许我引用《辩证书》(*Apology of Aristides*) 中的话来结束本章。（雅里斯底德〔Aristides〕是与哈德良皇帝同时代的基督徒；哈德良皇帝的在位时间是自公元 117 至 138 年。）《辩证书》透露出新约圣经成书后那段时期里对于基督徒"全家"的看法："至于他们的仆人或女仆，或这些人的儿女，如果他们有的话，他们会因为对他们的爱而说服他们成为基督徒；当他们成为基督徒时，他们就没有差别地称他们为'弟兄'。"因此一个基督徒"全家"里的仆人和孩子都被视为宣教的对象；而他们归主的关键是他们从家中基督徒成员那里接受的爱。

20
以弗所的门徒

亚波罗在哥林多的时候,保罗经过了上边一带地方,就来到以弗所;在那里遇见几个门徒,问他们说:"你们信的时候受了圣灵没有?"他们回答说:"没有,也未曾听见有圣灵赐下来。"保罗说:"这样,你们受的是什么洗呢?"他们说:"是约翰的洗。"保罗说:"约翰所行的是悔改的洗,告诉百姓当信那在他以后要来的,就是耶稣。"他们听见这话,就奉主耶稣的名受洗。保罗按手在他们头上,圣灵便降在他们身上,他们就说方言,又说预言。

(使徒行传 19 章 1-6 节)

这段经文是毫无来由地将神的话语标上章节、不理会经节而造成伤害的典型案例!前往以弗所宣教的故事始于使徒行传第 18 章。保罗并非在开荒辟土,而是收割其他人——即他的朋友百基拉和亚居拉,特别是埃及裔犹太人亚波罗栽种的果实。亚波罗和保罗发现的那些门徒"单晓得约翰的洗礼"(18 章 25 节;参阅 19 章 3 节)当然不可能是巧合。

如果(似乎非常有可能)保罗遇到的这群人将他们

的属灵知识归功于亚波罗，那么就非常有助于解释为何路加称他们为"门徒"而没有任何疑问，以及为何保罗假设他们是"信徒"。因为亚波罗对耶稣有足够的认识，能够引用犹太的经文（亦即旧约圣经）证明祂就是期待中的弥赛亚（希腊文：*christos*），可能是把先知的预言和他所知的耶稣生平、死亡和复活配合在一起（就和耶稣自己在往以马忤斯路上所做的一样：路加福音24章25-27节）。

这种连结也可以解释保罗针对他们的属灵经验所提出的小心翼翼、甚至可说怀疑的疑问。因为亚波罗的事工缺少了一些元素。就现状来说，他关于耶稣的教导是正确的，但是不足以促成整全的基督徒经验。他似乎不知道现在洗礼是根据复活的耶稣的命令去施行，并且带着更全面的重要性"进入"祂的名；而且几乎可以肯定，他不知道后来由升天的耶稣赐下的圣灵浇灌。缺少这些洞见，亚波罗所知道的"信仰"主要是在心理上接受自证的真理（相信耶稣是基督），而不是始于水和圣灵洗礼的生命经验关系（相信耶稣是个人的救主）。

一对已经成为保罗同工的夫妇看出亚波罗的不足。他们没有把这位讲员大卸八块，而是有智慧地带这位讲员去享受大餐！他们以私底下和非正式的方式，启发他认识整全的福音。他们似乎也介绍他认识另一群"弟兄"（不是他教导的那些人），这些弟兄鼓励他到亚该亚去传讲他更深刻的认识。

以弗所的门徒

看起来仿佛亚波罗和以弗所的两群人有关系。第一群人与犹太会堂有关，由接受他所传讲的，耶稣是他们的典籍中所应许的弥赛亚的犹太人所组成。第二群人，也就是亚基拉和百居拉介绍他认识的那些人，则是一群基督徒，很可能是在他们的家里聚会。这两个团体之间似乎并没有直接的关联；而纠正亚波罗的那对夫妇似乎并没有将他们的关心延伸到他教导的那些人。

但是，由于保罗在一个城市里通常是透过犹太会堂进行初步接触，因此前述的第一群人会是他遇到的第一个团体。根据以上说明的背景来看，就完全可以解释为何保罗和他们谈的是有如此多辩论甚至争论的主题。他们对他的"交叉盘诘"的回答正反映出亚波罗教导的较早期阶段。他们显然并未获得和百基拉与亚居拉交谈的帮助。

路加毫不犹豫地描述他们是"门徒"，这是在使徒行传中最常见的基督徒头衔。这个名词用来形容一位信徒（9章 10节、36节）、一些信徒（9章 19节、25节），以及所有信徒（6章 1节、7节）。如果他们只是"约翰的门徒"，那么以路加力求正确的态度而言(参阅路加福音1章3节)，他必然会明说。这里没有使用定冠词（the）并不重要（参阅 9 章 10 节、36 节）。他接受他们是"门徒"，因为他们已经行在"道"上（注意在以弗所的故事中，经常使用这个给基督教的"命名"——18章 25、26节，19章 9节、23节）。但是，关键的问题是他们在"道"上行了多远；保罗要在事奉他们之前先知道这个问题的答案。

要正确地明白这段经文，正确的起点不是这些"门徒"的灵命状态或地位，而是使徒的心理看法。这段经文呈现保罗对于成为基督徒的神学看法，比保罗的任何一卷书信都清楚，主要是因为书信是写给那些已经完全成为基督徒的人，因此只有偶尔提及他们的入门；而在使徒行传这里他是在劝勉初信者。我们目睹他直接参与福音传道。仔细分析他在这件事中的对话和行为，可以让我们得到无价的洞见和发人深省的原则。

保罗对这些"门徒"提出的第一个问题必须仔细研究；若不小心的话，对这个问题的解释可能过头，也可能不及。保罗并不是质问他们的教义，而是经验；但他是根据他的神学而如此行。

从问题的用字来看，我们可以认为他发现他们的属灵景况并不能令人满意。我们必须按照字面价值来看待保罗的话，视之为他的第一印象的真正摘要，即使他进一步的询问是为了要修正他最初的看法。简而言之，他一开始确信他们已经"相信"耶稣，但是并不完全确定他们已经"领受"圣灵（直到后来他也对他们的信心有所怀疑）。

什么因素导致这种双重印象？一定有一些迹象显示他们已经"相信"——身为亚波罗的学生，他们应该知道"基督徒"对旧约圣经的诠释，也能够自在地谈论耶稣是"基督"，这些都能让保罗认为他们已经听过并接受福音。但是必然缺少其他部分迹象——他们已经"领受"

的迹象。很可能缺少了圣灵恩赐的彰显。套用保罗的另一种表示方式，他们似乎并未"拥有圣灵"（罗马书8章9节；见本书第21章）。这种不足可能是因为两个原因之一：若非他们已经"领受"但是"消灭"或"拒绝"祂的影响，就是他们从来不曾真正地"领受"圣灵。保罗的问题经过精心设计，为要发觉真正的原因为何，从而得知何种职事适用于当前的状况。

这里的用字非常重要。就字面意义翻译，保罗的问题是："既然相信了，你们领受圣灵了吗？"动词"相信"是不定过去式，意指展开信徒信仰生活的信心那个单一步骤（在约翰福音7章39节和使徒行传11章17节中，同样的时态配合动词"接受"使用，而两处的上下文都几乎和此处一样）。一直争论不休的是英文翻译是应该说"当你们相信时"（认为"相信"和"接受"为同义词、因此二者同时发生的人偏爱这种翻译）还是"自从你们相信"（教导两阶段、必然接续有"第二祝福"的人偏爱这种翻译）。事实上，这两种翻译都是完全合理的！其实保罗问的是："既然已经相信耶稣，你们是否领受了圣灵，无论是在那时候还是后来？"（在使徒行传10章44节中是同时发生的；在使徒行传8章17节中则是随后发生的！）。他完全不在乎他们何时"领受"，但是非常关心他们是否已经领受。在问及是否二者都发生时，有一个结论是绝对清楚的：对保罗而言，相信耶稣和领受圣灵并不是同一件事。在他的思考方式中，他们完全有可能拥有其一而未有其二,就和撒玛利亚信徒和他自己在大马士革的三天经历一样。这种状态可能是"不太正常",但并非"不正常"。

下一个要强调的是保罗预期门徒知道他们是否已经"领受"。他们并不能从新约圣经的经文去演绎出这个"知识",如同今日许多人试图做的一样,因为这些经文根本尚未写就!他们只能根据经验来回答,而这个经验是如此明确,以至于他们对于是否发生过这样的经验可以毫不怀疑。关于保罗诉诸他们的经验,更进一步的确据来自缺少定冠词——"你们……受了圣灵没有?"这通常有强调主观性能力而非客观性位格的效果;这是一种独特的省略法,将圣灵视为人类经验的一部分(见附录二)。

门徒对保罗第一个问题的回答也必须非常小心地处理。肤浅的阅读(正如太多的翻译)会视之为承认对于三位一体的第三位格毫无所知,承认他们从来不曾听过和圣灵有关的事!这种完全缺乏知识是非常不可能的,因为亚波罗的教训几乎必定包含弥赛亚会藉由圣灵的大能恩膏来完成任务的应许(以赛亚书61章1节),这在耶稣于约旦河受约翰的洗时就成就了。他们一定也听说过约翰的教导,说他以水施洗比不上后来弥赛亚用圣灵施洗。

当我们再度检视回答的实际用字,就会发现它透露出知识,而非泄漏无知——但是理智上的知识,而非经验上的知识。他们真正说的(就字面意义翻译)是"但是我们还没有听说圣灵是。"再次注意这里没有定冠词（指能力，而非位格），我们必须探讨这个奇怪又"未完成"的句子（圣灵"是"什么？）。有些人假设"是"意指"存在"，但这样解释要把句子调转一圈，把圣灵当作动词的受词，而非主词（"我们没听说过有一个圣灵"）。当然，照着字面意义把希腊文翻译成英文需要一个额外的单字，才能完成这个句子。令人高兴的是，在圣经的另一处有一个完全对应的记载（这种方法多常为注释问题提供解答啊！）。约翰福音 7 章 39 节的字面意义是："因为圣灵还不是（For not yet was Spirit），因为耶稣还没有被荣耀。"圣灵还不"是"什么？若认为这里是指圣灵还不存在，就是异端，否定永恒的三位一体！为了避免这个错误，英文翻译必然要加上一个额外的单字（希腊文中没有）："因为圣灵还没有赐下"（For not yet was Spirit given）（亦即在人里面彰显）。这样做是合理的，而且也说明了对五旬节的参照（只有在耶稣死亡、复活及升天之后才会发生——祂的"得荣耀"）。把这个合宜的额外单字加入使徒行传 19 章 2 节的文法结构中，这些门徒的回答就完全不一样了："未曾听见有圣灵赐下来"（西方文本采用不同的读法 Lambanousin tines，而使得这个意思更加清楚：翻译这段文字后，他们的回答是："我们没有听说有谁已经领受圣灵。"）换句话说，他们知道在弥赛亚身上的恩膏会分给祂的跟随者，但是他们没有听说这件事已经发生。他们不知道的并非圣灵，而是不知道五旬节的事，以及它对后来所有信徒的重要性。

这个回答让保罗知道他需要知道的事,因此他进一步深入询问他们成为基督徒的过程,问到他们的洗礼。注意,他假设他们都已经受洗,虽然他怀疑是否适当地进行:在保罗的想法中,他们仍然处于"相信的门徒"这个阶段。如果他们对于五旬节如此不知不觉,他开始自问在他们的洗礼中含有多少"基督徒"的内容,以及他们对于洗礼仪式的目的有些什么认识,因此才使用介词 into(本书第 23 章详细说明这一点和洗礼的关系)。对每一次的洗礼而言,都有一个 in(媒介——在这里是指水)和一个 into(行为所达成的意义或意图达的目的)。用简单的英文来说,保罗问的是:"你们的洗礼为你们做了什么,或对你们有何意义?"

在考虑门徒的回答之前,我们必须先停下来,思想这个问题透露出保罗的哪些想法。很显然地,在他的想法中,在水中受洗和领受圣灵之间是有一些关系的。虽然保罗从未实际地将这两件事画上等号,但是他显然认为它们的关系很接近,几乎(虽然不完全是)在原因和效果上把它们连结在一起。水洗礼是圣灵洗礼的序曲,也是条件;在实务上,前者通常会导引至后者。因此有问题的洗礼是延后领受圣灵的可能原因之一。换一个方式来说,主通常会以圣灵浇灌的恩赐表示祂接纳悔改的信徒,作为对正确洗礼的反应。因此促成或延迟领受圣灵的,不只是洗礼对于受洗者的意义;延迟领受很可能意味着主自己宣布这个洗礼因为某些原因而不完备。

以弗所的门徒

这些"门徒"给保罗第二个问题的答案终于透露出他们真正的景况，并且让保罗得知他必须知道的一切。他们的洗礼是向神悔改的真心表现，但并非相信主耶稣的个人行为。由于不曾如此解释过洗礼的意义，因此他们也不明白洗礼是认同耶稣的死、埋葬和复活（罗马书6章3-4节），呈现的方式则是为他们施洗"归入"祂的名下，赐他们新的身份。他们受的不是"基督徒"洗礼。

这就透露出他们的信心并未具备应有的样貌。一直到现在，保罗才知道他错误地假设他们已经"相信"，至少是以他自己对这个用语的认识而言。事实上，在成为基督徒的四个要素中，他们其实只拥有一个——悔改！保罗想要从这里带领他们，指出他们最早的导师施洗约翰，早已完全明白他自己的事工和洗礼的限制，因而指示他的门徒转而倚靠他自己仅配充当祂先锋的"那一位"。他的悔改洗礼用意在于为相信即将来临的君王"**预备道路**"，这位王就是他的表弟耶稣。

要注意的重要事项是，保罗在此时介绍耶稣，并未造成惊讶或有人表示不知情（"我们从来没有听说过耶稣是！"）。这里有一个谜：当保罗"找到"他们的时候，他们一定熟悉"耶稣"的名字，并且也使用祂的名（否则路加为何称他们为"门徒"，保罗也假设他们已经"相信"？），但是现在保罗告诉他们要"信"耶稣。这个解释或许再度可以在亚波罗的事工中找到。他曾经教导他们"关于"（希腊文：*peri*——18章26节）耶稣的事，并且分享他相信耶稣是基督，这虽然正确，但是不足。但这并不是包含"相信耶稣"（believe in Jesus）在内的整全救赎信仰（事实上，保罗使用希腊文的介词 eis = into，进入之意）。救赎的信心是个人性的，而非命题性——因此才会如此明确地使用"耶稣"的名，不但可以直接呼求，也让那些成为祂的"亲属"和"代表"的人作为权柄的象征。

随后保罗必然解释了这一切，还有其他的真理。这些门徒对于保罗更深入教导的反应是全心渴望进入与耶稣基督更加亲密的关系中。顺带一提，渴望进深的热诚通常是一个人已经走在"道"上的记号；一个人认为自己已经得到所需的一切，并不是好迹象！因此以弗所的"门徒"毫不迟疑地接受水洗礼，归入主耶稣的名下。保罗并未亲自施洗，而是由他的助手提摩太和以拉都施洗（19 章 22 节），可能是为了避免门徒把他的名字和洗礼扯上关系（哥林多前书 1 章 15 节）。

在继续深入探讨之前，我们必须明白这种做法就是今天许多人所谓的"二次洗礼"（为了避免这个用语令人不自在的意义，加尔文在他的《基督教要义》4.15.18 中否认在以弗所施行了洗礼，并且坚持保罗只按手在这些"门徒"身上）。保罗毫不犹豫地再次让这些门徒浸入水中，彼得在五旬节时也是一样（见本书第 15 章）。即使他们的第一次洗礼带有真诚的悔改，但是缺少对耶稣的个人信心就表示那不是"基督徒"洗礼。主没有接纳他们的洗礼，不认为那样做是完成祂的命令。保罗没有试图藉由某些"坚信礼"仪式，以追溯既往的方式为第一次洗礼"添加"信心层面；这样做就会把洗礼贬低为仅仅是预期的象征，然而洗礼从来无意变成这个样子。使用水和提及耶稣之名的言语，并不能让保罗满意地认为已经完成了基督徒洗礼。使圣礼产生功效的，并不是仪式的习用语——使用耶稣的名——而是相信祂的名，由施洗者和受洗者呼叫祂的名（使徒行传2章21节，3章16节，22章16节）。也没有任何证据指出保罗会接受代理悔改或代理信心来取代受洗者自己对福音的回应（见前一章）。

无论他们的信心原本处于什么状态，毫无疑问现在这些以弗所门徒是真信徒——认罪悔改，相信主耶稣，并且在水洗礼中使二者结出果实。因此争论保罗初见他们时他们的属灵状态，有点不切题。这是一个简单的事实：当他们从水里出来时，他们仍然处于已经相信但尚未领受的状态！大部分的现代福音派人士完全忽视这个重点（他们仍然主张在他们相信时就已经领受圣灵，尽管并无外在的记号），还有大部分的现代圣礼派人士（他们主张在受洗时一定已经领受圣灵，尽管并无外在的记号）；如果这两种看法正确，就不需要保罗进行任何更进一步的职事。但是保罗并未采取这两种想法。到目前为止，没有"发生"任何事表明圣灵已经赐下，而保罗并没有表现出惊讶的样子。他似乎接受简单的假设，认为现在这些"门徒"已经完全有资格"领受",因此正确的下一个步骤就是祈求赐下恩赐——采取强烈而富于表情的祷告形式,亦即"按手"。其他使徒已经采用过这种做法(使徒行传8章15-17节),而且事实上也是保罗自己在悔改并相信之后领受圣灵的方法(使徒行传9章17节)。和水洗礼不同,现在保罗自己按手——不是因为使徒才能按手(在保罗自己的经历中,亚拿尼亚已经足够)或是因为一开始是他提起这个主题,而是因为他的祷告可以相当清楚地表明,这次不是任何人在施行洗礼,而是耶稣自己(这里使用的话语是对祂,而非对受洗者)。也就是说,每一位信徒,没有区别,都是由耶稣亲自以圣灵施洗,而他们会由不同的耶稣门徒用水施洗(在可以作区分之时)。

在满足了所有的条件,并除去障碍之后,以弗所的门徒终于领受了圣灵,现在也以坚定的确据回答了保罗最初的问题(他们不需要,因为对于在场的其他人而言,领受圣灵一向是显而易见的;保罗会问,只是因为他们刚开始时他并不在场)。现在他们成为基督徒的程序完备了,也正常了。他们已经在洗礼之前悔改并相信,也在洗礼后领受圣灵,正是当时所有回应福音的人通常的经验顺序。时间点有一点不寻常,他们的信心花了一些时间才发挥救赎的效用。获得全然的信心和领受圣灵之间的延迟时间很短,但却很真实(洗礼在二者之间)。不管它是以分钟(例如这里)或以天(例如撒玛利亚)来计算,

"间隔"已经足够说明"相信"和"领受"显然不是同一件事。

纠结的争论是，在以弗所，就如其他所有地方和其他所有人一样，领受圣灵都会伴随着带有"五旬节"本质的视听证据。在这个情况下，有"方言和说预言"。二者都是自发性言语的形式；第一个是使用未学习过、且可能是无法辨识的语言，而第二种则是以他们自己的语言。二者的内容皆来自其灵里，而非思想，圣灵告诉他们当说什么。可能重要的是，每当列出领受圣灵的"记号"时，总会包含"方言"的恩赐。另一方面，当其他"记号"也被列出来时，并没有清楚的宣称所有人都说方言及使用其他的恩赐（这种"适用全体"的叙述只在记载五旬节当天时使用过，当时方言是惟一的彰显——使徒行传2章4节；见本书第14章）。在以弗所这个地方，看起来是有些人说方言，有些人说预言（这是这里使用的文字最自然的含义）。除了五旬节当天之外，并没有记录表明在领受圣灵时每个人都说方言，也没有任何使徒的教训说必须如此。说方言是外显的记号，可以从圣经中获得很好的支持，但是武断地宣称说方言是惟一有效的证据，则超出了经文本身的范围。

再进行一两项最后的观察，就要结束本章的研读。这件事发生在十二个"男人"身上，除了强调出路加在记录事件时的一丝不苟之外，或许不大重要。这也不一定排除他们的妻子或信主的家庭成员。注意，他们并未以集体的方式同时领受圣灵——新约圣经中发生这种情形的时间主要是在五旬节当天——而是个别的，随着使徒按手在他们身上时一个接一个领受圣灵（就和撒玛利亚的情形一样——使徒行传 8 章 17 节）。宣称新约圣经只记载集体的圣灵洗礼，是不正确的说法。

我们详细地检视这段经文，是因为它在路加和保罗的圣灵神学之间提供了直接连结的独特重要性。在某些圈子里流行强调二者之间的差异，然后选择其一作为批评另一个的标准！福音派倾向于选择保罗神学，用它来抵消路加神学的灵恩层面；而五旬节派倾向于选择路加神学，用它来抵消保罗的集成教义。使徒行传 19 章显示保罗对于成为基督徒的认识与其他使徒的认识相同——也就是，在路加对初代教会的解读历史中持续一贯报导的模式。这个共同神学的基本特色可以表列如下：

1. 完全的基督徒入门包括四个要素——向神悔改、相信耶稣、水的洗礼，以及领受圣灵。
2. 基督徒洗礼需要具备认罪悔改，以及对耶稣的个人信心为先决条件。
3. 相信耶稣和领受圣灵不是同一件事，可能在时间上有所分隔。
4. 领受圣灵是一个具备明显证据的明确经验。
5. 当缺乏上述四个要素的任一项时，必须采取行动补足不足之处。

以弗所的门徒

当然，使徒行传 19 章 1 至 6 节并非能够获得以上结论的惟一一处经文（例如，见第 16 及 27 章），但它是最清楚的使徒实务范例，可以从中推演出使徒的教义。（这些原则的教牧运用将在本书的 32 至 35 章进行讨论。）

向我们提出挑战，让我们重新思考现代假设的，表达得最好的纽毕真主教（Bishop Lesslie Newbigin）在《神的家》（*The Household of God*, London: SCM Press, 1953）一书中所说的话（《神的家》是针对我们这个时代的教会而写最具先知性的著作之一，纽毕真主教和罗亚伦〔Roland Allen〕同样是英国有名的宣教士）：

> 使徒问亚波罗带领信主的人一个问题："你们信的时候受了圣灵没有？"并且得到清楚的答案。他的现代继任者比较倾向于问："你们是否确实相信我们教导的内容？"或是"是我们按手在你们身上的吗？"而且——如果答案令人满意——会向这些信徒保证他们已经领受了圣灵，即使他们并不确知。这两种态度有如天壤之别。（95 页）

21
严峻的考验

如果神的灵住在你们心里，你们就不属肉体，乃属圣灵了。人若没有基督的灵，就不是属基督的。

（罗马书 8 章 9 节；最后一个句子在希腊文里是"属于祂"。）

那些主张圣灵在一个人"相信"的那一刻自动"被领受"，而且通常是在不知不觉之间，因此没有必要期待任何进一步的证据或经验来证实这个"恩赐"确实已经赐下的人，很喜欢引用这处经文来支持其论点。

但是，使用这节经文以达上述目的的人以一种相当不寻常的方式来处理这节经文。保罗的叙述并非直叙，而是反转两次——先从否定转为肯定，然后又转回来！再者，他们加入"基督徒"这个词，虽然不是以它的原有样貌出现。结果是有一些注释"戏法家"成功地加以伪装。他们的论述如下发展：

任何没有圣灵的人就不是"基督徒"，因此
任何有圣灵的人就是"基督徒"，因此
任何是"基督徒"的人一定有圣灵。

然后第三个叙述就被当作是这段经文的意思，对于未受过训练的人来说，它听起来就像完全合理的推论。但是这个逻辑当中有一个致命的缺陷，用一次反推比较容易发现：

每只狗有四条腿，因此

有四条腿的东西一定是狗。

了解基本的逻辑谬误之后，我们可以提出一个双重反论的例子：

任何不由英国籍父母生下来的人都不是"英国人"，因此

任何由英国籍父母生下来的人都是"英国人"，因此

任何是"英国人"的人一定是由英国籍父母生下来的。

这可以被视一个令人印象深刻的论证，直到发现"英国人"的意义可能并非从头到尾都一样；在第三个叙述中，它可能包括那些透过领养或归化的法律程序而成为英国人的人。完全相同地，第三个叙述中的"基督徒"的意义可能和第一个叙述中的"基督徒"差距甚大。在现代的用法中，"基督徒"会在撒玛利亚人领受圣灵之前就用在他们身上，罗马书八章9节可能会被用来证明他们已经领受了圣灵！如果用"基督徒"来形容任何已经"相信"耶稣的人，那么这种对罗马书8章9节的理解就会令保罗对以弗所"门徒"提出的问题变得完全没有意义，那个问题在现在可以被理解为"你们成为基督徒的时候是否领受圣灵？"

严峻的考验

排除这个广被接受的误解之后,我们可以进入全新的认识,透过考虑更广泛的文脉和经文本身实际的用字,检视它在保罗的"成为基督徒"教义中的关系。

保罗写信给罗马教会,因为他有大志,想要到他们中间(罗马帝国的枢纽)去事奉,以及更远的地方(作为"野战基地",从那里向西方宣教,进入西班牙)。由于他们的教会不是由他建立的,他们也从来不曾是他事工的接受对象,因此他写下自己的"荐信"(参照哥林多后书 3 章 1-3 节)。这就解释了为何本书有如此多私人问候的小特色(在罗马书 16 章),和如此详尽地叙述他所传之福音的重大特色(这是他最接近奠定"系统"神学的著作!)。他们必须在保罗到达之前,尽可能多知道关于他的事,这样他才能迅速被接纳及奉差遣(罗马书 15 章 24 节)。

同样重要而必须了解的是,保罗对罗马教会的认识和他们对他的认识差不了多少。虽然他听到关于他们众人信心的优异报告(罗马书 1 章 8 节),但是他没有将任何事情视为理所当然。由于并未亲自向他们传福音,他并不假设他们是表里如一。有时候他对他们说话的态度仿佛他们仍然是罪人,即使他们被称为"**圣徒**"(罗马书 2 章 5 节;参照 1 章 7 节)。他甚至一度暗示说他们还没有全部受洗(罗马书 6 章 3 节)。他假设他们可能需要拥有比现在更多的属灵恩赐(罗马书 1 章 11 节;参照哥林多前书 1 章 7 节)。他预期(相当合理地)他们需要相当多的协助和劝勉，包括一起在教会中以及个别在俗世中的敬虔生活（罗马书 12-15 章）。我们现在所讨论的经文（罗马书 8 章 9 节）非常符合这整个"氛围"，因为它包含温和的提醒，在他的教导背后有一个基本前提：他们都"有"圣灵；除非能够假定这点，否则他的结论就不适用。

罗马书的前 8 章陈述保罗的福音讲章，他的救赎"神学"；接下来三章处理犹太人和外邦人的关系，那是罗马教会的迫切问题；结束的几章则阐明救赎的伦理。在第一部分（罗马书 1-8 章）中，有三个清楚的段落：

对救赎的需要（神的愤怒和人的罪）；

救赎的开始（称义）；

救赎的继续（成圣）。

罗马书 8 章 9 节必然会被解读为属于第二个段落，但它是第三段落的一部分。它主要不是指信徒在神面前的地位，这是称义的问题；而是信徒在神里面的状态，这是成圣的问题。因此将这节经文解释为定义人如何"成为""基督徒"，是相当大的错误（这是"抽离文脉的文字就会变成借口"这句格言的另一个例证）。

罗马书 7 章和 8 章是一起的。它们为这节经文提供实时的背景，将"肉体"的生命（包括在归信之前：7 章 7-13 节，以及归信之后：7 章 14-25 节）与在"圣灵"里的生命做对比。有一种生活方式走向失败、绝望和死亡；另一种则走向胜利、盼望和生命。阐述差异是保罗最喜爱用来激励信徒追求圣洁的方法之一（加拉太书 5 章 16-23 节就是这种对比的经典范例）。保罗的理解是，信徒拥有一个未信者没有的选择。不信者只能活在肉体中。相反地，信徒可以活在血气之中，成为"属肉体的"——此时他的生活会和他成为基督徒之前的生活一样混乱和沮丧——也可以住在圣灵中，成为"属灵的"。

因此，根据他的主题以及他和罗马人的关系，保罗应该会很自然地插入一段意见，大意是他认为他的所有读者都"有"圣灵是理所当然之事。除非是如此，否则平安、儿子的名分、在祷告中的帮助、及时改变环境、胜过所有仇敌——这一些都将与他们无份。它们直接出自于行在圣灵里，被圣灵引导，圣灵向他们作见证，并蒙圣灵帮助。藉着圣灵的能力，肉体被迫"退下"。因为不可能靠着血气生活，同时又靠着圣灵。信徒或许可以"自由"地在血气或圣灵中行事，但是绝对不可能同时在二者之中行事（比较罗马书 8 章 5 节及加拉太书 5 章 17 节）。

牢记这一切——并且戴上正确的文脉眼镜！——我们来看罗马书 8 章 9 节本身，从希腊文的字面直译开始："如果有谁没有基督的灵，这个人就不属于祂。"

这个陈述最醒目的地方就是动词"有"的时态。在希腊文里，现在式若非意指长期的行动（"继续"拥有某事物）就是指现在的状态（"正"拥有某事物）。这两种意义的共通点就是持续性；它往往被称为"现在进行"式。

在此必须特别强调，保罗指的是他的读者现在的状况，而不是指他们过去的归信。他谈的是他们现在的成圣经验，而非过去的进入称义。当他想要指信徒最初接受圣灵时，他使用过去式，或是更特别的，不定过去式（指一个单一事件）。书信的前面，在称义的段落中，当他提到"所赐给我们的圣灵"（罗马书5章5节）时就是如此。注意，在罗马书第五章中，保罗表现出完全相信他的读者都"领受"了，而在罗马书第八章中他表现出对于他们是否都"有"的怀疑态度。这一点呈明保罗的思想和教导中的一项基本区别。"领受"和"拥有"并非同义词，虽然前者应该导致后者发生。当门徒似乎并未"拥有"圣灵时，第一个要查验的是他们是否"领受"了；这正是以弗所的状况，引发保罗的问题（见第20章）。虽然在以弗所他发现他们从来不曾"领受"，他的问题的形式显示他对于另一种可能性持开放态度，也就是他们已经"领受"但是并没有继续"拥有"。

这种对于"拥有"和"领受"的理解，其证据来自于七十士译本，即旧约圣经的希腊文译本。这个版本是保罗最常引用的版本，而且透过它，他必然十分熟悉这个句子："拥有圣灵"（having Holy Spirit）。它以现在式被应用在约瑟和约书亚这样的人身上，以描述他们属灵成熟的持续状态（创世记41章38节；民数记27章18节）。保罗用它来形容自己（哥林多前书7章40节）。

换句话说，"拥有"必须从成圣的关系上，以持续性和经验性的角度来加以理解；而不是从称义的关系上，以教义和审判的角度来理解。如果定冠词是刻意省略的，或许就多了一个指标指向这种理解；这样会强调信徒对于圣灵能力的"*主观*"经验，而不是圣灵在信徒里面的"*客观*"存在（见附录二）。这和罗马书 8 章 9 节的前半段完全一致，它的字面意义是："你们不是在血气里，而是在圣灵里，如果圣灵真的不断地住在你们里面。"这里具有同样的文法特色：动词的现在进行式、缺少定冠词等等。事实上，这段陈述的两个部分读起来就像希伯来诗的对句（两个部分彼此对应，以不同的字词重复同样的思想）；这种对句很可能出自于"*希伯来人所生的希伯来人*"（腓立比书 3 章 5 节）笔下。

最值得注意的是，两个陈述都以重要的"如果"（if）为始，第一个还用分词 indeed 予以强化。这清楚表明一个有条件的状况，亦即"拥有"或"内住"都不是自动完成的。有可能起初的确有"领受"，但却没有继续"拥有"圣灵。

那么，那些没有继续"拥有"的人失去了什么？由于这个陈述出现在罗马书第 8 章而非罗马书第 5 章，因此第一个答案是：他们的成圣，虽然不一定失去称义。"生活"在圣灵里的所有祝福都不属于他们。他们会发现自己再次"*在血气中*"，过着"*属肉体*"的生活（哥林多前书 3 章 1 节）。在他们的肢体中运作的罪的律，将胜过在他们心中运作的神的律。简而言之，他们会困在罗马书第七章里！这样只会产生属灵的死亡。

但是这样会以永恒的死亡告终吗？称义是否会和成圣一样失去？最后一个句子，"这个不属于祂"是什么意思？

第一个要判断的是"祂"到底指的是谁。在这节经文里，三位一体的三个位格（父、子、圣灵）都有提及。但是，"祂"不太可能意指全部三位。一般认为是指基督，因为祂是代名词之前最后提及的位格。这个观点尤其被那些以称义而非成圣来解读整节经文的人所喜爱。因此这个句子就被认为意指"他根本不是基督徒"（Living Bible 的意译），通常还带有额外的暗示："而且从来不是！"

这种解读，无论它多么广泛被接受，都打断了保罗强而有力的论述的连续性，将罗马书8章9节变成一段"离题"（因此应该用括号标注，像这句离题内容一样！）。它因此而变成一种"掷回现象"，回到他的说明中更早的部分，而且放在罗马书5章5节之后会更加适合。那是谈称义的段落，他提到在"成为基督徒"时领受所赐的圣灵。但是罗马书第8章被正确地视为基督徒经验的高峰而非开始，若是保罗在这里突然以类似"当然，如果你们根本不是基督徒，这些事情都不会发生"这种突发的意见打断他的流畅陈述，似乎是很奇怪的一件事！

如果我们坚守参考文脉的做法，这个困难便迎刃而解。罗马书第八章的主题不但单单与成圣有关；主要考虑的位格是圣灵。这卷书信里有一个渐进的强调——从神的愤怒，经过基督的救赎，到在圣灵里的生命。在罗

严峻的考验

马书8章9节这里,圣灵是论述的中心,用不同的方式描述为"神的灵"和"基督的灵",从而认同祂与三位一体神其他位格的亲密关系,是一则健全的神学。这两个头衔是互补的,并且更加生动地强调出两句陈述的诗体对应。句子的顺序有变,就像在希伯来诗篇中一样,但是重新安排其顺序可以让对应清楚显明:

神的灵 + 内住 = 在圣灵里

基督的灵 + 拥有 = 属于祂。

由于第二行的"属于祂"与第一句里的"在圣灵里"意思相同,因此两个句子都是指圣灵,而且最后的"祂"不是指基督,而是指基督的灵。两句叙述都有进一步的内在对应,可以阐明为:

当圣灵居住在你里面时,你就在祂里面;

当你没有圣灵时,祂就没有你。

保罗提出一个深刻的论点,先是肯定的,然后是否定的——而且都是诗体!

他谈的是圣灵持续在信徒里面,而不是圣灵进入信徒里面。整节经文是经验性的,而非教义性的,关切我们在今世"救赎",而非下一个世界;关心的是成圣,而非称义。保罗不是在讨论谁"属基督"(他对基督徒的一般定义是"在基督里"的人);他讨论的是谁"属于圣灵"。

因此,不需要讨论这节经文在"一次得救,永远得救"议题中的意义(见本书第36章)。在生存经验中失去一个人的成圣，和在永恒中失去称义是截然不同的。前者是保罗在罗马书第 8 章的重点。

罗马书 8 章 9 节的语气是现实主义的，在这节经文的正面行的强烈乐观和负面行的淡淡悲观之间取得绝佳的平衡。它是必要的警告（与个人无关地假设若有"任何人"未能"继续拥有"圣灵）和信心的保证（个人性质地对"你们"说，罗马人几乎不需要这个警告，因为他们并不在血气之中，而在圣灵之中，因此可以把罗马书第 8 章全章应用在他们身上）的精致组合。这种将一般性的警告和特定的鼓励融合在一起的做法亦可见于其他的使徒著作（希伯来书 6 章 9 节是个好例子；见本书第 27 章）。

总括而言，"圣灵"对保罗来说不像是坚实的教义，更像是属灵的动力。他关心他带领信主的人既已"领受"圣灵（加拉太书 3 章 2 节——不定"过去"式），就应该"继续"被圣灵"供应"（加拉太书 3 章 5 节——现在"进行"式）。只有那些"仍然拥有"圣灵的人才能经验到完全的救赎；"曾经拥有"是不够的。

或许在我们的时代里，比以前更加需要这种区别的挑战。在圣灵里的洗礼只是开始。已经被充满是一回事；保持被充满则是另一回事。"领受"圣灵是重要的一步；"拥有"圣灵是与神同行的胜利历程。这是罗马书第 8 章的信息，第 9 节则是严峻的考验。

22
圣洁的家庭

因为不信的丈夫就因着妻子成了圣洁,并且不信的妻子就因着丈夫(原文是弟兄)成了圣洁;不然,你们的儿女就不洁净,但如今他们是圣洁的了。

(哥林多前书 7 章 14 节)

这是不需婴儿同意或合作即为他们施行洗礼的另外一段最受欢迎的"证明经文"。它经常和"全家"洗礼连结在一起(见本书第 19 章),虽然在那样的情况下,应该是靠家庭的"头"(亦即丈夫)的信心来拯救全家,而这里它宣称也可以藉由信主的妻子达成同样的效果。

事实上,这节经文和成为基督徒一点关系也没有,甚至也和救赎无关。上下文是关于婚姻和两名信徒之间诸问题的讨论;更多是着墨在信徒和非信徒之间。信徒能否逃离这样"不平等的轭"的压力?当然,信徒根本不应该落入这样的景况(哥林多后书 6 章 14 节),因此保罗考虑的几乎必然是在结婚之后一方成为基督徒的情形。

保罗无法引用基督的详细话语来符合每一个这样的情况,但是他认为他的"使徒"劝勉具有"命令"的权柄（哥林多前书7章10节）。但是他的劝勉背后的基本原则确实有主的前例：离婚不是选项。如果分居是无法解决的家庭状况的惟一解决方法，那么信徒必须保持单身，或是与原来的配偶和好（但是不能另行嫁娶，因为第一段婚姻并未消失，只是暂时中止）。

体会字里行间的意思，显然有些信徒试图将离婚合理化，甚至单单分居，惟一的立论基础就是配偶是未信者。这种不平等的轭被宣称为应该斩断的不道德关系；与"罪人"结婚被视为"圣徒"的属灵腐败。更有可能的情况是，这只是一个摆脱令人厌烦的伴侣的借口而已！

事实上，根据保罗所说，影响力是相反的。信徒不但不会被污染，不信者反而"成了圣洁"。但是这究竟是什么意思？当然它不可能是指称义之后随之而来的道德和灵命净化，因为后来保罗表示，不信主的配偶仍然没有"得救"（哥林多前书7章16节）。他必然是以一种技术性、律法性、和几近仪式性的意义来使用这个用语，意指"为神分别出来"（原始内涵始于旧约圣经）。"圣洁"的婚姻将这类的不信者放在不同的类别里，以至于不适合"从他们中间出来，与他们分别"（哥林多后书6章17节）。他们的关系带有神的肯定和祝福；蒙神认可的事也必然要有信徒的支持。

保罗结束他的论证时，指出若是未信主的配偶被视为太"不圣洁"，以致不能与他同住（因为他们的不信，而不是因为罪），这样的原则也必须应用在儿女身上，信徒也必须放弃他们（若非因为他们是不信者的儿女因此"受了污染"，就是因为他们自己还不是信徒）。但这并非必要，因为以家庭为单位的"圣洁化"也把儿女放在"圣洁"的类别之中，信徒可以安全地对待他们。再一次，保罗显然以客观和"律法"的意义来使用"圣洁"这个词（如"使之成为圣洁"）而非主观的"道德"意义（如"成为圣洁"）；只有不曾和孩子接触的理想主义者才能相信有一位信主的父母就可以确保儿女拥有"圣徒般的"行为和性格！

想把"圣洁"应用在孩子身上的这种解释作为婴儿洗礼的正当理由，至少可以说是靠不住的。我们也同样可以争论说，这样"圣洁"的幼儿不需要任何洁净仪式（就像改信犹太教的洗礼包括"归信"的父母现有的孩子，但却把所有后来的后代都视为已经"圣洁"，不需要仪式洁净）。而且还可以进一步宣称说，一个"成了圣洁"但是不信主的丈夫也可以和他"圣洁"的儿女一样接受洗礼！

如果所有人都同意不要在任何关于成为基督徒的讨论中引用这段经文，应该是合理的。就算不把这段经文拉到性质完全不同的洗礼文脉中进行讨论，光是要应用它关于离婚和婚姻的明确主题就够困难的了！之所以在这里讨论这段经文，只因为它经常被用来支持洗礼和其他成为基督徒的要素之间可以相隔甚久。

一位信主父母的儿女已经藉由生在这个家庭里而成为"圣洁"，洗礼不能让他们变得更加圣洁，而且若洗礼只是用来承认他们已有的身份,就是极度扭曲洗礼在新约圣经中的意义。

23
支离破碎的身体

我们无论是犹太人,是希腊人,是作奴隶的,是自由的,都在那一位圣灵里受了洗,成为一个身体,〔而且〕都饮了那一位圣灵。

(哥林多前书 12 章 13 节,新译本)

就和他的大部分书信一样,保罗在这里处理的是他建立的教会中的问题。有些问题是教义性的(他们对于复活的认识有一点动摇),有些是道德性的(包括会友之间的乱伦,以及圣餐时醉酒),还有一些是社会性的(关于以不同传道人为中心的结党结派)。他的两个基本关切主题是哥林多人的不成熟(他们偏向于"肉体"大于"属灵")和他们的不合一(他们对属灵"恩赐"的兴趣大于"果子")。

我们讨论的这段经文的前后文是一段长达三章、"关于属灵恩赐"(希腊文:*charismata*)的讨论。哥林多前书 12 章讲的是教会里经历到的各种恩赐;哥林多前书 13 章说明使用恩赐却没有爱,可能会伤害教会;哥林多前书 14 章则示范"更妙的道",也就是在爱中使用恩赐来建立教会。很可惜任意分章打断了保罗论事的"流畅"，导致读者只能从爱的"灵恩"三明治上浅尝爱的果酱！

保罗是在回应哥林多的情形，若非回答他们直接提出的关于使用属灵恩赐的问题，就是回应关于他们在聚会时的陋习的报告，而后者的可能性较大。但是他最根本（或是最重要）的关切重点，是教会的合一，若是没有合一，恩赐充其量不过是没有用处的玩具，在最糟的情况下甚至是危险的武器。因此他强调"爱"（希腊文：*agape*，意思是"有爱心的"而非"喜欢"）。这种态度是想要教化他人，而不是表现自己。

哥林多前书12章的主题是"合一中的多样性"，整章的基本诉求在于哥林多人聚集时，圣灵在他们当中运行的经验。保罗先提醒他们，并非所有自发性的言语都是来自圣灵；仍然有来自他们过去的异教影响力在运作。这些话语的内容可以指出它们的源头。也许保罗之所以从这一点开始论述，是因为后面列出的大部分属灵恩赐采取超自然灵感话语的形式。

哥林多教会正在经历全方位的灵恩，保罗已经为此向神献上感谢（哥林多前书1章7节）。但是现在这种多样化已经变成问题。有些恩赐较为突出，提高运用这些恩赐之人的名声。对某些恩赐的需要受到强调，对其他恩赐的需要则被贬低。嫉妒、骄傲、愤怒、不耐烦、苦毒和无礼早已潜伏在这些不成熟的基督徒里面，但是灵恩的赐下让这些恶事浮出表面。运用恩赐的自私心态正造成教会分裂。

支离破碎的身体

因此保罗强调在恩赐多样化背后的合一。在所有不同类型的恩赐背后，事奉和运作的是同一位神——父、子和圣灵，三位都直接参与灵恩活动。事实上，三位一体正是多样性合一工作的完美及最初典范，而且这一点反应在地上教会的所有属天行为中。

从哥林多前书12章4至6节的"一切"（all），保罗转向到7至11节的"各人"（each）。同一位圣灵让每个人拥有不同的恩赐，由祂亲自决定赐下哪些恩赐。因此这一切的背后只有一位，而且都是为了同一个目的——"众人的益处"。恩赐来自于合一，也是为了合一。

哥林多前书12章的其余部分，从12节开始，就以身体的隐喻为中心。就像创造主是合一的多样性的榜样一样，按照祂形象造的受造物也是如此。属灵恩赐与教会的关系就像四肢、器官和能力与身体的关系一样。二者的健康都是所有部位完全参与和良好合作的结果。注意，保罗不是说对基督徒而言应该如何，而是说与基督一起是何种景况。教会是祂的身子，不是我们的！

哥林多前书12章13节必须在这个文脉中加以仔细检视。毫不令人意外的，关键字是"一"；它被用了三次，和"都"及"圣灵"等字一起使用（此二者都用了两次，排行第二）。"都……一……圣灵"总结这节经文，而且完全符合整篇论点。

记住，这一章的整体诉求是哥林多人的圣灵经验，不是他们的圣灵神学。他们对于圣灵赐给"各人"的不同恩赐有着非常不同的期待；但是他们"都"拥有在教会里运用恩赐的相同经验。这个以其灵恩经验为基础的共同"起点"在随之而来的不同恩赐背后提供了基本的合一。他们共同享有同样的记忆，即明确且可确定时间的"圣灵里的生活"的入门经验。它也是一个"双重"经验，最好的描述是"受洗"和"饮"这两个动词。我们要分别讨论哥林多前书12章13节的两个部分。

"……都在那一位圣灵里受了洗，成为一个身体……"

除了形容词改变，从"圣洁"改变为"一"（从这段经文的文脉和目的来看，这是完全可以解释的，如上文所述）之外，这个词组和新约圣经其他地方使用的经文完全相同："用圣灵施洗"（马太福音3章11节；马可福音1章8节；路加福音3章16节；约翰福音1章33节；使徒行传1章5节，11章16节）。动词（希腊文：*baptizein*）后面跟着一个介系词（希腊文：*en*）和与格（希腊文：*pneumati*）。因此保罗使用的词组必然带着与其他使用场合相同的意义。因此介系词应该翻译为常用的 in（而不是许多英文译本使用的 by，包括 NIV 在内）。圣灵并不是施行洗礼所"凭借"（by）的代理者，而是在"其中"（in）发生洗礼的媒介。如果把介系词译为 by，这就会是整本新约圣经中惟一认为三位一体的第三位格是"施洗者"角色的经文！

正如哥林多的信徒都已经"在水里"（希腊文：*en*

hudati）受洗一样，他们也都"在圣灵里"（希腊文：*en pneumatic*）受洗。动词"受洗"的不定过去式意味着发生在他们所有人身上、一次完成的单一事件，虽然显然不是同时发生，因为他们非常不可能全部在同一天加入教会。

但是他们是否都经历过在圣灵里的"洗礼"？在当下他们是否察觉到它的发生？那是真实的记忆吗？他们是否知道保罗所说的事，还是说这对他们而言是全新的"启示"，他们事实上已经在圣灵里受洗，但是却不明白？这类在今日非常普遍的问题，很可能会令保罗和哥林多人大为吃惊。但是由于福音派普遍将这节经文解释成保罗的教义解释，而非哥林多人的生活经验，因此我们必须面对这些问题。有许多问题悬而未决："我们……都"这几个字是否包括今日的所有基督徒？换句话说，是否现代的所有基督徒都"在那一位圣灵里受了洗"，即使未曾意识到它已经发生了？这在教牧上的意义极为巨大！

这个差异极大的看法的线索埋藏在 "into one body"（按原文直译："进入一个身体"；和合本译为："成了一个身体"）这个词组里。乍看之下，这似乎是指信徒一开始进入（into）基督的教会。圣礼派观点认为水洗礼代表进入的那一刻，因此天主教宣称圣灵洗礼是外在仪式的内在实际。圣灵透过那个圣礼而领受，即使是在对婴儿施洗时亦然，而后来的任何经验都被视为（相当不符合圣经）从内在"释放"出圣灵。福音派观点认为"信"

是进入教会的时刻,因此宣称圣灵洗礼和称义或重生相同。当一个人相信时,就领受了圣灵,后来的任何经验都与圣灵的"充满"(又一个没有圣经根据的字)有关。这两种观点都对于"在那一位圣灵里受了洗"这个用语感到不自在,而且很少使用它,前者偏爱谈论在水中受洗,后者则偏爱谈论由圣灵"重生"。考虑到施洗约翰预言这将是耶稣的弥赛亚事工的突出特色,这种忽视实在令人惊讶。尤其是福音派的说法,似乎甚诡异地忽略了"在圣灵里受洗"和"重生"出现在新约圣经中的频率(或是罕见程度)几乎相同的这个事实!为了记录完全之故,我们也说明五旬节派的观点:虽然相当无拘束地使用这个词组,但是他们不相信它发生在哥林多前书12章13节!这里所指的"受洗"被视为并入的行为,而不是赋予能力的行为;虽然是由圣灵施行,但它不是指在圣灵里的洗礼、圣灵的洗或在水中的洗礼。在实质上,这非常接近福音派的看法,虽然它允许将在圣灵里的洗礼简称为在较后面阶段的"第二次祝福"。自由派观点似乎羞于使用"重生"或"在圣灵里受洗",而且倾向于认为圣灵已经在所有同在人类"身体"里的人里面做工。

天主教、福音派和五旬节派的看法都假设 into 这个字在希腊文和英文中的意思相同。它被理解为意指第一次接触到新的处境。当它在英文中的意义被延伸到一段旅程的其他阶段时,就会加上赋予资格的字词,因此出现 just into(刚刚进入)、further into(更加深入)和

right into（直接进入）。希腊字（eis）可以带有以上所有意义或任一个意义，而不需要增加任何赋予资格的字。它可以指一段旅程的开始、中途或结束——离开或是抵达。只能靠着文脉说明应优先采用哪一个解释。

和动词"受洗"合用时，它必然意指"直接进入"，而不是"刚刚进入"，意指完成，而非出发——将某事物完全表现、实用功能或到达最高峰。举例来说，"**受洗归了（into）摩西**"（哥林多前书10章2节）这个词组并不是说摩西在以色列人过红海之前没有带领他们，而是说这件事使他们倚靠他，并且完全信任他，使得过红海这件事成为与法老权柄的最终决裂；从这个"洗礼"开始，就没有回头的余地，因为它已经是终局。"受洗归入基督"（加拉太书3章27节——假设这是指水洗礼，根据它所说"披戴"基督的新"衣"来看，这是可能的解释）的重要性也差不多；这里没有暗示在洗礼之前，他们没有相信耶稣或与耶稣的关系，而是现在这些都已经被拉抬到极致的地位。这种用法最清楚的例子是约翰的陈述："我给你们在水里施洗，叫你们归入悔改"（马太福音3章11节，直译）——但是他在他们受水洗之前就要求他们要结出悔改的果子（马太福音3章8节）！他们必须证明他们已经在（in）悔改里，他才愿意为他们施洗归入（into）悔改里。这和一般的英文用法相反，英文是into导致in。但是如果into（希腊文：eis）和"洗礼"一起使用的意义是"直接进入"（right into），一切就井然有序了。因此，游泳者可能在跳进水里前，把一只脚放在（in）水中测试温度。另外一个来自圣经的例子是彼得在五旬节当天的宣告，说洗礼是要"进入罪的赦免"（使徒行传 2 章 38 节，直译）；它将这种自由从过去带到其高峰和极致，就像过红海为希伯来人脱离埃及奴役得自由画下句点，即使他们脱离奴隶身份事实上也不过是几天而已。

将这种理解套用在哥林多前书 12 章 13 节，我们知道"在那一位圣灵里受了洗"带领一个人"直接进入"身体，透过以能力恩膏他们，让他们以各种恩赐事奉身体。保罗对于身体"会员资格"的理解是完全功能性的——博得名声不及扮演好应尽的角色来得重要！为身体各部位带来有效功能的是"在圣灵里的洗礼"。

但是，极重要且必须注意的一点是，对这节经文的这种解释可以防止负面的演绎，也就是没有"在圣灵里受洗"的人必须"离开"（right out）身体。他们可能在入（in）的途中，但是并未进入（into）神命定的位置和功能。同样地，没有在水中受洗的悔改信徒是走在道上，但是还没有满足门徒身份的基本条件（马太福音 28 章 19 节）。他们当然不会被视为"离开"，但是也不能把他们视为"进入"（他们的属灵地位在本书第 36 章中有充分的讨论）。

这种理解也允许"在（一个）圣灵里受洗"具备完全的主观和经验意义，它在新约圣经的其他地方明显具备这样的内涵，即使在这节经文中既未定义也未描述（保罗假设哥林多人完全明白他的意思是什么)。它必然是有**知觉**的经验,伴随着听觉和视觉的**证据**。如果圣灵洗礼被视为等同于称义,或是等同于水洗礼,这一切就都会被排除在外——这样只会引起对这些观点的更大怀疑。"浸透"在圣灵里(这正是"施洗"的意思)当然和圣灵"浇灌"是相同的,就是每一位新约圣经的信徒所经历的(见第16、18和26章)。这种主观的强调在本节经文的下半节中清楚地表现,也就是我们现在要探讨的内容。

"……饮了那一位圣灵……"

将这节经文上半节视为等同于水洗礼的圣礼派,将下半节套用在圣餐!将经文上半节视为等同于称义的福音派,则倾向于认为这里是指圣灵不断地给予,导致成圣。在检视动词的时态之前,两种解释似乎都合理——"饮"采用不定过去式,意指一次、单次、不重复的事件!因此,它不可能是指不断的饮,无论在本质上是圣礼还是属灵。它是指会从里面开启涌流活水的那一次饮(见本书第11章)。

那么这个"饮"是什么,而这一节里的两件事之间有什么关系?很少学者认为它们完全无关;这有一部分是因为连接两件事的"而且"(and;编按:中文和合本、新译本均未译出),但是主要是因为这节经文带有希伯来对应文的味道,诗篇中满是这种用法,在曾为犹太拉比的保罗的著作中出现也是相当自然的!但是对于这里使用的对应文"类型"则看法分歧——它是同义法（以两种不同的方式说同一件事）还是综合法（以第二行的额外资料补充第一行）。

有些人认为这个对句是同义的，即使"浸"和"饮"几乎不是同一件事！为了主张这个观点，就必须让第二个动词有不同的意义——也就是"注入"或"饱和"。然后这两个动词就会是"我们都淹没在圣灵里"的不同说法。这是可能的，但是圣经的其余内容并不支持这种看法——至少耶稣自己向撒玛利亚妇人和在会幕节提出"饮"时并不是这个意思（见第11章）。

将这个对句视为综合性，则最具意义。单一事件或经验从两个不同的角度加以描述。我们可以方便地说，第一个词组指出客观的层面，第二个词组则指出主观的层面。但是这种现代区分法对于新约圣经作者来说可能显得有些奇怪，尽管他们经常劝勉要"成为你真正的样子"，也就是让你的主观状态反应出你的客观身份，由你的成圣表现出你的称义。我们已经看到"受洗"包含一个强烈的主观要素。视第一个陈述为外在层面、第二个陈述为内在层面，似乎比较适当。"浸"意指某样东西倾倒在我们身上，因此从我们的外在而来；"饮"意指某样东西倒进我们里面，使我们里面得以变好。这种区别的确据可以在动词的语态中看出——"浸"是被动语态，意指仅由施洗者采取行动，而"饮"是中动语态，意指施洗者和受施者的合作。

支离破碎的身体

这两个字都源自于耶稣（约翰福音4章13节，7章37-39节；使徒行传1章5节、8节）。它们通常与五旬节联结在一起——当门徒在圣灵里"受洗"时，旁观者怀疑他们"喝"了什么东西（使徒行传2章13-15节）。保罗劝勉信徒不要"喝"酒，乃要被圣灵充满（以弗所书5章18节）。这两个思想一起发生在大自然的背景中——下雨时，土地透过"饮"（译注：和合本译为"吃"）而被"浸泡"（希伯来书6章7节）。

因此保罗所指的经验结合被动的"浸泡"在圣灵里，以及主动的"饮"进圣灵（注意在合作阶段使用口的意义）。二者一起，它们构成使徒所谓的"领受"圣灵。在初代教会中，说一个人可能会被"浸泡"和"饮"而自己或其他人都不知道这件事，会显得很荒唐！就是这种有意识的经验让信徒能够投入列在这段陈述之前的属灵恩赐的操练（方言和说预言通常是最先出现的），从而成为身体上完全发挥功能的"肢体"。

我们可以就这段经文在今日的一般性应用补充一点说明（虽然在第35章中会更完整地处理这一点）。"我们……都"这个词组应用在哥林多信徒身上是合理的。由于是由保罗"建立"的教会，而保罗总是坚持他带领信主的人要"领受"圣灵并且"相信"耶稣，因此他可以正确地假设这种经验已经包含在他们成为基督徒的过程中——并且将他关于合一的论点建立在他们对于该事件的共同记忆上。但是不能如此假设今日的所有"基督徒"

或"教会",就如同不能假设今日所有的信徒都已经在水洗礼中"与基督一同埋葬"(罗马书6章4节;哥林多前书1章13节;加拉太书3章27节;歌罗西书2章12节——都假设这一点)。可叹,今日有许多信徒缺少两种洗礼之一或两种都没有。

后面这个事实几乎可以肯定解释为何哥林多前书12章列出的"属灵恩赐"如此罕见,有时候更是完全没有。因此教会倚靠奉献给主的"天生"恩赐(亦即在成为基督徒之前即拥有,成为基督徒之后仍继续使用的恩赐);由于这类的恩赐分布非常不平均,因此事工将神的百姓分别为积极的少数和被动的多数!如果我们不曾经历哥林多前书12章13节,7至11节也不大可能!即使是福音派的作者,虽然不喜欢也不使用"在圣灵里受洗"这种说法,也已经坦白承认只有当这个说法被大有信心地传讲时,属灵恩赐才会有规律且频繁地出现。(举例来说,请看麦可·卡西狄〔Michael Cassidy〕在其著作《爆破酒囊》〔*Bursting the Windskins*, Hodder and Stoughton, 1983〕中引用麦可·格林〔Michael Green〕的话,261-262页)。实务的观察可以补有预备之解说的不足!

我们只能获得一个结论:若是没有"浸湿"和"饮"兼备的圣灵"充满",成为基督徒的程序就不完全——而且这种经验是教会合一的重要元素。事实上,若是没有这个经验,就不可能"用和平彼此联络,竭力保守圣灵所赐合而为一的心。"(以弗所书4章3节)这可以解释灵恩运动的许多普遍失望和一些预料之外的副产品——当水漫过堤防时，鸭子就会开始一起划水！

24
受洗的死人

不然,那些为死人受洗的,将来怎样呢?若死人总不复活,因何为他们受洗呢?

(哥林多前书 15 章 29 节)

这是新约圣经中惟一提到"代理"洗礼的地方,一个人代替另一个人进行仪式,而后者成为受益人。

有些人视它是一种非常早期的基督徒实务,是为了确保在完全的救赎(第一个复活节和五旬节使得完全的救赎成为可能)之前就去世的亲人能够得救而发展出来的。依照这种说法,它就是那些在前几个世纪之后无可避免会消失的习俗之一(因为很少有人会关心祖父母之前的祖先的永恒命运)。

其他的宗教(尤其是摩门教),宣称它是一种持续的实务做法,一直到"末后的日子",因为它在这节经文里得到圣经和使徒的完全认可。

但是,连是否能把它视为"基督教的"做法,都有重大的障碍。它的含义会和圣经中部分的主要教义相悖。

第一个,也是最重要的,是它和新约圣经教导的整个方向抵触，也就是道德的选择在死亡时便告终止。在此生之后，有一个无人能跨越的"深渊"（路加福音16章26节）。在此生作的决定会决定我们的永恒命运（路加福音12章20节）。在死后的世界里获得救赎的"第二次机会"的教义，在使徒的教导中找不到基础。惟一可能的例外只和一个世代有关——也就是挪亚的时代淹死的人（彼得前书3章19-20节；见本书第29章）。

第二，这种主张会构成成熟的"藉洗礼重生"的教义——使用水和正确的言语本身就能有效救赎，即使从洗礼得益处的人没有悔改和信心也无所谓。这种对于洗礼的机械式、甚至魔法式观点的技术用语就是拉丁文词组 *ex opere operato*（它"独自工作"）。

第三，它所倚赖的是代理信心的可能性——代替别人行使的信心，可能有也可能没有他们的同意和合作。没错，在福音书中有一些这方面的例子，但总是和医治疾病或赶鬼有关。但是在提及个人和永恒救赎之时，没有任何例子是某人用这种方式作为"代替品"。举例来说，注意在使徒的教训中强烈地强调需要一个人自己的回应（"**你们各人要悔改，奉耶稣基督的名受洗……**"——使徒行传2章38节；见本书第15章）。虽然旧约圣经曾经提及关于全国罪行的集体责任（尼希米记第1章和但以理书第9章就有这样的内容），但是在新约圣经中没有代理悔改的例子。事实上，每个人都只需为他自己个人的罪负责，是新约的特征之一（耶利米书31章29节；以西结书18章2节）。

受洗的死人

除了这些一般性的难题之外,文字本身也显示保罗指的并不是基督徒的习俗。他以第三人称提及这种做法的实行者。他不是问"我们为什么……?"或"你们为什么……",而是问"他们为什么……?"而且除了这种不寻常的(而且应该是小心选择的)用字之外,还有一些明显的省略。文中没有提到悔改和相信,甚至连代理性质的也没有提到,虽然保罗认为二者都是洗礼的基本先决条件。保罗也没有说明这种做法的目的或效用。

保罗提出的惟一重点是,那些代表死者从事这种肉体仪式的人之所以如此行,是因为他们相信在死后还有某种身体上的存在(和一般的希腊观点不同,希腊人相信身体的灭绝和灵魂的不朽,因此"物质"的圣礼完全没有意义)。他们的"迷信"所表现的信心与哥林多基督徒的怀疑主义有显著的对比;哥林多的基督徒似乎已经受到希腊哲学对于身体复活的怀疑的影响(参照使徒行传 17 章 32 节)。

很显然地,保罗使用被称为"人身攻击谬误"(*ad hominem*)的论证方法:他使用异教信心的例子令心存怀疑的读者感到羞耻,从而进入较坚定的信心中。保罗对于这种做法的赞同程度,不会比耶稣使用类似的口吻提及一个完全不诚实的骗子的小聪明时,对那骗子的赞同程度更高;唉,"今世之子,在世事之上,较比光明之子更加聪明"(路加福音 16 章 8 节)这句话往往是真的。

我有一张在新加坡拍的照片,照片里是一张完全由竹竿和卫生纸造成的等体积汽车模型；它会被买去放在葬礼柴堆里焚烧，为死者在下一个世界中提供方便的运输工具。（我感到有趣的是发现纸做的轮胎上还有奔驰的商标，可能是为了保证永远的里程数！）如果保罗今天还在世，他很可能会把这种对于"具体"死后生命的天真信心和否认"身体"复活的激烈神学作比较，指出前者表现出来的信心比后者还大！而且许多野心想在今世得到一部奔驰车的基督徒可能会被这个华人习俗所激励，透过学习妥善运用金钱和物质财产来学习如何"积财宝在天"（马太福音6章19-21节；路加福音16章9节）。

上面提出的一些论点也会引发幼儿洗礼的合适性和有效性的疑问，它应该被视为"圣礼性质"（由于圣礼本身的作为）还是"福音性质"（根据监护人：父母，"教父母"和／及教会成员的代理悔改和信心）。根据当前所考量的这节经文，我们可以说如果代替死者行洗礼既非保罗也非哥林多人的实务做法，它就不能作为代替新生儿领受代理应许的先例。

25

新割礼

因为神本性一切的丰盛都有形有体地居住在基督里面,你们在祂里面也得了丰盛。祂是各样执政掌权者的元首。你们在祂里面也受了不是人手所行的割礼,乃是基督使你们脱去肉体情欲的割礼。你们既受洗与祂一同埋葬,也就在此与祂一同复活,都因信那叫祂从死里复活神的功用。

(歌罗西书2章9-12节)

研究圣经书信就像聆听电话交谈的某一端。要了解所说的内容,必须推演重建对话的另一端。(见戈登·费依〔Gordon D. Fee〕和道格乐思·史督华〔Douglas Dtuart〕所著《读经的艺术》(*How to Read the Bible for All its Worth*, Scripture Union,1983〔繁体中译本已由华神出版社出版〕,第四章。这本书是我所知道最佳的圣经研究辅助。)

为了认识这个聆听和重建的过程有多么困难,我鼓励读者使用自己的想象力,并猜测以下的交谈(只听到一方说的话)是关于何事:

"恭喜!有多重?"

（沉默。）

"是什么颜色？"

（沉默。）

"它一小时使用多少加仑？"

（沉默。）

"你的旧工具可以配合它吗？"

（沉默。）

你花了多久时间猜到这名农夫买了一辆新的牵引车？

在新约时代，邮寄的成本和复杂度意味着每一封信都是为了一个重要的目的而写成，通常是回应收信人当中出现的特殊状况。因此必须体会字里行间的意思，才能明白收信者有何特殊需求，需要写信者的辅导或纠正。

在歌罗西人的情况中，显然异端已经潜入他们的教导事工，对行为产生不可避免的坏影响，尤其是在个人关系上。错误的教义似乎是"诺斯底"哲学和犹太仪式主义的合成体。凸显出我们现在所读经文中的批评的是后者。对保罗来说，这种"仪式"就像依照犹太人的规矩而烹调的食物，安息日和年度庆典都属于"影子"的世界；它们或许拥有正确的外表（多多少少），但是缺少真正的实质。

虽然他没有把割礼列在错误行为的纲要里，却必然在他的思想中。9至10节可以改述为："你们拥有在基督里所能拥有的一切，包括你们需要的割礼。"要求基督徒

新割礼

行割礼,是一个犹太化的错误,会破坏保罗对外邦人的宣教,他必须在耶路撒冷当地(使徒行传15章)和几乎其他所有地方(见罗马书2章26节;哥林多前书7章19节;加拉太书5章2节;以弗所书2章11节;腓立比书3章2节)抵挡它。对于在基督里属神的新百姓而言,这类的肉体仪式已经废除,无关紧要(歌罗西书3章11节)。

割礼的仪式是赐给亚伯拉罕作为他因信称义的"印记"(罗马书4章11节——注意,割礼是在他相信之后才赐下;如果割礼和洗礼之间有任何类比关系的话,后者就必须依照同样的这个次序)。它要传递给"全家"所有男丁和男仆作为"记号(sign)"(记号是叫人向前展望,而印记〔seal〕是回顾过去),表示神的应许延伸到亚伯拉罕的后裔———一个单一的男性后代要加以继承(加拉太书3章16节)。当继承人以耶稣的身份到来时,这个记号到达颠峰,祂的割礼是神要求的最后一个割礼。注意,当这个"记号"被传承下来时,它的实务"效应"是可忽略的。它并没有实际上在婴儿里面进行任何改变(除了割除包皮之外);它只是承认这个男孩藉着出生,已经成为亚伯拉罕的后裔。然而,未受割礼会有一个强烈的效果,就是使这个婴孩脱离谱系;不受割礼被视为违背亚伯拉罕的约(创世记17章14节)。后来,割礼也将受割礼者与遵守摩西所有律法的义务绑在一起,这律法是在亚伯拉罕的子孙离开埃及时颁布给他们的。就是因为最后这个理由,保罗才强烈地反对将割礼套用在他的外邦归主者身上，虽然他接受割礼是一个不具属灵重要性的正当社会习俗（他甚至为提摩太行割礼，好让他能向犹太人宣教——使徒行传16章3节）。但是，作为一个宗教仪式，他清楚地将割礼看为已被废弃（哥林多前书7章19节）。

但是今天有许多人会说，割礼是已经实现，而非废弃——它已经被改变为另外一种肉体仪式——基督徒的洗礼。后者已经取代前者，作为让人加入神国子民的仪式。二者之间的"连续性"往往是主张幼儿洗礼者所强调的，他们宣称只要婴儿具有基督徒的家世，婴儿洗礼就是之前为婴儿行割礼的合理不朽形式。这种主张的神学理由乃演绎自对圣经的"约"的解读，将所有不同的约集合起来统称为一个"恩典之约"，从而使得这个约的条件和应用从旧约到新约都完全相同（见第本书第34章和附录一，有进一步的说明）。将洗礼等同于割礼的支持经文可见于歌罗西书的这段经文（虽然它是新约圣经中惟一同时提到这两项主题的地方）。

我们必须承认，"割礼"和"洗礼"在这里的关系很密切，而且乍看之下，二者是互为比较的。如果保罗只说："你们不需要行割礼，因为你们已经受洗了"，那就没有什么好讲的了。如果他是这么认为，他可以省去参加耶路撒冷议会的麻烦，也不用写信给加拉太人！但是他和其他使徒都不曾提出这个简单的等式：他的思绪回旋得多，需要仔细地解开。

新割礼

他的论证核心是：犹太人对身体行的肉体割礼与基督徒在心中经历的属灵割礼之间有一清楚的区分。关键词组是"不是人手所行的"，这很难视为对洗礼的描述！这个心的割礼和洗礼之间显然有所关联，但是并非完全等同。

将割礼用于属灵意义而非肉体意义上，在圣经中有先例。虽然割礼在旧约圣经中的通常意义是标记亚伯拉罕后裔的外科手术，但是以色列的先知一致坚持肉体的手术必须与道德的洁净相称，他们称为"心的割礼"（见申命记10章16节；耶利米书4章4节，9章26节）。外国人不得进入圣殿，因为他们的心和肉体都未受割礼（以西结书44章7节）。在大部分情况下，这种心的割礼被假设为人的工作，就和肉体的割礼一样，但是也有一个应许说，有一天主会自己行这事（申命记30章6节）。

保罗必然知道关于割礼的先知教导，但是他在歌罗西的读者很可能不会回想起来，甚至不知道这些事。他们也不是非这样不可。论证所倚恃的不是割礼的双重层面，而是在于"肉体"（希腊文：sarx）这个字的双重意义。虽然这可能指的是肉体，使徒更常使用它来指称肉体生活所继承的罪性。犹太人的割礼只切除肉体的一小部分，但是基督徒的割礼切除的是整个"罪身"（sinful flesh）。

这件事透过"基督……的割礼"（11节）完成。但是文法上的"属格"（of；的）有何重要性——它是主观的还是客观的，它是做在基督身上还是由基督完成？保罗指的是基督生平中一个一劳永逸的事件,还是指每位信徒生命中不断重复的事件?换一个方式来说,这个"基督的割礼"何时发生?

我们假设它指的是基督自己接受的洗礼,看看这样会导致何种结论。就最单纯的感觉而言,这可能是指祂在八天大时接受的犹太仪式(路加福音 2 章 21 节)。但是保罗说祂"脱去肉体"——也就是说,不只是肉体的一部分,而是全部。因此更有可能的是这是对祂死在十字架上的比喻说法。祂成了罪身的形状(罗马书 8 章 3 节),以无罪的成为有罪(哥林多后书 5 章 21 节),祂向罪死了(罗马书 6 章 10 节)。祂不只是脱去必死的肉体,而是脱去已经成为"罪身"的肉体。 这是在这个字的两个意义上都完全"向肉体死了"。身为神的羔羊,祂在各各他"脱去肉体"以"除去世人罪孽"(约翰福音 1 章 29 节)。

这种理解很能配合文脉,但是它也在"主观"与"客观"意义之间提供一个直接的连结。在十字架上对基督做的事也由基督做在信徒身上。在历史上于主耶稣的死亡、埋葬和复活中完成的事(哥林多前书 15 章 3-4 节),必须由个别信徒实际地应用于己身,他们必须和基督同死、同葬、同复活,好使他们也能够"脱去肉体"(这次它的意义是完全属灵的,意指人生来就有的犯罪天性;不需要对身体动手术),这是保罗神学的基础。

这种对于能使基督徒与罪身分离的"基督的割礼"的认同始于基督徒的悔改与相信,但在洗礼的行为中达到高峰，因为洗礼是"归入祂的死"（罗马书6章3节）。浸在水中意味祂的埋葬；从水中起来意味祂的复活（注意，信徒和基督一同"埋葬"和"复活"）。这时候有两件关于保罗的措辞的事，可能要注意一下。第一，它是圣礼式的，而不是象征式的；仪式是一个工具性的媒介，而不是教导性的辅助！第二，在歌罗西书里，令人惊讶地省略了任何在洗礼和耶稣的死之间的直接关联；只提到埋葬和复活（虽然这一点可能不太重要）。

在这整段经文中，有一个难解的矛盾。当肉体活着的时候，人就处于未受割礼的死亡状态（歌罗西书2章13节），即使他的身体已经受过割礼！当肉体透过洗礼被钉十字架及埋葬时，真正的生命才开始！让耶稣从死里复活的同一股"能力"透过洗礼运行，在信徒里面带来新生命。由于这个"能力"在别处定义为圣灵（罗马书8章11节），保罗在这里可能是指圣灵的洗礼，在使徒的福音宣教中，灵洗通常会在水洗礼之后立刻来临。其他的新约圣经经文也以同样的方式连结洗礼和复活（罗马书6章4节；彼得前书3章21节）。

这种对洗礼的"崇高"观点，神在其中比人更积极主动，透过对信心的强势强调，不会有机械式甚或魔法式的功效（注意12节里的"信"这个字）。信徒的洗礼能够有效地等同基督的"向肉体死"。

因此，有两个原因说明为何这段经文并不鼓励施行小儿洗礼。第一，缺少受洗者的信心，仪式就贬低为实质上为迷信或纯粹象征性的典礼；无论是哪一种情形，都会失去圣经的平衡。第二，保罗完全没有明确指称身体的割礼（虽然这可能是他的信件背景的一部分）。在整段经文中，他指的是心的"割礼"，"不是人手"所行的，是由基督施行，在基督徒心里。

如果保罗是在宣告（甚至是暗示）割礼和洗礼这两种肉体仪式之间的直接连续性——在同一个"恩典之约"下，作为成为基督徒的前后仪式——那么他在耶路撒冷议会中（使徒行传15章），在以犹太人的割礼为主要议题的加拉太书中，以及犹太教徒在他带领信主的人当中引发问题的状况下都从来不曾使用这种论证，就是一件怪事。这也无法解释他为何单单反对外邦信徒行割礼；如果洗礼已经"取代"割礼，他应该也反对犹太信徒行割礼才对！

这里对洗礼的解读强调的是二者之间的相异处。割礼是承认（由除去身体的一部分来显明）一个人在肉身出生加入亚伯拉罕之约；洗礼——藉着全身的"埋葬"及"复活"——则承认一个人已经由圣灵而生，进入"新"约之中，已经向肉体死了。一个需要和亚伯拉罕的肉体关联，另一个则是以信心认同耶稣。前者只供给男性，后者则是"不分……或男或女"（加拉太书3章27-28节）。

纽毕真主教已经以歌罗西书2章9至12节为基础，清楚明确地说明保罗并不认为洗礼和割礼是成为基督徒的同等行为。在他的著作《神的家》第36页以下，他正确地观察到"在关于是否要求外邦信徒接受割礼的激烈冲突中,徒徒行传、加拉太书或罗马书从来不曾暗示这个等式(旧约的割礼＝新约的洗礼)。"相反地,他的结论是"关于割礼的强烈争论并非关于两个只能选择其一、让人借以加入上帝子民的仪式。它是关乎基本原则的争论,而神的百姓正是被这些原则所建构。"

26
重生的洗

祂便救了我们；并不是因我们自己所行的义，乃是照祂的怜悯，藉着重生的洗和圣灵的更新。圣灵就是神藉着耶稣基督——我们救主厚厚浇灌在我们身上的……

（提多书3章5-6节）

这封信的目的非常实用：说明健全的教义涵盖行为和信仰。神在我们心中运行的救赎必须表现在我们的生命中（参照腓立比书2章12-13节）。

刺激圣洁的其中一项因素是，不断地回想已经有多少改变。回想我们过去的样子，以及神改变我们的方法，是一件好事。现在讨论的这段经文的前后文生动地提醒读者回想过去是什么样的生活，是谁把他们从这种混乱中拯救出来，以及祂如何成就这事。

"救"是不定过去式，指的是过去的一个事件，而不是持续的过程。这件事让他们从过去的罪（愚昧、悖逆、私欲的捆绑、恶毒、嫉妒、仇恨等等）中得释放。"行善"可能永远无法打破这些习惯性的锁链；要他们"靠自己"行善，如同要他们穿上鞋子飞行一样不可能！

它需要"神——我们救主"的恩慈、爱和怜悯（第4节——几乎可以肯定是指天父，但是这里的用字"似乎"包含圣子的道成肉身；保罗不像是在作基督论的陈述）。

但是这种"释放"究竟是如何发生在人的生命里的？用什么方法带来这种释放？究竟发生了什么事，打破了这些行为的卑劣行径？答案很简单，就是水洗礼和圣灵洗礼（虽然没有使用"洗礼"这个字，我们会看到它被清楚地暗示）。我们已经透过一个双重事件"得救"：

重生的洗

我们"藉着重生的洗"而得救。"重生"这个字（希腊文：*palingenesia*）是由意为出生或"开始"（希腊文：*genesia*，圣经的第一卷书即以此为名）的单字和字首"再"（希腊文：*palin*）组成的。因此这个"拯救"事件的第一部分包括让人能够"重新开始"或"重新出生"的"洗"。

有些人否认这个句子和水洗礼有任何关系。因此"洗"单指一个人在"重生"的那一刻发生在他们里面的"属灵"洁净（本书第6章对于新生是立即发生的这种观点有所驳斥）。这种看法通常是因教义的理由而被接受；也就是不愿意将圣礼的功效归功于洗礼仪式。以下的原因使得这种观点不能成立。

在其他地方以名词"洗"（bath）的动词形式（也就是"洗涤；washing"）代表洗礼的肉体行为（见使徒行传22章16节；以弗所书5章26节；希伯来书10章22

节——亦请参照哥林多前书6章11节;彼得前书3章21节)。这个名词本身可以指储存水的容器(例如"浴室里有一个铸铁的浴缸(bath)")或是指在水中的行为(例如"我正要去洗澡(have a bath)")。后者在这里最具意义。大部分的圣经注释者接受这种看法,认为是指水洗礼。

那么这如何能视为"重生的洗"呢?人的肉体行为如何能够成为神的救赎行为?二者之间的关联为何?这件事已经讨论过(在第4章),但是这里可以补充几点说明。

洗礼的主要果效是追溯的,它代表并完成与罪的旧生命的最后决裂。它是一个葬礼——现在已死的生命的葬礼。过红海之于犹太人和法老的关系,就如同洗礼之于基督徒和撒但的关系。它表明奴役的旧生命结束,自由新生命的开始。它是通往复活的埋葬,通往生命的死亡。

但是,新生命需要的不只是和过去决裂。我们需要的不只是生命中的新开始;我们需要的是可以用来开始的新生命!与过去的负面决裂必须以正面的奔向未来加以补足!那是得"救"的第二个层面。

圣灵的更新

我们已经透过"*圣灵的更新……就是……厚厚浇灌在我们身上的*"而得蒙拯救。这并不是指一个持续的过程,因为这里的动词再度使用不定过去式,指向在其他地方形容为"领受"、被"充满"或"受洗"的圣灵经验。事实上,这个词组"浇灌"也使用在五旬节当天

（使徒行传2章17节、33节）和哥尼流全家（使徒行传10章45节）。这是另一个确据，证明"五旬节式"的领受圣灵是新约圣经所有信徒的共同经验。副词"厚厚"（generously；慷慨地）指的是湿透而不是洒水，与"受洗"或"浸泡"的意思相去不远。

"更新"（希腊文：*anakainosis*，是由 *ana* = 再次；和 kainos = 新，两个字组成）这个词和"重生"的差异也不大。二者说的都是恢复到原来的状态（参照马太福音19章28节）。

二者都是神的工作。然而，一个强调开始，另一个强调"恢复"过程的持续。但是即使是持续的"更新"（参照罗马书12章2节；哥林多后书4章16节；歌罗西书3章10节）也在圣灵的"浇灌"中有一个明确的起点。在水中的洗礼结束旧生命，开始新生命；在圣灵里的洗礼确保新生命能够持续，直到完全恢复神原有的形象。

大部分释经者指出提多书3章5节和约翰福音3章5节之间的明显对应。二者都是处理"重生"这个主题（虽然令人惊讶的是，在新约圣经的作品中相对罕见），二者也都提到"水"和"圣灵"。很难不把保罗的话和耶稣的话联结起来。二者之间的主要差异在于介系词——耶稣说人是"由"(out of，希腊文：*ek*) 这两种洗礼重生，保罗说人是"透过"(through，希腊文：*dia*) 它们而得救。双方都没有使用"藉"(by)，因为两种洗礼都是方法而非原因。一个人只能藉着"神——我们救主"而重生、得救。

27
基本的教导

所以，我们应当离开基督道理的开端，竭力进到完全［NIV 译为：成熟］的地步，不必再立根基，就如那懊悔死行，信靠神、各样洗礼、按手之礼、死人复活，以及永远审判各等教训。神若许我们，我们必如此行。论到那些已经蒙了光照、尝过天恩的滋味、又于圣灵有分，并尝过神善道的滋味、觉悟来世权能的人，若是离弃道理，就不能叫他们从新懊悔了。因为他们把神的儿子重钉十字架，明明地羞辱他。

（希伯来书 6 章 1-6 节）

或许不可能找出是谁写下这封"短信"（13 章 22 节），但是要弄清楚为何写这封信并不太困难。仔细体会字里行间的意思，这些犹太信徒（很可能在罗马；参阅 13 章 24 节）因为第一波对"基督徒"的公开敌意而处于极大的属灵险境中。他们的财产和身体已经受到攻击，被下监和受到公开羞辱（10 章 33-34 节）。他们还不需要为了信仰而死（12 章 4 节），但是压力不断地增加，殉道就在眼前。

了解这封书信的关键在于了解逼迫的对象是基督徒，但不是犹太人。犹太教是"登记在案"的宗教（religio licita），但是"道"（the Way），也就是基督教一开始的称呼，则是不受法律保护的"地下"宗教（religio illicita）。同样的区别仍然存在于今日的极权国家里。

因此这些"希伯来人"在实践犹太人的律法时，所面对的社会难题并未增加。然而当他们相信耶稣是他们的弥赛亚时，真正的麻烦就开始了。一开始，他们必须坚立在他们全新"光照"的信心上（10章32节）。当新鲜感消磨殆尽，麻烦增加时，他们显然开始怀疑是否值得（他们并非最后一群面对这种怀疑的人！）。

他们处境的最后一个线索是，他们有一条现成的脱逃途径。只要离开教会、返回犹太会堂，他们就可以避免进一步的逼迫。然而，要被他们的犹太同胞接纳，他们必须否认相信耶稣是神的儿子。难怪他们可以将情况合理化，告诉自己说他们仍然敬拜同一位神，而且可以继续作耶稣的"秘密"信徒！

牢记这个背景，即可看出这封写给希伯来人的书信中的每一句话都完全符合一个整体目的。作者使用所有想得到的论证来说服这些犹太信徒不要后退，而要坚持走在"道"上。他并不假装情势会好转，但是他鼓励他们要效法他们的犹太英雄所表现出来的忍耐，还有他们新的基督徒领袖，以及最重要的榜样——耶稣自己。

这封信的主要动力是仔细阐释基督教优于犹太教之

处("更好"是一个关键字),即使前者是由后者演变而来。回到犹太教就像把最新款的劳斯莱斯汽车换成 T 型福特车!但是,这个选择有比这更加重要的含意:若避免肉体和暂时的苦楚,他们就会为自己带来属灵和永恒的苦果。

因此信中一般性的说明不断地被特别的劝诫所打断,以个人和有力的文字直接对读者说话(2 章 1-4 节,3 章 1、6、12-14、19 节,4 章 14 节,5 章 11 节至 6 章 12 节,10 章 19-39 节,12 章 1 节至 13 章 25 节)。越接近书信结束,措辞越长、越有力,从同情的鼓励,到严格的责备,再到强烈的警告。

我们现在研究的经文(6 章 1-6 节)构成一长段劝勉的中心部分(5 章 11 节至 6 章 12 节)。这个段落一开始就表达出作者的失望;他知道他的复杂说明很可能略为超出其读者的理解范围!他的话语就像给成熟的人吃的肉,而不是给婴孩的奶。但是在这个时候,他们应该不只能够领受这样的教训;他们也应该能够把教训传给别人。

他呼吁这些犹太裔基督徒要"离开"他们在成为"基督徒"时所提到的那些"起初的教训","继续"(这位作者喜欢的一种表达方式)"长大成熟",他将此定义为道德分辨能力,而不是知识的理解。然后他继续列出他要他们抛诸脑后的"起初的教训"。透过回想他们的"开端",他要用他们的记忆作为他最可怕警告的基础。

当他这样做的时候,他给了我们一个极有价值的洞见，得窥他对于成为基督徒的理解。这是新约圣经中惟一以系统化的方式列出四项要素的地方。这里把它们视为四块房角石，是稳固建立的基督徒的生命基础。但是，还有一些不寻常的表现方式需要说明。

第一，"悔改离开那些导致灭亡的罪行"（repentance from acts that lead to death；和合本译为：懊悔死行）。介系词 from（希腊文：apo）很重要。许多人的悔改是"关于"（about）其罪行，或"因为"（over）其罪行，但不是"离开"（from）它们！罪行必须伴随悔改的行为——弃绝、改善、赔偿及和好（这一点在第 2 章中已有论述，将于本书第 32 章中应用）。

第二，"信靠神"（faith in God）。这里的惊人之处是，他将这个信心指向天父，而非指向圣子。身为犹太人，他们已经"信靠神"。但是这一点可能不是非常重要，因为这很可能是提醒的"简略"清单，而不是操作手册。难怪在他们归主的时候，它会被扩充成意指"对神的信靠已经透过祂的儿子耶稣基督完成"。

第三，"洗礼……等教训"（instruction about baptisms）。这个句子的两个特色令注释者感到困惑。此处的"洗礼"（希腊文：baptismos，其他地方只作为一般的"洗涤"使用——马可福音 7 章 4 节；希伯来书 9 章 10 节）使用较罕见的字，而不是洗礼仪式常用的字（希腊文：baptisma），是例外之一。或许我们必须记得，当时还没有任何单字成为这项圣礼的技术性标题，像现在的"洗礼"一样，以致现在洗礼已经完全失去希腊文的"浸泡"的意思。当时使用的字词是描述性的，而非定义性的文字。其他意为"洗"的单字也被用来代表洗礼（例如 *apolouo* 和 *loutron*）。因此我们不应该过度解读这里使用的字汇。但是更令人困扰的是这个字的复数型态；复数的洗礼是指什么？至少有五种可能的解释（在此以可能性的顺序列出）：

1. 它单纯意指在每个情况下通常会有几个人受洗。
2. 奉三位一体之名的洗礼包括三次浸入水中（就像现在的东正教一样）。
3. 洗礼是"双重"洗净——同时洗净身体和灵魂。
4. 询问者必须知道水洗礼和圣灵洗礼，因为二者都是必要的。
5. "希伯来人"必须被告知基督徒洗礼和利未人的入犹太教洗礼之间的差异，而且可能还必须分辨约翰的洗礼；虽然外在的方式类似，但是内在的意义却不同。

"**教训**"这个词显得最后一个解释较为可行。他们必须被"教导"，了解许多不同的洗礼，即使他们在成为基督徒时只受了一个洗礼（10 章 22 节）。

第四，"**按手**"(the laying on of hands)。毫无疑问地，这是强烈祷告的表现，祈求圣灵的赐下能够被悔改并受洗的信徒所领受。第 4 节提到这样做的结果。这种做法亦可见于使徒行传（8 章 17 节，9 章 17 节，19 章 6

节）和其他书信（例如提摩太后书1章6-7节）。出乎意料的是它暗指按手是成为基督徒的正常且必要元素，在所有的情况下都用以让圣灵"传递"给归信者。或许我们必须回想，未经按手圣灵便赐下的记录只有两次，但记录中亦有清楚指出为何没有这么做。在五旬节当天（使徒行传2章2-4节），还没有人已经"领受"，可以为他们按手，因此神亲自以祂火焰的手按在他们身上。至于哥尼流一家（使徒行传10章44节），神必须再次亲自行事，因为没有人曾经为外邦人按手。由于这两个"例外"都可以合理地加以解释，因此我们得到一个"规则"，就是圣灵的恩赐必然是从一开始就透过按手来领受，和部分学者的主张相反，他们认为给希伯来人的这封信反应出教会历史较后期，在"坚信礼"的仪式成形之时。这种肉体的行为不但结合了代祷和认同，也包含将能力从已经拥有它的人传递给需要之人的观念（比较民数记27章18-20节和申命记34章9节）。同样"传输"的思想也存在于为病人按手的做法背后。

接下来是为这四项基本的基督教真理进行另外的补充，这些补充全都和当时的情况有关。作者增加了两个关于未来的基本原则："**死人复活**"以及"**永远审判**"。这两项构成一个奇怪的结论：为什么死人复活（与耶稣的复活有别）对于基督徒的开端如此重要？而且"将来的审判"岂不是他们在起初的教导之前就已经听到的最早的福音教训吗？

基本的教导

只有当我们把这六项主题视为基督教"初学者"课程的完整课目表时，才会出现这些问题（有些基督徒教师试图依照这节经文照本宣科）。但是作者只是告诉他们，他不会带领他们再重修这样的课程！然而，他要提醒他们在过去已经学习过、现在有助于他的论证和呼吁的事。换句话说，这是一个从他们起初所受教训中挑选的特定项目"选择"列表，是他们在当前的处境中最需要回想的。这六项被选择出来的主题可以简单分为两方面。一方面，他们需要回想过去采取的悔改、相信、受洗和领受圣灵四个决定性步骤——它们都是出于自愿，而且是不可撤回的，我们将会看到这一点。另一方面，他们必须回想两个关于未来的事实——他们有一日将从死里复活，然后按照他们从这个开端如何跟随而接受审判（就如哥林多后书5章10节所记）。他们现在的处境必须和过去成为基督徒以及将来的考验作比对，才能以合宜的态度去面对。当我们从末世学的角度来看苦难，而不是从当下生存的角度来观看，感觉会有极大的不同（参阅罗马书8章18节）。

这个客观的教导已经变成他们主观的经验；他们在生活中知道它的真实。他们蒙光照，他们尝过天恩的滋味、于圣灵有分，并且尝过神善道的滋味，以及将来世代的权能。若说他们能够不成为基督徒而经历这一切，就是把这里的文字变得毫无意义。这通常是为了"加尔文"神学的利益而如此做，他们根据后文的警告，对于这些人未曾"重生"很感兴趣。但是我们必须自问："如果他们不曾是个属灵婴孩，作者怎会叫他们要进到'成熟'的地步（编按：和合本译为"完全"）？"

我们可能以为在这样的提醒之后，接下来应该是一个温柔的呼吁——或许是"既然已经尝过好生活，你们打算把它全部舍弃吗？"但是接下来的是全信中最严厉的警告："如果你们把这些全部舍弃，你们就再也不可能拥有！"这段经文通常被放在"一次得救，永远得救"的背景中讨论，实在是一大悲剧；它有效地将注意力从真正的问题上转移。作者并不是在讨论基督徒有无可能失去其救赎；他认为这绝对可能发生！他说的比这个还深入，说如果这事发生，而且当它发生时，那么这种"前基督徒"就不可能恢复他的救赎，因为他不可能悔改！有些罪是不能悔改的，包括在受逼迫之时公开否认基督，这样做就是与侮辱和钉死耶稣的人有分，因为他们否认祂宣称自己是神的儿子。彼得将赦免提供给钉死耶稣的帮凶，并未改变这个原则；因为他们的行事是出于"无知"（使徒行传3章17节），而基督徒不会对此事无知。其他的经文也证实否认基督的严重性（例如马太福音10章33节；提摩太后书2章12节）。

提出这个非常真实的危险的严重警告之后——如果说这纯粹是假设，就剥夺了这个警告的效用——作者向他的读者保证他对于他们的情形持乐观态度，而非悲观（6章9-12节）。虽然他们可能会得到这个可怕的命运，但他并不期待会如此。他真诚地相信圣灵加添力量。神亲自与他们同在,希望他们在挣扎中得胜。但是胜利的结果并非必然的。如果他们希望能确定继承所有未来的应许,他们必须保持殷勤、忍耐并信实"直到最后"。

他们有好的开始,但是这并不能赢得竞赛,好的结束一样重要。在列出许多旧约的信心英雄之后,作者对他们说:"*这些人都是存着信心死的。*"(11章13节)作者劝勉读者要以同样的忍耐奔跑,仰望为我们的信心创始成终的耶稣,就是亲自使我们得以开始和结束的那一位。基督教是死亡的道路,也是活着的道!

28
有作用的信心

　　我的弟兄们，若有人说自己有信心，却没有行为，有什么益处呢？这信心能救他吗？若是弟兄或是姊妹，赤身露体，又缺了日用的饮食；你们中间有人对他们说："平平安安地去吧！愿你们穿得暖，吃得饱"；却不给他们身体所需用的，这有什么益处呢？这样，信心若没有行为就是死的。

　　必有人说："你有信心，我有行为；你将你没有行为的信心指给我看，我便藉着我的行为，将我的信心指给你看。"你信神只有一位，你信的不错；鬼魔也信，却是战惊。

　　虚浮的人哪，你愿意知道没有行为的信心是死的吗？我们的祖宗亚伯拉罕把他儿子以撒献在坛上，岂不是因行为称义吗？可见，信心是与他的行为并行，而且信心因着行为才得成全。这就应验经上所说："亚伯拉罕信神，这就算为他的义。"他又得称为神的朋友。这样看来，人称义是因着行为，不是单因着信。妓女喇合接待使者，又放他们从别的路上出去，不也是一样因行为称义吗？

身体没有灵魂是死的，信心没有行为也是死的。

（雅各书 2 章 14-26 节）

大部分传福音的人在传讲福音时刻意忽略这段经文，虽然一方面也承认它可能含有对自以为是的信徒的必要更正，但是他们看不出它和慕道的未信者有何关系。简而言之，它和基督徒入门没有关系，但雅各明确提到能够"救人"的信心（14 节），这当然是福音的核心。

有些人则更加深入，质疑这封短信是否应该被视为圣经正典的一部分！路德对这封"正宗草木禾楷的使徒书信"的著名拒绝态度并非绝无仅有。对其神学价值的低度评价似乎可以反映出路德对于它的属天启示的不信任！

雅各书的"问题"主要是那些将保罗对于救赎的认识视为完整教义体系的人、用它来判断其他对于新约圣经的使徒性贡献。这种武断的偏见对其他重要的洞见并不公平。

从这个带有偏见的立场来看，可以指控（而且往往如此）雅各与保罗直接抵触。因此，他所说的"人称义是因着行为，不是单因着信"（24 节）被视为和"人称义不是因行律法，乃是因信"（加拉太书 2 章 16 节）这一类的保罗教训直接矛盾。难怪在改革宗为了唯独因信称义、唯独根据圣经权柄的原则奋斗时，雅各书是一本令人略微难堪的文书！

显然如果我们要想从雅各对于我们在"救赎信心"

的理解的重要贡献上获益的话，就必须解决这种张力。当圣灵带领初代教会承认主耶稣的兄弟所写的这封信为默示的圣经，在历世历代以来对整个教会皆具有使徒的权柄时，圣灵知道自己在做什么。

这个基本信心条款的明显矛盾可以透过仔细分析雅各的论点来解决。

关键在于他对"行为"这个词的用法，雅各不是指"律法的行为"。然而保罗使用这个词的时候，经常意指遵守诫命以"赢得"，或至少"配得"神的救赎。人可以藉着行为来赢取救赎，与神恩的福音完全不兼容。因此保罗甚至将他的善行视为"**粪土**"（腓立比书3章8-9节），在同一颗心里无法同时容纳自义和神的义。

雅各当然同意这个看法，但是他会强烈地谴责"人在救赎中不过是个被动的接受者"这种推论。雅各强调的是，信心是上帝的义主动拨给。而保罗会完全支持雅各在这方面的看法！

保罗和雅各都不会教导说"信心"包含靠着人自己的力量来达到道德标准。人类天性的基本需要正是其没有能力遵守神的诫命（即使是热心的大数的扫罗也只遵守了十诫中的九诫——腓立比书3章6节必须以罗马书7章8节加以平衡）。要解决"信心"和"律法的行为"之间的这种全面的区别，只需要指出雅各提出的两个信心"例子"或模范都违背神的律法！一个妓女因为作假见证而受赞扬，还有一个父亲因为试图杀死自己的儿子而受称赞！

雅各指的也不是"爱的行为"。这一点比较微妙。乍看之下，这似乎正是他的意思（15-17节），而且这种解释被接受为调和他与保罗教训的可能基础，因为保罗也说到能够"使人生发仁爱"的信心（加拉太书5章6节）。但是说信心必须以（对有需要之人有）"益处的行为"加以补足，其实和说它必须以"道德的行为"加以补足无异，二者都将恩典的教义打了折扣。

我们必须明白，在15至17节关于邻舍的小插曲并非作为"信心的行为"的特殊例子，而是对于"只有口头宣称但无行为，在生活的任何领域中都毫无用处"这个原则的一般性描绘——在这个情况下，是面对一位有需要的弟兄。对受苦者的怜悯，就和对神的信心一样；并不是显明于我们说的话中，而是在我们的行为中。注意雅各拥有和他的兄弟耶稣一样的能力，可以透过日常生活的状况使人理解深奥的真理。

因此雅各不是在说"没有爱的行为的信心是没有用的"（虽然自由派神学欢迎这种解读法），而是"没有行为的信心，就和没有行为的爱一般无用"。换句话说，对雅各而言，"行为"（works）这个词单纯意指"行动"（actions）——而不是沉浸在保罗神学中的福音派思想所想象出来的一切！许多现代的翻译已经正视这个需要，便使用其他同义字以免造成这种令人不快的含义——有些版本使用"行事"（deeds），但是普遍而且较有助益的趋势是翻译为"行动"。

那么，雅各说"信心的行动"是什么意思？由于把食

有作用的信心

物给饥饿的弟兄并非他的意思,因此他转向旧约圣经中的两个实际状况(和15节假设的虚构状况做对比)。他要表现"运作中的信心"或"行动中的信心"。仿佛是为了强调他不是在谈论道德,他选择一个坏女人(喇合),一个好男人(亚伯拉罕);仿佛是为了强调他不是在讨论好处,他选择了一件拯救生命的事,另一件则差一点毁了一个生命。那么,喇合和亚伯拉罕的行为有何共通之处?他们的行为都会危及当前的安全——因为他们都相信神会保守他们的未来,冒这样大的危险绝对需要信心,是因为拥有足够的信心就能实践一个人的信念,尤其是当这些信念是根植于神自己的启示时。

这种信心与众多往往被认为是信心的情况有着完全的对比。今天人们经常被告知他们已经成为基督徒,可以受洗和成为教会的一员,惟一的根据就是"信仰告白";也就是他们说的话。雅各不接受这种看法;只有拥有信心才能令他满意。这事的证据应该是可以看得见的,而不是听得见的,藉由观察一个人的行为来分辨,而非听他们说的话(18节)。

藉着强烈的讥讽,雅各指出信条式的背诵完美神学不比鬼魔好到哪里去,他们全都是优秀的一神论者!而且它们的"承认"至少包括一些情感的内容——它们因恐惧而战兢,但是它们没有信仰。雅各或许在暗示,他的读者已经有一段时间不曾对神特有能力所展现的可畏事实表现出那样多的回应。

阅读雅各书第 2 章的前面部分，会让人得到一种印象，认为在这封信完成之时，使徒传讲的基督教信仰已经被贬低为可敬的"教会宗教"。在这样的环境中，信心趋向于僵化成语言的重复；敬拜者可以持续数周、数月乃至数年之久，从不曾使用他们如此常态地在教会中告白的信仰。它在教义上或许是正确的，但是已经不再具有动态的冒险性，模式已经过于平凡。

雅各想要确定我们明白"信心"不是扎实、清楚的神学表述。它的重点不在于接受神话语的真理，而在于遵它而行。口里承认而无行为，对我们而言就像对他人怜悯而无救济行为一样，没有作用。这种信心不能"拯救"，它就和停尸间里的尸体一样死气沉沉！

29
救赎的洪水

因基督也曾一次为罪受苦（有古卷：受死），就是义的代替不义的，为要引我们到神面前。按着肉体说，他被治死；按着灵性说，他复活了。他藉这灵曾去传道给那些在监狱里的灵听，就是那从前在挪亚预备方舟、神容忍等待的时候，不信从的人。当时进入方舟，藉着水得救的不多，只有八个人。这水所表明的洗礼，现在藉着耶稣基督复活也拯救你们；这洗礼本不在乎除掉肉体的污秽，只求在神面前有无亏的良心。耶稣已经进入天堂，在神的右边；众天使和有权柄的，并有能力的，都服从了他。

（彼得前书 3 章 18-22 节）

部分学者主张这封书信是"洗礼传单"，一种"受洗者的教义问答"。对初信者而言，它当然是一篇优秀的圣经研究，涵盖许多新基督徒必须认识及必须做的事。

但是这里也有许多给成熟信徒的信息。事实上，彼得似乎是少数同时擅长宣教和牧养的基督徒之一。毕竟，耶稣呼召他作渔夫和牧人（马可福音 1 章 17 节；约翰福音 21 章 15-17 节）！

慕道者和信徒都必须被告知，基督徒生命中会包含苦难。保罗和彼得一样诚实地明言这件事（参阅使徒行传14章22节）；两个人都跟随耶稣的榜样（约翰福音16章33节）。

苦难的猩红线直穿过这封信。这封信很可能是在尼禄主导下的第一波逼迫背景中写成，作者的主要关切重点之一是帮助他分散在小亚细亚（今日的土耳其）的羊群在面对迫害之时保持道德的正直——不只是从一般大众的观点来看，也要从国家权柄的观点（他预料逼迫会从罗马蔓延至全帝国——见1章1节，4章12节，5章13节）。

生活在持敌意态度地区的压力不断地浮现在这封信里。耶稣的跟随者必须过着无可指责的生活，但是会发现自己被控以罪行。信徒必须是个忠诚的公民，但是会被当成叛徒对待。信徒必须宽大而诚实，但是会成为被诽谤的对象。

因为做错事而受苦，对人类天性而言是可接受的（参阅路加福音23章41节），但是成为被不公不义之下的无辜受害者则是严苛的考验。这将是接下来两世纪间的基督徒的共同经验。彼得自己也将成为众多殉道者之一。

在这样的压力下，很容易想象"正直只会带来更多麻烦"（诗篇73篇1-22节是经典范例），诱使一个人转回"世界的道"。出路是保持永恒的展望（诗篇73篇23-28节做到这一点）。发生在身体上的事并不重要；保持灵魂的生命才是最重要的目标。

救赎的洪水

这就是这段经文的背景,其中包含多种想法之间的不寻常关联,加之以一个独特的启示。其风格是"漫游"的,而非逻辑式;把这些看法集结在一起的是整体的关切,而非直线性的论点;它是一幅画,而非一张照片。

彼得在提出有确实根据的观察,指出就道德的角度来看,因行善而受苦强于因行恶而受苦之后,他自然地提到基督在十字架上面对有史以来最大的不公不义之时的行为,以呈现这个论点。他已经有力地提出这个重点(在 2 章 21-23 节),但是这次他的思绪带领他走向意料之外的方向。他提出的看法是,耶稣身体的毁灭是祂灵的释放(彼得指的是耶稣属人的灵,不是指属神的灵)。耶稣的死不但没有中断祂的事工,反而延长了祂的事工!

从一个观点来看(希腊文: *men*),耶稣的肉身被杀害;但是从另外一个观点来看(希腊文: *de*),耶稣的灵活起来。这并不是指三天之后祂的身体复活,那是使祂的身体再度活过来。这是关于在身体死亡和复活之间那三天的状态的说明。在这段时间里,祂是完全有知觉且活跃的,新约圣经没有其他地方叙述这件事,虽然耶稣对那濒死的强盗说的话暗指这一点(路加福音 23 章 43 节)。

在这个令人震惊的见识之后,立刻随之而来的是一笔非凡的资料。在这段时间里,耶稣前去拜访已逝之人的土窑(希伯来文: *sheol*;希腊文: *hades*)。(这是使徒信经中"祂下到阴间"一语的真正意义——那不是永恒惩罚的处所，那是要在最后审判之后才能进入的地方。）耶稣在这里向"监狱里的灵"传道，这个词组指的是那些被"拘留"、直到最审判日进行审判的那些人（比较彼得后书2章4节和犹大书6节）。耶稣与之谈话的这个特别群体是在挪亚时代淹死在水中的那个世代。这一切都发生在耶稣的死亡和复活之间的时间里。

彼得是新约圣经中惟一告诉我们这件事的作者，（虽然有一本福音书提到耶稣的死对于死者世界的另外一个影响，就是许多过去已死的"圣徒"从阴间起来，回到耶路撒冷的街上，并在四处行走之时被认出来——马太福音27章52-53节。）但是彼得是从哪里得到这个信息的？必然是从他在第一个复活节时与复活的耶稣的未记录会面中（哥林多前书15章5节）。

问耶稣为何做这种事，就是妄加猜测，因为圣经没有提供解释。是为了宣告神审判这个最严厉的行为已经被祂怜悯的决定性干预调和了吗？但是若宣告这件事，却未提供救赎的机会给听者，是一种逗弄人的凌虐，与神的个性截然不合。我们只能假设这是以他们悔改为目标。但是为什么这个特别的团体拥有死后"第二次机会"的特权？可能是因为他们是在其余人类接受审判的那一日之前，惟一经历到如此全面而终极性的属天审判的世代——因此他们可以诉愿受到不公平的待遇，神应许再也不会如此对待其他的世代。神不会给任何人指控祂不公的机会（参照创世记18章25节）。

救赎的洪水

不愿接受彼得这段记述的表面意义,通常是因为神学的保留态度。这个事件被视为和一般的圣经教训相悖,亦即死亡的那一刻就决定了我们永恒的命运(路加福音 16 章 26 节)。门户将为死后想要相信的人大开,他们将有"第二次机会"接受救赎,根据的是已经尝过地狱滋味的人会想要到天堂去的天真想法。担心这样的教导会除去在这个世界悔改的道德和属灵动机,这样的担心确实有其根据,但是只要指出彼得的话仅适用于挪亚那一代人,其他人皆不适用,即可解决这个问题。因此这个惟一的例外并不会危及一般性的规则。

提到洪水,令彼得想起在挪亚的家庭里可以找到适当的例子,说明在一个非常不道德的社会里保持其道德正直——并且在临到的审判中存活。方舟"安全"地带着他们经过洪水;他们是"藉着水得救"(希腊文的介词:*dia* = 藉着)。这个词组的确实意义是有争论空间的。它的意思不只是不至于淹死在水里。有些人认为它意指淹死其他人的同样水实际上也"撑住"方舟,正是他们存活的方法。最有可能的答案是其实洪水把他们从罪的污秽世界"转运"到公义的干净世界。

洪水的这种洁净和释放效果很自然地导引彼得思想基督教的洗礼。这两件事,一件是普世性的,一件是个人性的,可以被视为"类型"和"反类型",一个象征并"预表"另一个。正如洪水的水"拯救"挪亚和他的一家(都是成人,没有婴孩),洗礼的水也"拯救"信徒。这种对洗礼的主张提出两次（在21节），而且可能是新约圣经中最强烈的工具性语言（虽然马可福音16章16节，和提多书3章5节也使用"救"这个字来形容洗礼——见本书第8章和26章）。患有"藉洗礼重生"恐惧症的人很难接受这个陈述，容易忽视它（就如他们面对约翰福音3章5节的"水"这个字的反应一样）。彼得或许预料到后面这种误解，因此迅速地解释"救"的意义。洗礼在道德上有洁净的功效，而不是在物质领域；除去良心上的污染，而非除去身体的灰尘。

在这个关键点上，很可惜彼得的希腊文意义不够明确！这个词组依照字面翻译的意思是："因纯善的良心，接纳（或回应）进入神里面"。但是接纳与回应的是谁？是人还是神？两种可能都被结合至现代的翻译中：

1. 纯善的良知对上帝之誓约（pledge）。（吕振中译本，3章21节）
2. 〔请〕求（plea）在神面前有无亏的良心。（和合本）

这些翻译会导致对洗礼的不同观点，虽然这段经文的整体力度并未受到深刻的影响。

"誓约"（pledge）的翻译版本只是一个要在未来过良善生活的承诺，接受生活必须顺服主（*sacramentum* 原本是效忠的誓言，由新征召的士兵发誓，保证要顺服凯撒）。但是为什么这样的决心要在水中进行，而它和挪亚的洪水之间有什么可能的对应关系？最重要的是，这种解释使得"救"这个字失去了所有的赎罪内容。

"请求"（plea）这个版本较适合前后文。洗礼不是为了身体的外在洁净，而是良心的内在洁净。就和古代世界的所有邪恶必然都在洪水中洗净一样，悔改的信徒的所有罪恶和羞耻也都会被"冲走"。正如挪亚从方舟中出来，进入一个没有罪的世界一样，信徒也可以享受"洗净"的生命的自由！这种洗礼的有效观点完全与其他的使徒著作一致（使徒行传2章16节；以弗所书5章26节；希伯来书10章22节。注意：后者亦把"良心"与"水"联结在一起）。

在决定采用那一种看法之前，必须提出第三种可能性——介于此二者之间，而且比较微妙。挪亚在洪水之前过着义人的生活（创世记6章19节），而当他进入方舟时，他相信主会辨明他的好良心，带领他平安经过洪水。我们可以假设，透过类似的方式，悔改的信徒是在求神确认他在神眼中是"义"的（在这个情况下，是称义），方法则是不在洗礼的水中受伤害！当我们思想到若是不配而领受主的晚餐，可能导致疾病甚至死亡（哥林多前书11章30节）时，这种看法并不像它外表看起来那么疯狂。但是，这样会把神在圣礼中的行为限制于审判的负面功能上，而用字却蕴含救赎的正面目的。同时也存在有实务上的反对意见：虽然必然有许多情况，受洗者理应得到这样的命运，但是就我所知，神并未使用洗礼来达成这个目的！

无论你喜欢哪一种翻译或解读——我喜欢第二种。它们有一个共通点是很清楚的：洗礼是为那些有良心的人预备的，无论是寻求确据的好良心，还是寻求洁净的坏良心。因此它是一个有意识且负责任的行为，是自愿进行的。因而将它套用在不懂善恶的婴儿身上，似乎是完全不合宜的做法。迈可格林（Michael Green）在其著作《我信圣灵》（*I Believe in the Holy Spirit*，中译本已由橄榄出版社出版）英文原书的第128页中讨论这段经文时，提出以下的评论：

> 翻译为"誓约"的这个字有不同的解读……但是无论在哪一种情况下，它都指出人这一方的真诚委身。而关于基督高升到神右边的引喻则暗示释放在受洗者生命中的能力，他不只是经历仪式性的洗涤，而是在顺服的悔改中回转并相信耶稣基督。这种洗礼救了我们。

因此洗礼是人类行为和神的行为的组合。受洗的人在浸入水中时，向神发出请求（使徒行传22章16节描述这个动作为"求告祂的名"）。神使用这个情形来进行内在的洁净，使这个人脱离过去的罪恶（使徒行传22章16节描述这个动作为"洗去你的罪"）。这是主动恩典和主动信心的相遇点。二者都是"有效的"洗礼的必要条件。

最后，洗礼带来的"释放"之所以可能，都是因为基督已经从死里复活并升上高天，使祂获得所有超自然能力的完全控制权，包括善与恶。正如挪亚的洪水洁净世上因鬼魔败坏所造成之败坏的性与暴力的世界一样（创世记6章1-11节），水的洗礼也使我们脱离同样这些力量的"掌权"（罗马书6章3-14节）。洗礼之所以为圣礼，正因为它具有超自然的性质。

30
关上的门

> 看哪，我站在门外叩门，若有听见我声音就开门的，我要进到他那里去，我与他，他与我一同坐席。
>
> （启示录 3 章 20 节）

"抽离文脉的文字就会变成借口。"如果这句陈腔滥调曾有真实的时候，那就是把这段经文用在福音性讲道和辅导上！

霍尔·亨特（Holman Hunt）的画作"世上的光"是这段经文广传的误解和后续误用的影响和原因。除了毫无男子气概的基督形象（以女子来绘制身形和头部）之外，以其神职长袍来说，主要的错误在于耶稣敲的那扇门，那应该是一扇教会的门（亨特画的却是在萨里郡尤威尔一处果园的农仓门）。

启示录 3 章 20 节的陈述并不是对非信徒说的，而是对信徒；而且它不是对个别信徒说的，是对老底嘉的一群信徒。

耶稣正在敲祂自己的某一间教会的门！祂在信徒团契的外面，虽然里面的人想象祂仍然在里面。这是一个令人清醒的想法：教会可以在没有基督的情况下继续它的生命，甚至自认为富足和成功，同时对其属灵的贫困盲目。

对于教会的领袖来说，缺乏热情比冷漠更加令祂愤怒！耶稣的灵对他们说："不冷不热的教会让我想吐"（启示录3章16节），他们应该非常明白这句话的意思，因为老底嘉外面的热泉水在到达城市时，早已成为温水，若以当时的温度喝下去，由于它满是咸味，可以作为强力催吐剂使用。

这间教会的真正问题是自我欺骗。一个和耶稣一样非常"真实"、"阿们"（＝实实在在，实在地，诚实地）的人，并且为"诚信真实见证的"（在希腊文里，"实在"和"真实"是同一个字），这样的人在这种不真实且自我欺骗当中不可能会"自在"。对真理冰冷，是真心的拒绝；对真理热情，则是真正的接受；但是对真理保持温和、不冷不热则非常令人不快。在宗教里做作是伪善，而且没有比这更令耶稣生气的。

好消息是，只要有一个会友起来打开教会的门，让基督回到教会里，就可以了！"听见祂的声音"意指接受"耶稣"对教会真实状况的诊断。"开门"意指承认自己是这个疾病的一部分并且寻求祂的医治。对教会整体而言，除非每个个别成员都愿意恢复与耶稣的真正关系，否则就不能恢复正常。教会中任何愿意这样做的人都会重新发现与神更新关系的喜乐，就像朋友一起围绕餐桌所享受的关系。注释者觉得这里暗指圣餐桌，或许并非完全错误，至少是指早期的爱宴。它表示至少有一位成员愿意再度经历耶稣在这样的聚集中的真正同在，即使对其他人而言，它仍是一个正式的仪式，无论如何豪华地装饰！

这一整段经文非常切题，往往是许多教会迫切需要的——成功的教会的需要甚至大于勉力挣扎中的教会；而在温和的教会里的需要甚至比冷漠的教会更大！但是它和归信或成为基督徒没有任何关系。

把它应用在传福音上，必然会过度简化成为基督徒的过程。它变成只需请求耶稣进入你的生命，或是接受耶稣进入你的内心，或打开门让祂进来。这种婉转的说法与新约圣经不合。耶稣寻找入口的这种画面在其他地方都找不到。真相正好相反！在外面敲门、想要进入神国的是罪人（路加福音 11 章 9 节）。问题不是"我要让祂进来吗？"而是"祂会让我进去吗？"（马太福音 25 章 10-12 节）。事实上，耶稣本人就是救赎之门；我们只能透过祂进去（约翰福音 10 章 7-9 节）。

只有在偶尔的情况下，新约圣经会提到"基督在"我们"里面"（歌罗西书 1 章 27 节是少数采用这种表达的经文之一）。更常出现的是，新约圣经说我们是"在基督里"。"归信"的重点不在于基督前来住到我们里面，而是我们前去"在基督里"。我们在水里受洗归入基督（使徒行传 19 章 5 节；加拉太书 3 章 27 节）；我们在圣灵里受洗进入祂的身体（哥林多前书 12 章 13 节；见第 23 章）。

身为不信者，人们已经"在上帝的里面"（使徒行传17章28节，编按：和合本译为"都在乎祂"）。身为已经悔改、受洗的信徒，我们是"在基督里"。但是当我们思想我们与圣灵的关系时，有一个真实的改变。在五旬节之后，我们领受的是圣灵，不是耶稣（见第5章），也是圣灵住在我们里面。我们"在圣灵里"，圣灵"在我们里面"；但是最常被提及的是后者（举例来说，罗马书8章9至11节就三次提及"住在心里"的圣灵）。这可能是为何祷告的对象通常是天上的天父和圣子，在我们外面，而不是在我们心里、在我们"里面"的圣灵的原因之一。从心理学的角度来看，对一个我们能够想象、在我们"外面"的人大声祷告（耶稣期待我们这么做，即使是一个人的时候——路加福音11章2节，参照马太福音6章6-13节）比较容易；和在我们里面的人说话就显得奇怪，比较接近东方的冥想技巧。圣经中关于祷告的姿态似乎包含"举起"声音、双手和眼睛（参照约翰福音17章1节；使徒行传7章55-59节；提摩太前书2章8节等等）。

由于它所导致的混淆，所以最好完全不要将这段经文使用在成为基督徒的情况中。认为神"祝福"它的误用，使许多人得救，或许是客观的看法。但是神的怜悯完全由祂自己的选择来决定（马太福音20章15节；罗马书9章15节）；如果祂要等到我们的释经完全了，才拯救人，那么有谁会得救？然而，祂的自由并不是我们的。我们背负着严正的义务，必须仔细研读祂的话语，好使我们这些工人不致因为虚有其表或怠惰技能而感困窘，而是"**按着正意分解真理的道**"（提摩太后书 2 章 15 节）。令人印象深刻的肆意诠释不能取代正确的圣经注释！用较不技术性的用语来说：一旦我们知道一段经文的确实含义，我们就不能再传讲自以为它拥有的意义，无论神如何祝福我们过去的天真和无知。福音的传讲者必须拥有我们主自己对于真理的热情："若不是这样，我早就对你们说了"（约翰福音 14 章 2 节；按 NIV 圣经直译）。

使用这节经文来"带领人归向基督"的危险在于会忽视成为基督徒的重要元素。它没有提到从罪中悔改、在水中受洗或领受圣灵。引用明确说明慕道者必须做什么事情的经文应该会适当得多（例如使徒行传 2 章 38 节）。或许不幸的是，其实启示录 3 章 20 节的"简单"之所以获得某些人的喜爱，是因为它为教牧辅导节省许多时间和麻烦，不用完成其他相关的步骤。事实上，在需要各种教会支援的联合福音运动中，可能会使用这段经文来避免诸如在水中还是在圣灵里受洗这类"有争议"的话题！然而，这样躲避新约圣经的全面挑战，造成的伤害大于益处——短期内是对"归主者"的经验，长期而言则是教会的素质。这个主题在下一章中续有讨论。

我完全明白这一章可能会令部分讲员无法再使用他们最喜爱的传福音讲章！让他们从一个事实得着安慰：使徒的宣教没有引用这节经文、仍然相当有效。这段经文甚至是在十二使徒几乎全部离世之后才写成！如果我们决定坚定地持守使徒带领人成为基督徒的教义，并诉诸对福音的整全回应，那么对我们讲章的回应会在质与量上皆有所提升。而且如果我们在真正的文脉中解说这节经文，我们或许会发现一篇比以前更有能力的讲章——这次是给教会的先知性信息，而不是给世界的福音信息。

第三部

今日的典型决定
——教牧的层面

31
一个标准决定

看完内含成为基督徒的"昨日正常"模式的经文，我们转向"今日一般"模式。我使用"正常"(normal)一词，意思是应该发生的情形；而"一般"(by average)则意指确实发生的情形。在新约圣经时代，两者是同一件事——应该正常发生的情形确实发生了！如果我们以使徒的宣教作为标准，现在我们可以陈述反推的真理——当时确实发生的情形应该发生在现在。但是很可惜往往并非如此。

我们在第一章中看到不同流派的基督徒思想强调成为基督徒的不同层面：自由派强调悔改，福音派强调信心，圣礼派强调洗礼，而五旬节派强调圣灵。过度强调一项要素可能会贬低及扭曲其他要素。因着强调重点之不同，随之而来的是对于各要素的重要性看法不一，尤其是和其他要素分别视之的时候，而这个现象对于水洗礼和圣灵洗礼而言尤其明显。

当不同宗派试图联合传福音时，如此导致的混淆所造成的悲剧效果就浮现出来，即被"最小公约数"效应取而代之。新约圣经中的整全福音以及对这个福音的整全回应（这个部分受到的影响特别严重）受限于参与之教会所共同接受的要素，因此回应打了折扣。福音的内容和回应都是以最低和一般的标准来加以定义。大部分传福音的人愿意为了获得更大的支持和更大的机会而接受这种妥协；然后老基督徒就会把他们的支持放在制造新基督徒的目标上！

然而，受苦的是新基督徒。他们往往"难产"，若非成长受阻就是（在某些情况下）根本未能存活。在最近几年里，适当跟进工作的极度重要性已经渐渐获得正视，伤害正在减少中。但是人们还没有完全明白，"接生"这件事本身和"产后照顾"一样费力。好的开始对于生命的重要性与对种族的重要性无异（哥林多前书9章24节；希伯来书12章1节）。

导致属灵接生散漫的原因之一是时间压力。就和自然生产一样，有些生产非常快速：腓立比的禁卒就是一个例子，虽然得用地震才引发生产他的阵痛。而其他的则花费比较多时间：就保罗本身而言，是三天的时间。至于那些希望能在聚会结束后花一点时间就完成整个过程的想法，是相当不合理的，特别是如果有亲人和朋友在等待的时候。

为了应付这种可能伴随发生的状况，整个过程被严重地压缩成一份摘录，堪堪能够代表濒死之人所必需的"最低标准"（见第9章关于那位濒死强盗的讨论），但是对于一个预期会活下去的人来说是相当不适当，甚至非常不合宜的！结果产生一个相当标准化的"公式"，普遍称之为"认罪祷告",在讲道和印刷品中获得广泛使用。但是将这个"祷告"公式化的,不只是时间的压力,在它的背后有一个神学认知,认为它涵盖了"重生"的所有必要元素;诚心地复诵就被视为足可获得永恒的救赎。

认罪祷词

现在我们应该更仔细地察看这样的"认罪祷告"(以下的例子是葛培理布道团使用的版本,它是使用最为广泛的版本,与其他的大部分版本差异不大):

> 主耶稣,我知道我是个罪人。我相信你为我的罪而死。现在,我要离开我的罪,并且打开我的心门和生命的门。我接受你作我个人的主和救主。感谢你拯救我。阿们。

我们要根据本书摘述的"四扇属灵之门"来评估这个祷告。我们这样做,不是要说这个祷告不好,而是要说它可以更好。我们完全承认以其现在的形式,它帮助了许多人朝着正确的方向迈开真实的一步,尽管我们不知道有多少人因着它而获得非实时或长远的果效。我们质疑的是把它视为进入神国度生活的完整旅程的看法。

悔改

在新约圣经中,父神总是命令要悔改,而且是向神悔改,不是向耶稣。耶稣受死,为要带领我们走向神,使我们与神和好。我们犯罪得罪的是神(见第2章)。我们要道歉的对象是父神,不是耶稣。

祷告中没有明确提到特定的罪（复数）。这是"一般性告解"的主要弱点；没有面对任何明确的罪行。这样一个含糊但广泛的认罪，不可能带来任何悔改的"行为"——弃绝、赔偿、和好、改正——因为这些行为都来自于明白辨识实际的错误行为。

相信

我们已经质疑"接受"耶稣（见第 5 章）以及为祂"开门"（见第 30 章关于启示录 3 章 20 节的讨论）的观念。这些都不是新约圣经所定义的"相信"耶稣。罪人应该恳求救主打开门并"接纳"他！

同样非常可疑的是"重复别人的话"是否为新约圣经所说的"求告主的名"的意思。我们即将看到（在本书第 33 章），鼓励慕道者直接用自己的话向主说话会更有帮助，这样比较可能是发自于心，而非发自于头脑。

但是这个祈求的主要弱点是它强调信心的话语，而非信心的行为（见本书第 3 章及第 28 章）。这个祷告中没有任何"行动"，但是信心没有行动"*就是死的*"，不能得救（雅各书 2 章 14、16 节）。祷告里也没有提到必须"继续"相信。

同样可疑的是，"感谢你"在这个阶段是否合宜。如果水洗礼是为了"叫罪得赦"（使徒行传 2 章 38 节），而圣灵洗礼则是神已经悦纳悔改之信徒的第一个"证据"，那么"请"应该更适合第一次祈求救赎的阶段。

洗礼

这是信心的第一个"行动",也是表达悔改。它是成为门徒(马太福音 28 章 19 节)、得救(马可福音 16 章 16 节)、重生(约翰福音 3 章 5 节)、罪得赦免(使徒行传 2 章 38 节),和获得清洁良心(彼得前书 3 章 21 节)的基础。

但是在"认罪祷词"中,或是经常与认罪祷告一起的陪谈或书面资料中,从来不曾提过洗礼!这是因为洗礼不再被视为对福音的回应,而是让"归信者"选择加入的宗派处理的神圣仪式。

领受圣灵

在这个阶段很少介绍圣灵。正如三位一体的第一个位格往往从这个"祷告"中省略一样,第三个位格也常常被忽略了。这个祷告基本上是"独一神派",导致关系和经验受到缩减,达不到使徒完整的三位一体的福音传播("向神悔改,相信主耶稣和接受圣灵")。

即使在提到圣灵的时候,也假设祂会自动被赐下;不需要再说什么话,更不用说是"不断地求"(如同路加福音 11 章 13 节所说),或是再做别的事,例如按手(如同在使徒行传 9 章 17 节,19 章 6 节;提摩太后书 1 章 6 节;希伯来书 6 章 2 节)。

而且由于在复诵认罪祷词时,通常不会有事情"发生",意味着不知不觉地领受了圣灵是正常的。事实上,许多关于"如何成为基督徒"的小册子强调信主可能不会"觉得不一样";有些甚至告诉人不要"期待"会有不同!难以想象还有什么比这种辅导方式和新约圣经的冲突更大的了。如果当时"什么都没发生",普遍的假设是根本还没有领受圣灵(见本书第16章),而当"发生了某些事"时,就不可能否认已经领受了圣灵(见本书第18章)。

因此认罪祷词的使用就现状来说是还好,但是它还有极大的不足。它有省略和扭曲之处。就算缓慢而真诚地说,不到半分钟就可以说完!若是更谨慎地选择词句,它或许可以作为对福音回应的起点;但是若视它为完整的回应,以为它涵盖了"成为基督徒"的所有层面的话,就是极危险的误导。它应该只有在一个人真正地在思想、言语和行为上悔改(见本书第2章)之后、在带领他接受水洗礼和圣灵洗礼之前才使用。祷告中不应该有任何话语暗示在当时已经全部完成。在上面引用的例子里,它假设祷告的人在祷告结束时已经"得救",这对圣经而言并非如此(见马可福音16章16节;使徒行传2章38节,22章16节;提多书3章5节和本书第36章)。

将强调重点放在告白而非拥有信心,以及过度简化成为基督徒入门的结果,就是开启通往不合乎圣经观念的门户。人们不说一个人已经"悔改""相信""受洗"或"领受圣灵",转而采用大量婉转的说法来取代这些新约圣经的用语。慕道者被劝勉说要"委身""将你的生命交托"、"献上你自己""决志""打开你的心""献上自己""让祂进来"

一个标准决定

等等。这些全都是综合性的句子,将成为基督徒简化为一个步骤,或许这正可解释创造这些说法背后的动机。但是它们与使徒的传福音有相当大的落差,使徒显然不使用这些术语。

这种方法的结果是令许多"基督徒"未能妥切地成为基督徒,或是更简单地说,用产科医学的讲法就是"难产"。基础建得不好,少了四块房角石之一或更多。为了改变隐喻,他们的"引擎"不会四个汽缸动力全开,直到他们遭遇第一个陡峭的山丘(本仁约翰称之为"困难")时,这个现象才显明出来。当然,这些话亦适用于数百万名没有信心而受洗的人(即婴儿),以及有信心却没有接受洗礼的人。有些人可能会反对,指出就永恒而言,后者要比前者"安全得多"。但是这种"评估"或与新约圣经的思想完全不合,新约从来不曾认为这样做是可行的其他选项。对使徒而言,信心和洗礼是同一件事的里外两面。一个人拥有信心而不遵行主的第一个命令(即受洗),就和在一个人相信之前就为他施洗一样无法想象。对他们而言,"信而受洗的,必然得救"(马可福音 16 章 16 节;我们已经指出一个人会因为缺少信心而受"责备",而不是因为缺少洗礼)。但是可以主张说,对新基督徒而言,缺少与圣灵的有意识关系比未曾经历水洗礼不利。或许今天大部分的基督徒试图开始过基督徒的生活,却未曾"领受"圣灵。以新约圣经的观念来说,就是有意识地体验祂的浇灌。

面对成为基督徒的过程不当的基督徒

本书主要对象是事奉新基督徒的人,同时也是一个迫切的恳求,希望把在基督里应属于他们的完整教导给他们——并且要在他们最需要它的时候。但显然这种对于成为基督徒的放大观点具有牧养以及传福音上的含义。事实上,有一位教区牧师在听见这个教导之后的反应是同意它合乎圣经,但是也宣布他绝对不在讲台上传讲这些教导,因为他和会友的问题已经够多了!这些反应正可提出一个微妙的问题,就是如何将这些概念应用在老基督徒——而且往往是"高标准"的基督徒——身上;这些基督徒已经忠心且多结果子地活了许多年,而仍缺少一项或多项新约圣经的基督徒入门的要素。如果我们能正确教导刚加入教会的新信徒来认识这四扇属灵之门,过不了多久,许多已经在教会中的人会开始因为比较而觉得不安,甚至变得脆弱和受威胁。

有两个可能的方法来帮助这些感到不安和防卫的信徒:安慰他们或是成全他们。

安慰他们

这当然是比较容易的解决方法——向他们保证神对他们的祝福,证明祂对他们感到满意,他们现在的情况没有问题,也拥有他们所需的一切。事实上,向这类的"圣徒"暗示他们缺少任何条件,往往会被认为既伤害且欠缺爱心,对于他们的属灵平安与进展造成的伤害多于益处。

一个标准决定

濒死的那名强盗经常被引用作为这个情况的前例；他没有经过水洗礼或圣灵洗礼就得救了（见本书第9章关于这种论点的批判）。这名获得赦免的罪犯得到的安慰远超过他所能想象！他激励了许多人，可望能够以最低的资格勉强进入天堂。更常见的情况是，以类似的方式引用"伟大"的基督徒来"安慰"他人——从来不曾在水中受洗的救世军将军，从来不曾说方言的伟大讲道家等等。以不适当的方式将不成熟的"浸信会会友"和"五旬节派信徒"与这些杰出的"圣徒"相提并论，并因此对于完全救赎应有哪些"必要"条件获得错误的结论。

在这种令人厌恶的比较当中有一个致命的缺陷。正确的回应应该是指出，如果这些"伟大"的基督徒领受了神要他们拥有的一切时，他们可以更好到怎样的程度？如果这些拥有圣灵所结果子的人也拥有圣灵的恩赐，他们的果效会有多大的提升？如果那些拥有圣灵恩赐的人也拥有圣灵所结的果子，他们的吸引力会有多大的提升？

就长期而言，告诉这类基督徒说他们没有缺乏，对其灵命成熟的阻碍大于帮助。暗示新约圣经中命令每个信徒都必须拥有的东西事实上只是选择性的，这完全是不当的做法。这可能是最简单的解决方法，但并不是最好的方法，甚至是不正确的。另外还有一个是使徒的做法。

成全他们

这才是正确的做法——找出缺乏哪个层面，采取正面的步骤来补足不足之处。我们可以在使徒行传中发现使徒彼得、约翰和保罗都这么做（见本书第 16、18 及 20 章）。他们没有浪费时间去讨论那些缺少一项或多项要素的人的属灵或永恒地位；那是应该采取行动的时刻！无论有何欠缺，都必须尽快供给。

这是最仁慈、且最有爱心的做法，因为它追求的是每位信徒上好的益处；它不能以不足为满足。真正的牧养（及传福音）不可缺少的是"*补满……不足*"（帖撒罗尼迦前书 3 章 10 节）。

信徒有许多后来的问题，其实是可以回溯至不完备的入门程序：可能从来不曾真正地结束过去；可能从来没有人解释过必须在冒险中操练信心；可能从来不曾真正地埋葬"旧人"；可能从来不曾亲身经历过超自然的能力。修正这些忽略之处后，后来的问题规模往往会缩小，甚至完全消失（先询问一个人的归正，看看是否"完全"，是解决许多牧养问题的有效方法）。至少，当基督徒站在坚固的基础上时，会有更好的装备去处理活出基督徒生命的问题。

在此稍稍离题是有必要的，因为部分读者可能更加关切"老"基督徒的状况，超过"新"基督徒的归信！上文的评论并不是要令这些人沮丧或剥夺他们的权利，而是要鼓励他们，使他们更丰盛。然而，因为担心会惹怒"圣徒"，剥夺了罪人在生命中获得正确开始的机会。我们的福音太常为了避免惹怒那 99 只已经在羊圈里的羊

（或者，更有可能的情况是，他们的牧人）而作调整，每次输掉的都是失丧的那头羊。即使更完整明白新约圣经关于成为基督徒的教训会为我们带来问题，我们也没有权利保留它的任何一部分不给予他人。为什么只因为我们有这么多人初信时起步不佳，新信徒也应该和我们一样？

现在应该检视能够让"门徒"穿过"四扇属灵之门"的实务帮助，让他们能进入在地的天国——无论他们是刚刚展开基督徒生活，或是已经走在"道"上一段时间。帮助辅导员和寻道者记得这四扇门的一个简单方法是头韵法：使用 RuBBeR 这个字的子音：悔改（Repent）、相信（Believe）、受洗（be Baptised）以及领受圣灵（Receive the Spirit）。现在我们要依序察看每一项，但这次要从实务的角度，而非神学的观点来加以考虑。

32
帮助门徒悔改

确认悔改的真实性，会是一件值得你花时间做的事。概括性的"遗憾"实在没什么用，而且通常过去的脐带依旧保留着，完好如初。悔改是进入神国的第一步，因此不可仓促。慕道者在三个基本领域——严肃、明确以及敏锐——需要协助。辅导者需要圣灵的恩赐，尤其是知识的言语或智慧的言语，更是需要分辨的恩赐。

严肃

一个人可以非常聪明、非常富有、非常迷人、非常有恩赐、非常有力量——但是仍然非常愚昧！真正的智慧不是大量累积的经验；它始于做对的事情。离开罪、转向神是任何人所能做的最明智的事。但是很少人这样做，除非他们有极大的动机。

"敬畏耶和华是知识的开端"（箴言1章7节），除非有这样的敬畏存在，否则恐怕没有人能够真正地在道德上有所改变。这是明白继续停留在错误的思想、言语和行为习惯中的最后结局所带来的结果。

*"天国正在地上重建"*这个好消息的相对面，就是

这个过程无可避免的高峰将是审判的危机。在耶稣的比喻当中,有半数是关于当前的建立过程,半数是关于未来的分别危机(山羊与绵羊分开、麦子与稗子分开、好鱼和坏鱼分开)。

审判将是个别性的,每个人要为自己的一生向主负责。每个思想、言语和行为都被忠实地记录下来,记录册会被打开,令人难过的事实揭露是未经剪辑的,不像电视节目"这是你的人生"(This is Your Life)会经过剪辑。审判不会拖延许久,因为所有的事实都会完全呈现在法官面前,他会完全公正、绝对公平。判刑无法上诉,因为没有更高的法院。当面对自己的真实记录时,也没有任何一个人能够以"无罪"为自己辩护。

为了避免让任何人觉得神不明白生活在这个世界上的压力,祂将审判的责任交付给祂所设立的一个人——耶稣(使徒行传17章31节)。尽一切力量来警告并赢回我们的这位耶稣,将在末后拒绝那些曾经听过祂却忽视祂的人,这表示彼拉多、希律和犹大都将站在耶稣的审判台前。

惩罚是"灭亡"(perish)。这个字的意思在希腊文和英文中几乎相同——不是不再存在,而是腐败到一个地步,不能再实现原本被造的目的(一个"灭亡"的人对神没有用处,就像"毁坏"之于人一样)。地狱是神处理毁坏的"货物"的焚化炉(比较创世记1章31节的"甚好",和路加福音11章13节的"不好")。每次的灾难都是对这个可怕命运的提醒（路加福音13章5节）。我们最大的恐惧不应该是癌症、失业或核爆，而是能在地狱里毁灭身体和灵魂的那一位（路加福音12章5节）。

我们对于地狱的知识全都来自耶稣的口，仿佛神并不信任由其他任何人来传讲这样可怕的启示。许多人尝试对这样一个骇人的可能性找寻别的出路：第二次机会、暂时受苦（炼狱）、有条件的灵魂不朽说（恶人的灵魂会彻底灭绝：total extinction），这些都比无尽的痛苦（永刑）来得讨喜，但是都不能与耶稣描述的终极恐怖相比。或许祂最常强调的特色就是绝望沮丧的心理痛苦（马太福音25章30节；路加福音16章24节），永远活在没有神的状态中，住在完全败坏的人和曾经是人、现在全然败坏的"动物"当中（但以理书4章16节）——在此同时了解没有逃离这些同伴或环境的希望（路加福音16章26节）——那就是地狱，为了避免进入其中，这一生的任何牺牲都是值得的。

这些是必须清楚传达给希望成为基督徒之人的真理。上面的文字其实是改述施洗约翰的呼召："**逃避将来的忿怒**"（路加福音3章7节）。他知道"用圣灵施洗"的那位王也将有一天"用火"施洗，把糠烧尽（马太福音3章11-12节）——虽然两件事不会像他所预期的一样同时进行（路加福音7章19节）。当保罗传讲福音时，他总是从神的忿怒开始讲起，虽然当下压抑（罗马书1章18-32节），但是总有一天会满溢出来（罗马书2章5-11

节)。在那日,所有阶级和类型的人,无论其贵贱,都会宁可被山崩淹没,也不愿直视圣父和圣子的愤怒面容(启示录15章6-7节)。

审判最重要的一点在于,一个人要为自己的行为和品格说明及负责。行为主义者的思想渐渐地破坏这种观念,将人类视为成长过度的巴夫洛夫犬(当餐铃响起时就忍不住"流口水",无论是否有食物)。我们被教导说要将自己视为无助的受害者,是遗传和环境的产物,无法帮助自己。即使是基督徒的思想也会被这种看法所影响;对于"情绪的内在医治"的渴望可能大于"罪得赦免"。但是使我们成为现在这个样子的,并不是发生在我们身上的事,而是我们如何面对那些发生在我们身上、使我们成为现在这个样子的事。没有人能够避免在这个世上受到不当的伤害,但是,我们可以选择是否对它采取苦毒和怨恨的态度。只有神知道我们无能为力的是什么,但是同样地,祂知道我们能做些什么,并且根据我们意志的选择来审判我们。

让一个人为自己负责,是给予他完全的人性尊严。认定人类作了错误的选择,就是接受有关人类堕落的圣经真理。讲述将来的审判,是提醒他们人类的命运。罪就是这么严肃。任何一项罪行都可能使我们永远不能继承将来的天国(哥林多前书6章9-10节;加拉太书5章19-21节;这些是给信徒的警告而不是非信徒,这实在发人深省)。

这种关于"永恒审判"的教导是成为基督徒的过程中所不可或缺的（它列在希伯来书6章1至2节的"基本教训"清单中——见第27章）。这就成为"从引向死亡的行为中悔改"的基础。

明确

我们已经看到"一般性认罪"的危险。真正的悔改不是远离一般性的罪，而是远离特定的那些罪。至少，必须列出要与之断绝关系的那些罪。

辅导者如何帮助人明确地认罪？至少有三个可能的方法：

第一，藉由导引对话。采用这个方法时，辅导者坚定地敦促，突破模糊的陈述，进入私人细节中。必须提出明确的问题："你为什么要成为基督徒？""你必须从什么罪中被拯救出来？""你隐藏了什么秘密不想让别人知道？""你是否曾经参与秘教行为？"这不能出于任何不健康的好奇心，而且被辅导者必须觉得他的秘密会被保全。但这是一件充满爱的行为，因为将这些事揭露出来，往往是从黑暗国度中得到释放的第一步。暴露隐藏的罪可以开始破除他们的捆绑，并减轻暗中犯罪的痛苦。

第二，使用详细的清单。现在有些辅导使用预备好的禁止事项"提纲"，让准门徒勾选。（施宁〔Basilea Schlink〕的好书《基督徒的胜利》（*The Christian's Victory*）（Marshall, 1985）列出45种最常见的罪，尤其是影响灵而非影响肉体的罪。）使用这种清单既有效率又有效果，尤其是在刺激回忆时。可惜的是，我们越来越需要使用参与秘术和性泛滥的特定项目，因为二者都会导致捆绑，需要释放和赦免。

使用这种"清单"的试探在于仅专注在较露骨、较单纯的罪上（偷窃、通奸），而不能处理较复杂和微妙（骄傲、贪婪）的罪；但是后者可以利用提供明确的例子（收集古董、在股票市场上赌博等等）轻易地容纳进去。施洗约翰就提供这样的实际建议（路加福音3章10-14节——特别注意："当以自己应得的薪金为满足！"〔当代圣经〕）。

新约圣经包含这样的清单（马太福音15章18-20节；马可福音7章21-23节；罗马书1章29-32节，13章13-14节；哥林多前书5章9-11节，6章9-10节；哥林多后书12章20-21节；加拉太书5章19-21节；以弗所书4章17-19节，4章25-31节，5章3-4节；歌罗西书3章5-6节、8-9节；提摩太前书1章9-10节；提摩太后书3章1-5节；提多书3章3-5节；彼得前书2章1节，4章2-4节；启示录21章8节，22章14节）。这21份新约圣经的清单包括一百多项不同的罪。聪明的辅导者会研究它们，并且能够在脑海中带着一份"大纲"作为参考。分类可以采用多种方法：思想、言语和行为的罪；对神、对他人、对自己的罪；怠慢和沉迷的罪。

在新约圣经列出来的罪中，并没有"分级"，例如：

分成"可以原谅"和"不可原谅"(虽然有"不能得赦免的罪"和"通向死亡的罪",但是二者显然都是不可救药的情形——见马太福音12章32节;约翰一书5章16节);也不应该有任何罪被视为比其他罪更加严重,因为所有的罪都会破坏与神的关系。

研究新约圣经的罪行清单,很快就能让读者明白摩西律法"十诫"中的大部分都包含在"基督的律"(Law of Christ)里面,且具备更深的意义和更广泛的应用。惟一的例外是关于安息日的第四诫,这条诫命从来不曾套用在外邦信徒身上,并且以相当不同的方式"成就了"(见罗马书14章5-6节;歌罗西书2章16-17节;希伯来书4章9-11节;亦请见卡森〔D. A. Carson (ed.)〕,《从安息日到主日》〔*From Sabbath to Lord's Day*, Zondervan, 1982〕。)摩西律法仍然可以作为导师,带领我们走向基督(加拉太书3章24节),"事实上它是律法的直尺,让我们看到自己有多么邪恶"(罗马书3章20节,腓立〔J. B. Phillips〕的改述)。

和美德相对照,可以发挥和邪恶做比较的相同效果。尤其是面对主耶稣本人在性格、言语和行为上的和谐完美,可以带来深切的认罪(路加福音5章8节)。在内心深处,每个曾经听过祂的人都知道,那就是生活应有的样式,也知道我们并没有那样生活。凝视祂,就会被说服相信"世人都犯了罪,亏缺了神的荣耀。"(罗马书3章23节)

第三，透过即时的启示。就是在这个层次上，圣灵在咨询辅导方面的帮助非常重要，虽然前面两项"技巧"也必须在祂的管制下使用。

一方面，祂可以帮助辅导者把罪"根"从下意识记忆中带回意识思想里。我们从来不曾真正地忘记曾经思想、感受、说过或做过的事（留意景象、声音甚至是气味多么常触动回忆）；但是我们确实不容易在必要的时候回想起来。圣灵正可在这方面帮助我们（约翰福音14章26节）。辅导可以用求祂协助回忆的祷告开始。

另一方面，圣经可以赐下"知识的言语"，引导辅导者找到受辅者有意或无意隐瞒的罪的主要根源。正如耶稣"知道人心里所想的"（约翰福音1章48节，2章25节，4章18节），而且能够"明确指出"真正的问题（例如那名富有的少年官的贪心——马可福音10章17-22节），因此祂的圣灵可以在今日提供类似的洞察力。我记得曾经尝试帮助一位年轻女孩，有18个月之久，每次的呼召她都回应，希望生命能够改变，但是却毫无变化；圣灵提示我问："你跟谁住在一起？"如此揭开整个问题，但是结果和那位少年官相同：她忧愁地离开，不愿意放下一个不会和她结婚的男人。她充满懊悔，但是不愿意悔改。

敏锐

这个需要分为两个层面——伴随着悔改而来的情绪，以及应该随着悔改而来的行动。

帮助门徒悔改

我们越来越需要分辨心理罪疚（我们对自己的感受）和道德罪疚（神对我们的感觉）。前者往往是附有条件的（经由教养、性情等等），且是人为的（自我憎恨和自怜都相当具有毁灭性，往往会拦阻悔改）。道德罪疚是客观的，不是主观的，那是一种走出自己的状况、看到罪的真相的能力。浪子的比喻就是最好的例子。当小儿子与父亲的爱相遇并明白他所忽略的是多么巨大时，他的感觉从后悔和良心责备转变为真正的悔改。我们的情绪多么容易扭曲我们的判断啊：

> 曾经在崇高的热情中，
> 我在绝望的悲伤中哭喊：
> "噢主，我的心因狡诈而黑暗；
> 我是罪人中的罪魁！"
> 然后我的守护天使弯腰
> 在我身后细语：
> "不，我的小子，
> 你绝不是那样的人！"
> （作者佚名）

这首短诗强调扭曲的情绪所带来的危险，它可能导致强烈的自我欺骗，使人与现实脱节。举例来说，手淫比谋杀更容易定一个男人的罪。有时候罪人最担忧的罪并不是那人与神之间的真正隔阂。为一项罪感到悲伤，可能会隐藏对另一个罪的罪恶感。人心善于欺骗自己。敏感就是冷静地辨别轻重缓急，是对价值观的正确量尺。这必须由圣灵引导，将圣经应用在罪人身上。

同样重要的是以实际的态度面对悔改的行为和情绪。对某些罪而言，不可能回头去修正。也有些罪，连尝试去修正都是不智的；挖出过去可能会造成伤害。这就是称为"智慧的言语"的圣灵恩赐派上用场的地方。曾有一个人向我承认不贞，但是不知道是否应该向他的妻子承认，而他的妻子是心理机构的长期病人。主给我这句话，要我告诉他："主说，现在她是我的孩子，你不需要把这种事告诉一个孩子。"（这个丈夫在那个时候完全从罪中得到释放，现在按照当尽的本分与他的妻子同住，并且爱她。）

最难拨乱反正的情况是牵涉到离婚和再婚的情形。耶稣告诉撒玛利亚井边的那个妇人如何处理她的困境？和最后的"男人"结婚？回去找第五任丈夫？还是第四个、第三个、第二个或第一个？此生保持单身？如果我们知道就好了！本章并不适合处理这个复杂的问题（这需要独立一本书加以研讨）。然而，我总是发现在检视个别状况之前，先让相关人士清楚明白及接受以下两点，是非常智慧的做法。第一，赦免并不会取消先前所有的契约——不论是贷款或婚姻（想象一下你告诉信用卡公司说，你所有的债务都在各各他被偿还了）都一样；重生不能将一个已婚或已离婚的人再度"转换"成单身汉或未婚女子！第二，无论圣经中有什么例外情形（我接受耶稣处理行淫时的例外情形，但是不接受关于遗弃的所谓"保罗"教导——马太福音19章9节；哥林多前书7章15节；后者经文中的"**拘束**"（bound）不是保罗形容婚姻关系的常用字，例如在39节或罗马书7章2节中），主的规定相当清楚：在神的眼中，再婚是犯奸淫。行淫的罪得赦免的人不能继续行淫（约翰福音8章11节）。对许多人而言，"悔改的果子"是保持单身，或是与原来的配偶和好（哥林多前书7章11节）。当这两个原则被全心接受时，才有可能向主寻求智慧，寻求前头最好的道路，尤其是牵涉到孩子的时候。主特别关心孩子（马太福音18章10节；路加福音17章2节）。

然而，大部分"悔改的行为"较容易界定，尽管实行起来一样困难。重要的是保持积极，将能够纠正的错误改正过来。债务可以偿还，道歉，向警方自首。我认识的一个人在归主后就这样做，得到最轻的判刑，他的牢友昵称他为"主教"，因为他热情地告诉他们关于主耶稣的事，而且夸言他是英国惟一完全由女皇陛下资助的传道人！善意对待那些曾经冒犯造成伤害的人，能够非常有效地驱走苦毒和怨恨。

在鼓励这样的矫正、赔偿和和好时，必须非常清楚指出：这绝对不是在赎罪或弥补过去的罪过。即使这样的行为确实可以让良心自在并纾解罪恶感。悔改的行为绝对不能"赚"得神的恩典；它们被视为真正想要从罪中被拯救出来的表现，以及对于奇妙赦免的深深感激。我们并不是透过悔改而得救，而是透过信心，虽然二者都是神的恩赐以及人的行动（使徒行传5章31节；以弗所书2章8节）。

悔改开始于决志信主之初，但是并不是就此结束。它可以被形容为一条"生命之道"。事实上，通常在"归主"之后，会有更多的悔改，虽然在这之前就必须先开始悔改。这是"圣徒"的标志之一，他们会越来越察觉自己是个"罪人"。继续悔改是成圣过程不可或缺的。随着灵命成熟，就越能分辨是非（希伯来书5章14节），会更加需要悔改，而不是减少悔改。最懂得悔改的人通常是最圣洁的。因此，悔改会延续到余生。

悔改也会延伸到生活的全部。当基督徒成熟时，他会察觉邪恶既是有组织和集体性的，也是私人和个别性的。他学会分辨教会、国家和世界的罪——感受他们的罪恶，为他们表现懊悔。他发展出一种"社会良心"，导致在"社会行动"中的悔改行为。最重要的是，这会表现在他的代祷中，回应耶稣自己的恳求："*父啊！赦免他们；因为他们所做的，他们不晓得。*"（路加福音23章34节）

然而，悔改这种扩及余生和整个生活的双重"延伸"，是上帝国里的生命才会拥有的。把这些层面引进成为基督徒的过程中，既不切实际也不适当。虽然要求真正悔改的证据是完全合理而且必要的做法，但是不可能期待完全的悔改（也就是从犯过的所有罪中悔改）；那样就像是在称义之前就要求成圣（这是其他所有宗教的基本错误，包括犹太教）。同样地，在进入神国的那一刻，罪人只需要面对他自己的罪；他与集体邪恶和罪行的惟一关系就是他自己在其中有份的那个部分（如果有的话）。在某种意义上，他选择了在审判日之前接受审判，承认"有罪"，并且奉耶稣的名获得无罪开释。

要获得这个裁决，在悔改之后必须相信主。当悔改被视为成为基督徒的惟一或主要元素时（就如"自由派"思想的倾向），就导致靠行为称义的危险，这对于"自己动手做"的世代很有吸引力，强调重点变成是人为神做了什么，而不是神为人做了什么。我们不是透过律法的行为称义或是藉悔改的行为称义！我们必须帮助人悔改；我们也必须帮助他们相信。

33
帮助门徒相信

这个世界说:"眼见为凭。"圣经说:"信道是从听道来的。"(罗马书10章17节)因此很多人以为只有"盲目"的信心才是真信心;福音必须透过耳朵的大门进入人的心灵,而不是透过眼睛。

当然,信心超越可见之事(希伯来书11章1节、27节);而且那些没有看见却相信耶稣仍活着的人有着特别的祝福(约翰福音20章29节指出,多马并不比另外十位使徒更多疑,甚至是在坟墓的那些女人——见马可福音16章9-14节)。但这就是全部的真理吗?一个想要看到一些福音真理证据的世界,是不被许可的吗?可能还有人会补充说,是不可能给它的东西?尼采说,如果基督徒看起来更像蒙恩得救的样子,他就愿意被拯救。难道他真的错得离谱吗?

言语、作为和神迹

要解开这些问题,我们可以首先注意在四卷福音书里,眼见如何经常引导至信心。那些"接受"耶稣、"相信祂的名"和"从神生的"犹太人,之所以如此做,往往是因为他们曾看见祂的神迹。这个效应的最高潮是拉撒路复活（约翰福音11章45节）。这是为何约翰福音将神迹说成是"异能"，是非常超乎自然的肉体事件，为要引导他们超越自己，看见超自然的真实。耶稣从来不曾拒绝藉由这条途径而相信祂的人，但是祂严厉批评只想得到祂的事工的肉体利益、而不要祂的神迹背后的属灵祝福的人（约翰福音6章26节）——一个在我们这个唯物主义世代中太常见的态度。而且祂拒绝行神迹来满足抱持敌意的怀疑论者的好奇心（马太福音16章1-4节），虽然祂确实应许他们"约拿的神迹"。我们必须记住，若是没有人看过复活的耶稣，就不会有基督教这个宗教（参见路加福音24章24节）：耶稣只会被视为一位先知（犹太教和伊斯兰教都这样看他）。

彼得毫不犹豫地将耶稣"*把你们所看见所听见的，浇灌下来*"（使徒行传2章33节）的事实引用作为耶稣复活和升天的证据（而且这些事证明现在祂是"*主耶稣基督*"）。后来彼得和约翰抓住为"要求周济"的那个人行神迹的机会，带领群众信主；他们看到神迹，并且听到信息（使徒行传3章9-10节；4章4节）。"**神迹奇事**"显然是初代教会大幅度成长的主要因素之一（使徒行传5章12-16节）。

保罗也知道用这些方式来传讲福音。事实上，他指出三个层面——言语、行为和神迹（有些人喜欢押头韵的说法："言语、作为和奇事"〔words, works and wonders〕)。在他前往罗马之前,告诉罗马教会有关他在外邦人当中的宣教方法时,他写道:"我赢得他们,是藉由我的信息和我活在他们面前的好行为,以及透过我行的神迹这些从神而来的异能——都是藉着圣灵的能力。用这样的方式,我完成了从耶路撒冷直到以利哩古的福音事工。"(罗马书 15 章 19 节——Living Bible 改写;参阅帖撒罗尼迦前书 1 章 5 节)

在这段关于保罗所用方法的描写中,令人惊讶的是,有两个层面是透过眼睛,只有一个层面是透过耳朵。所说的真理由所见之事来证实,用人的作为和神迹。人的"作为"并不以社会规范或政治压力产生的行为为主要内容,虽然可能是福音必要的外展工作。耶稣的定义是更高的"生活标准",是道德而非物质上;祂在登山宝训中清楚地说明——不要愤怒,不要贪婪,不要离婚,不要发誓,不要报仇,不要刻意在公众显示敬虔,不要忧虑等等(见马太福音 5 章 16 节和马太福音 5 章至 7 章全部)。属天的"异能"主要是医病和赶鬼(马太福音 9 章 1 节),虽然并不只限于此(参阅保罗令塞浦路斯的术士"变瞎",重复他自己在大马士革路上的经验,并引导至与方伯的谈话——使徒行传 9 章 9 节,13 章 11 节)。

这一切都与国度的福音结合成一体。好消息是神的国(祂的"掌权"而非祂的"领土")已经藉由王的到来而重建在地上。现在祂高升到宇宙的宝座,而祂在地上的子民已经享受到祂统治的好处,正在预备所有相信的人，准备迎接王回到这个世界后的完全国度和最后的建立。这真的是一个"令人难以置信"的计划，超出人类的经验或想象（以赛亚书64章4节；哥林多前书2章9节引用这段经文）。"在那时那地"的国度也是"此刻此地"（耶稣的比喻当中有一半指向国度建立在地上的未来危机；另一半指向现在的过程）。人们期望一些可见的征兆，表明国度已经在此地，难道是不合理的吗？初代教会门徒能够指着神迹异能宣告耶稣已经掌权；指着人的作为来宣称他们已经是祂的子民。国度能够且应该被证明、宣告（路加福音10章9节），这正是保罗所谓他在哥林多的传道是"用圣灵和大能的明证"（哥林多前书2章4节；参照使徒行传14章3节）。

超自然的"异能"已不复存？

通常大家都承认使徒的讲道以这种方式为证（哥林多后书12章12节），但是经常争论的是，这并不是全教会历史中的宣教模式。争辩之处在于，一旦使徒的教义完成，并且成书，这种神迹式的确证就不复存在。因此信心必须相信过去（亦即未见之事）的神迹，作为信息中的真理的证据！因此可见的书册被视为彰显能力的充分替代品！经文和教会历史都不支持"当神的话语从口传转变为书面形式时，神就撤回神迹的验证"的这种看法。（举例来说，约翰·卫斯理于1749年1月4日写给康约·米铎顿医生〔Dr. Conyers Middleton〕的关于预言、方言和医治的信，就是关于超自然恩赐继续不断的经典辩护。见他的《书信》〔Letters, Epworth, 1931〕，第二册，312页以后。）

有一处清楚的经文否定神令超自然"异能"消失的这种观点，虽然它并非原始经文的一部分（也就是马可福音16章15-20节）。即使它是后来由初代教会编辑加添的内容，却是后使徒时代见解的更好证据！这里是颁给教会在"全世界"和直到"世界的末了"的宣教命令。这里的应许是无论在何时何地，只要传讲福音，神迹异能就会随着所有的信徒，不只是使徒。将这些"随之而来的神迹"重新解读为"多人信主"或"改变的生命"，是滥用圣经用语，也是为了掩饰缺少所预言之神迹的事实。

举证的责任在于那些主张"神迹奇事"已经撤回的人身上。他们无法否认一件事——圣灵本身并没有被撤回。除非能够提出清楚的圣经或历史根据证明祂的运行模式发生剧烈变动，否则祂的能力彰显和祂的恩赐仍然是整全福音传达的必要且令人信服的特色（希伯来书2章4节）。必须补充的是，书面的话语，甚至是传讲的话语，都可以在没有圣灵的情况下散播出去（举例来说，一个不信者可以被人花钱聘雇去散发福音单张，有些人有可能因此而得救！）——但是若没有祂同在，人的作为和神的神迹是不可能复制再现的（这必然是为何耶稣命令门徒在耶路撒冷等候，直到他们"领受能力"为止）。即使是关于祂的死、复活和升天的"圣经"知识，也显然不足以成为祂的"见证"（比较路加福音24章27节和使徒行传1章8节）。

理智辩护的价值

在帮助他人相信时，必须考虑另外一种福音真理的"证据"。我们指的是"卫道（护教）学"的角色，为信仰提供"经过思考的辩护"的需要及能力。若说没有人曾经透过争论进入神国，仅是部分真实（亚基帕对保罗的说服力的反应往往被引用支持这种观点；使徒行传26章28节）。通往真理的藩篱可以藉由展现基督教的合理性而将之除去。（举例来说，鲁益师〔C. S. Lewis〕、薛华〔Francis Schaeffer〕、蓝姆〔Bernard Ramm〕和麦道卫〔Josh McDowell〕的著作都以这种方式帮助许多人；他们提供了绝佳的"弹药"库！）信仰并不是要你执行理智的自杀。信心和理智走在通往真理的同一条道路上，虽然信心奔走得更远。林肯（Abraham Lincoln）岂没告诉过你："尽你所能地在理智的基础上接受圣经，用信心接受剩余的部分；你不管是生是死都会更快乐。"

一方面，有越来越多的证据证明圣经的历史正确性，尤其是在考古学领域。接着还有经文本身固有的可靠性；复活记录的环境证据应该足可说服任何陪审团相信这件事确实发生了。许多所谓的"矛盾"都可以显明为仅止于表面或外表上的。经文本身的历史就可令人信心日增。将近六百个独立的预言已经成真的事实（剩余的五分之一几乎都与末世有关）要比迷信的占星学或科学未来学更令人难忘。一般的未信者大多不知道我们可以收集多少累积证据来支持神话语的真实。

另一方面，有效的护教必须处理圣经的一般性哲学见解，以及特别的历史细节。圣经当然不教导无神论（相信"没有神"，这需要极大的信心才能接受！）、**不可知论**（"我不知道有没有神"）、**泛神论**（"万物皆是神"）、**人本主义**（"到法定年龄之后，人就是神"）或自然神论（"神创造世界，但是不能控制它"）。真正的圣经哲学是**一神论**（"神创造世界，并且掌管宇宙"）——从自然和历史来看是最为合理的看法。

在呈现特定的证据或一般性地让人觉得合理时，我们是顺服圣经的命令："**有人问你们心中盼望的缘由，就要常作准备。**"（彼得前书3章15节）然而，"缘由"（理由）既主观又客观，应该同时包含经验和证据。有两个警告，或许可以作为本节的结束。第一，必须分辨提问者是真的有困难想要解决，还是只是放烟幕弹，以掩饰他绝对的怀疑主义（在后者的情况下，无论满意地解决了多少问题，都会找到更多问题）；第二，虽然真正的心理藩篱必须加以面对，我们必须指出，使我们不能相信上帝的主要问题是道德（我们最深切的需要是赦免，不是启发）。

帮助人在信心中行事

以言语、作为和神迹呈现福音,透过耳朵和眼睛进入心灵和意志中,并且知道福音的真理已经被完全接受之后,下一个步骤就是帮助人在信心中行事,因为相信主要是关乎意志——必须要加以实践(见第3章),我们可以采取两个实用的步骤。

第一,信心必须以言语表现。从负面来说,提供该说的话语是没有帮助的,无论是信条范例或"认罪祷告"都一样。慕道者可能容易意识到重述其话语的那个人,而不是听人忏悔的那一位神。最重要的是,诚心的程度与"祈祷文"和说话者的情感与思想的切合程度成正比。从正面来说,让一个人直接对主说话要好得多,让他寻找自己要说的话,无论多么简单或结巴。一个能够分辨的辅导者只要仔细聆听未诉诸言语和已诉诸言语的内容,就可以明白这个人可能需要哪些进一步的协助,以及他们是否真心地"求告主的名"。在这个阶段,应该鼓励他们使用人的名字"耶稣",而且当他们明白这名的意思时,要称祂为"主"。尤其要注意有没有使用人称代名词;不能只说"我相信你死了,并且复活了",而应说"我相信你死了,使我不再犯罪,并且复活,好帮助我找到真正的生活。"可能有必要鼓励对方作几个简短的祷告,间以辅导,在明白信仰的各层面之后逐一表达。

第二,信心必须以行为表现。帮助一个人开始凭信心生活,并且一生继续如此行,是很重要的一件事。达成这个目标的最好方法就是找出一些立刻需要主帮助的特殊需要或状况。然后可以详谈这些部分；应该清楚解释信心并不是相信神可以帮助，而是相信祂一定会帮助。在和人一起祷告之前，先明白他的信心程度，是非常重要的。最好的办法是建议神可能在该环境下行事的几种方法（从环境的小改变到全然改变），并且问对方相信有哪些事会发生。有时候建议一个期待明确答案发生的时间，会有所帮助。我自己分辨信心的"技巧"是提出一个直接挑战（"所以你真的相信主会在这个月底给你20英磅，是吗？"）——但我不是听他的答案，而是直接看着他的眼睛！眼睛是"身体的灯"，怀疑总会从"摇摆不定"的眼光中显露出来；只有当眼瞳仍然坚定，那个人坦然回望时，我才觉得能够有信心地祷告，耶稣"**两个人在地上同心**"的应许会成就（马太福音18章19节）。通常必须"削减"祈求的规模，以配合初信者信心的程度；但是祈求确然发生的小事，会比祈求不发生的大事来得更有帮助！这样做不但可以分一些信心的恩赐给他们，也可以激励他们的信心继续并成长。

当然，我们假设一个好的辅导者会早早告知门徒：信心的第一个实际表现和行为，就是在水的洗礼中埋葬他旧的"已死的"生命并洗净老我的"污秽"。如果他真的相信耶稣的赦免，他会欣然顺服祂，接受这个洁净的仪式（使徒行传2章38节）。

34
帮助门徒受洗

这可能是本书中最短、最简单的一章！只有两件事要做。

第一，确定预定受洗者，已经真心悔改且真正相信（见本书第2、3、32、33章），这是绝对不可或缺的；要记住，口头上的告白不能保证行为上的拥有。一旦确定这两项资格，就不需要再有任何拖延。

第二，必须找到有足够水的地方（约翰福音3章23节）。浸在水中似乎是新约圣经的洗礼模式（这个字本身指出这一点，以及它的用途），当然也传达出新约圣经的意义（结合"沐浴"和"埋葬"）。在英国，这事相当容易：越来越多的教会建筑（包括英国圣公会）装设水池，许多社区的休闲中心有游泳设施，而且英国有许多河流和湖泊，这还不算上四面有海围绕。在俄国，他们打破结冰的湖泊下去受浸，后来还得帮受洗者取暖！有时候在常年干旱的地区，他们就挖一个坑，铺上棉质包巾，将受洗者"埋"在其中，再把宝贵的水洒在包巾上，直到它吸满水。有志者事竟成！

洗礼的实践

这个行为的功效不在于使用的水量，因为重要的并不是身体的洗涤（彼得前书3章21节）。但是我们越能同时呈现沐浴和埋葬，对于受洗者而言就越有意义。经由"点水"成为信徒的人往往觉得"被欺骗"；似乎没有真正的理由支持不以浸在水中来"完成"他们的洗礼，藉此为"沐浴"增加"埋葬"的层面（洗礼当时所使用的话语应经过适当的调整）。

洗礼的功效也不倚靠施洗者的灵命地位或状况。施洗约翰自己甚至没有受过洗，虽然耶稣接受他的洗礼（马太福音3章14节）。今天一个人可能无法完全自在地接受一个自己都没有预备要受洗的人施洗。新约圣经中也没有任何地方暗示说洗礼只能由任何特定的"牧职"来施行（经文里也没有暗示独占这项圣礼的"按立"牧职）。事实上，使徒遵循耶稣的榜样，把施洗的工作交给助手（比较约翰福音4章2节；使徒行传10章48节；和哥林多前书1章13-17节）。保罗本人是由一位名叫亚拿尼亚的"普通"弟兄施洗的（使徒行传9章17-18节）。关键要素是顺服于另一个人，主自己就是一个完美的榜样。沐浴和埋葬是为我们做的，不是由我们做的；一具"尸体"不会在葬礼里提供协助！

然而，"凡事都要规规矩矩地按着次序行"（哥林多前书14章40节）。如果有成熟的基督徒领袖在场，最好请求他们施洗。而且为了他人以及受洗者的缘故，最好能有公开的仪式，而不要私下进行。这种公开的"见证"可能是保罗提醒提摩太"**在许多见证人面前，已经作了那美好的见证**"时的意思（提摩太前书6章12节）。但是必须强调这种"潮湿的见证"并不是洗礼的真正目的，无论它对旁观者的影响有多大。

期待受洗者在过程中参与言语告白的部分，当然也有良好的圣经根据，但是这主要是向主说——承认实际的罪（马太福音3章6节）并求告耶稣的"**名**"（使徒行传22章16节）来赦免这些罪（使徒行传2章38节）。用这种方式对祂说话，作为悔改和信心的表现，要比为旁观者提供其归主的简略历史更加重要；后者或许是有益的补充，但却不能替代前者。

在受洗者"浸入水中"并"离开水里"之后，应该立刻按手，配合热切的祷告，求圣灵降下，如果他还没有领受圣灵的话（比较使徒行传10章47节与19章5-6节；亦请参阅下一章）。在这时候，如果在场其他人把注意力从洗礼转移到主身上，全心地赞美与尊崇，是有帮助的；在这样的气氛中，当圣灵"浇灌"时，受洗者比较容易"涌流"。

这个事件／经验的记忆会在这个人一生中成为激励和鼓舞的源头。无论他的悔改和相信是快是慢（新约圣经并不在乎速度），现在他可以确知旧生命结束、新生命开始的日期。（正如一位牧师对受洗者说的："这是你的葬礼，好好享受！"）洗礼与门徒身份的关系，就如同婚礼与婚姻的关系。

在洗礼和婚礼中，当下可能并不明白所说及所做之事的全部意义（有哪一对相爱的新人确实明白"不论好坏，不论贫富，不论疾病或健康，只有死能使我们分离……"的含义？）。没有关系。岁月会阐述完整的重要性及更深刻的理解。新约圣经关于洗礼的教训大部分是后来才给予的（参阅罗马书6章3-4节）。必须经常回想洗礼的仪式，但是绝不能重复。一对夫妇应该只结一次婚，基督徒应该只受洗一次。

这就带领我们进入"再洗礼"的棘手问题！

再洗礼——这样做适当吗？

在欧洲，尤其是在大不列颠群岛，许多人（如果不是大部分人的话）已经在婴儿时期经历过"命名"（christening）仪式，采行此仪式的教会认为这是完全的基督徒洗礼。虽然一个人对这件事没有有知觉的回忆，无法经常从中获得激励，也看不出那个仪式和他后来的"归信"有任何关系，他仍然被禁止考虑"再接受一次洗礼"。既然已经向他有罪的生命死了，却不能获得适当的葬礼！每当他读到新约圣经的洗礼模式、意义和时刻时，他往往觉得他的父母和教会剥夺他的"正常"基督徒诞生。

相信婴儿洗礼合理性的基督教神职人员，会试着帮

帮助门徒受洗

助新基督徒在他们的命名仪式中"复诵"基督徒洗礼的完整意义，虽然意图这样做而不把原来的洗礼变成纯粹象征性或实际上的魔法性质存在着真实的困难。许多人承认，洗礼对婴儿的意义必然与它对信徒的意义不同。

有的人想把强调重点移到别处，例如把注意力集中在以"坚信礼"作为婴儿洗礼的"完全"，坚持说悔改和相信可以发生在洗礼之后，就和发生在洗礼之前一样容易（虽然这种说法将洗礼的功效和事件区隔开来，通常至少相隔十年！）。最近还出现不寻常的说法，叫做"由浸入水中来坚信"；施行这种混合仪式的人说服自己相信这不是洗礼，但是接受的人渐渐认为它就是洗礼！

把教会当作主的权威声音的人有可能接受这些权宜之计，虽然往往带有遗憾。把圣经视为主的权威声音的人会发现困难得多。由于这本书的读者比较可能属于后者，因此我们必须毅然面对困难。

处于这种两难困境中的人必须准备花时间和精神去寻找这个问题的可信答案："*在主的眼中，我是否已经受洗了？*"答案将来自圣经和透过圣灵，虽然旅程中将包括听听别人的看法。

我建议以下的途径。首先，研读新约圣经中所有关于这项主题的经文（超过 30 处，但是温华尔〔Stephen Winward〕著、浸信联会〔Baptist Union〕出版的《新约圣经关于洗礼的教导》〔*The New Testament Teaching on Baptism*〕将这些经文编排成一个月的每日读经进度）。

在研经过程中，问你自己："这是否适用于我？我能主张这属于我吗？"第二，和观点不同的基督徒谈一谈，原则是如果有一个人说服我们相信某个看法，其他人可以说服我们拒绝这个看法；但是如果神对我们说话，要我们相信某个看法，那么无论人说什么都只会让我们更加肯定！第三，找出教会为何及如何引进并继续施行婴儿洗礼（附录一就是为此而收录，虽然主张婴儿洗礼者绝对会认为我的看法有偏见；他们可以建议将他们提出的摘要和我的主张并行研究）。第四，花时间与主相处，把各种选择放在祂面前，求祂在祂要你遵行的那个选择上给你平安，其他的选择都让你不安。第五，运用时间的考验：人的刺激消退，但是主的引导会更加强烈，直到真的别无选择、只能顺服或不顺服为止。

如果这个过程导致你决定以信徒的身份接受洗礼，应该先和你的团契的领袖谈一谈——至少获得他们的祝福，即使他们觉得不可能合作或同意。在这个阶段，务必要弄清楚，如果这个人到别的地方去接受洗礼，那么他们是否愿意接续其他方面的牧养责任；如果答案是否定的，那么就必须考虑哪个教会可以接续成为属灵的家，以便在施行洗礼的前提下与"新"牧者接触。

最后，我要真诚地请求主张婴儿洗礼的神职人员尊重他们牧养之人的个别良心。好牧人的首要关切不是信徒顺服他个人，甚至不是顺服他的教会，而是顺服教会的头和祂的天父，祂才是最大的。当羊相信要在特定的事上顺服大牧者时,除非圣经清楚禁止这件事,否则应该予以鼓励。应该允许信徒遵从良心和信念。

再洗礼不能被视为不可赦免的罪。它当然不应该被当作惩戒的原因,更不用说是逐出教会。毕竟,这个"罪"的动机是决心在所有事上顺服主,行诸般的义(马太福音 3 章 15 节)。因此而受罚是不对的!而且在新约圣经中有一些"再洗礼"的前例。当之前的洗礼缺少对主耶稣的救赎信心时,即使它表达出悔改,保罗仍然毫不犹豫地再行一次洗礼(使徒行传 19 章 1-6 节;见本书第 20 章)。彼得在五旬节当天可能也做了同样的事,因为那三千人当中不可能没有人在约旦河里受过约翰的洗。真正的问题是:使洗礼具备"基督徒"意义的是什么因素——正确的公式?或坚定的信心?正确的施洗者还是正确的受洗者?

当然,再洗礼可以被视为是反对教会的"罪",以信徒的身份"再次"受洗就是否认婴儿时的洗礼,这是说教会(以及神职人员)这样做是错的。它质疑数世纪以来的传统,虽然它绝对不是惟一的传统。但是从什么时候开始,相信不会犯错的教会成为基督徒信仰的一部分?教会的权柄所倚恃的在于她是一个圣洁、包容,而且最重要的,合乎使徒的(就"坚定地持守使徒的教义"的观念而言)教会。当教会离开新约圣经的教训时,教会就不能期待自己被信徒顺服,在不被顺服时也不应该觉得被冒犯。

令人悲伤的是新基督徒会这么快被投入这种论战之中。更令人悲伤的是有这么多基督徒被拒绝接受在他们"归主"那一刻如此需要的圣礼。洗礼必须恢复到它正确的背景——它是福音的回应,而不是教会的仪式。它是领受福音话语一种极其相称的表现,远过于"走到前面""在决志卡上签名"或是"接受坚信"。它是主耶稣亲自设立、甚至命令的回应(见第 7 章关于大使命的讨论)。它的关键功能是透过与旧生命的"干净的决裂",为门徒提供新生命的"干净起点"。教会剥夺其信徒这个重要经验,还要剥夺多久?

但是,单靠着洗礼并不够。在水中的洗礼或可妥善结束过去,但是通常应该是在圣灵里受洗的序曲,这是对未来的适当引介。那些出生两次的人必须受两次洗礼!

35
帮助门徒领受

就和水洗礼一样,这原本该是简短的一章,但是当代的混淆使得整件事变得复杂许多。

关于领受圣灵的混淆

在使徒时代,祷告和按手一起,通常是在洗礼后立刻行之;圣灵随即由主赐下,由悔改且受洗的信徒领受,并具备可为确据的外显证据。正如我们已经看到的,只有在两笔记录中,圣灵是在缺少这种"事工"的情况下赐下并被领受,而且有清楚的原因可以把这两个情况视为"例外"(见本书第14章及18章)。通常的程序是由已经"领受"圣灵的人将这礼物"分"给寻求的人。也没有任何记录指出这样做未能产生想要的结果。当时的生活似乎单纯得多,属灵方面和物质方面皆然(使徒行传3章6节)!

思想今日教会的种种变化,"自由派"似乎忽略了"领受"圣灵的必要,因为确信祂已经与人同在,在世界上也在教会中——甚至有些人说在世界上更甚于在教会里。"福音派"很少提到"领受"圣灵,他们认为这事会在一个人"接受耶稣进入生命"时自动发生,而且通常是在不知不觉中。"圣礼派"认为圣灵是在婴儿洗礼或青少年坚信礼时领受,但是何者实际完成这事,则存在分歧。"五旬节派"倾向于教导两次领受圣灵。第一次是在潜意识里,目的为了救赎,因此发生在归正之时。第二次是有意识的,目的为了事奉——这发生在归正之后(通常是很久以后),有时候称之为"第二次祝福"。第一次领受是领受圣灵位格,第二次领受是领受圣灵的能力(这种区分并不容易取得新约圣经的基础——见本书第13章和附录二)。

这些观点都不符合新约圣经的全部教训,我们在本书先前的章节中已经试图呈现这件事。与自由派观点相反的是,新约圣经清楚表明世人不能领受圣灵(约翰福音14章17节);圣灵只赐给耶稣的门徒。与福音派观点相反的是,新约圣经清楚地区分"相信"和"接受",因此有可能拥有其一而未有另一个(见本书第16章及20章);再者,"接受"是完全有知觉的,并有清楚的证据。与圣礼派观点相反的是,新约圣经清楚区分水洗礼和圣灵洗礼,虽然二者关系密切;它也不能被视为一种"确认仪式",作为圣灵事实上已经被接受的合理证据,无论按手者是什么大人物!至于五旬节派,新约圣经只提到一次"领受"圣灵,是为了救赎和事奉、位格和能力的目的,是"第一次"成为基督徒的不可或缺要素。

帮助门徒领受

这种混淆导致人明显拒绝采用新约圣经文字的原始意义。"接受"的对象是三位一体的第三位，如今变成领受第二位；"印记"被解读为内在和属灵的事，其他人完全不能察觉；完全不使用"被膏抹"的说法，除非是使用实际的油膏；"被充满"(filled)被放弃不用，改用后来的"满有"(fullness)；"受洗"只用在神学争论上，再也不用于一般性的教导或讲道（而且它"浸泡、湿透、投入水中"的意思被忽略了）；"浇灌"(pour out)再也不用；"呼求"被改变为沉默的"内在见证"；"降下"(fall upon)保留供罕见的"复兴"时刻使用。简单的事实就是，这种新约圣经用语根本不"适合"现代的教会实践或经验！

因此，似乎兴起一种共同的约定，对于圣灵的赐下保持沉默，尤其是在普世福音工作中。"归主者"必须自己在门徒身份的较后期阶段中去发现受颂扬的三位一体的第三个位格（有些人在很久之后成功了，但是有许多人根本就不成功）。这种延迟必然使得认识圣灵更加困难。为一个人祷告、祈求圣灵"降临"在他们身上的最好时机，是在他们悔改、相信并受洗之后立刻行之。等候时间越久，通常越困难！

然而，当代有一个好的特色："灵恩更新"影响教会中的所有流派！现在许多人的经验非常接近初代教会，在敬拜中有更大的自由，团契更深入，释放恩赐，相信圣经和在主里的喜乐都再度出现——某些人因而欢喜，其他人则惊惶失措！但是神学跟不上经验，尤其是在成为基督徒的神学方面。整体来说，主流宗派拒绝接受这种经验，而且顽固地维持过去的神学和实践，试图将新酒装进旧皮袋里。这种异常反应的标志之一就是对这种经验发展出委婉的说法，以取代新约圣经的用语。例如"圣灵的释放"（罗马天主教和部分英国圣公会爱用）和"已在潜能中领受恩赐的实现"之类的说法试图为旧经验创造新的范畴；而"更新"（renewal）这个用语本身则能代表许多意义。愿意重新思考其"成为基督徒"教义的人到最后通常会建立新的团契或"家庭教会"，大部分也施行信徒的洗礼。

在一个关于"帮助门徒领受"的章节中，上述这些话可能都像是学术的闲谈。它和本章主题相关性很简单："帮助"的第一个要求就是"帮助者"！他们必须从圣经和自己的经验中确信除了悔改、相信和洗礼之外，还必须"领受"圣灵。他们必须专注地祷告配合按手，并且有强烈期待的信心，相信神会将祂的门徒"浸泡"在圣灵里。不确定和犹豫都会对事奉产生负面影响（在言语或作为上），明确和信心则会产生正面影响。坚强的信仰乃建立在清楚抓住信心之上；五旬节本身乃根植于对"应许"的信心（路加福音24章49节；使徒行传2章33、39节；加拉太书3章14节）。帮助者必须绝对确定应许和它的个别实现。

处理领受圣灵失败的状况

现在我们可以考虑受帮助者心中可能的压抑。换句话说，如果一个人接受代祷，而且"什么都没发生"，接下来应该说什么或做什么？

最没有帮助的做法是向门徒保证他们已经领受了，即使什么事都没有发生！经常在辅导材料中看到"如果你觉得没有什么不同，也不用担心"甚或"不要期待会觉得有什么不同"（很可能实现的期待！）这一类的建议，实在令人不安。有时候会诉诸一些经文，暗指信心必然是在事情成就之前就先确信，举例来说，耶稣自己说的话："所以我告诉你们，凡你们祷告祈求的，无论是什么，只要信是得着的，就必得着。"（马可福音11章24节；参照希伯来书11章1节）有一种以这节经文为根据的信心教导，错误地鼓励没有支持证据的见证（"我知道我已得医治，即使我仍然跛脚"）；这种陈述会造成自我欺骗，并导致失望和理想破灭。耶稣使用的时态很重要："……只要信是得着的〔不定过去式＝一劳永逸〕，就必得着〔未来式，所以不能理解为'已经是你们的'〕"。换句话说，相信原则上祈求已蒙悦纳的信心说出来的祷告，会获得实际的应允。我曾经为一些人领受圣灵祷告，没有获得立即的结果；但是我在圣灵里觉得可以向他们保证，他们的祷告已蒙垂听，并且请他们在实际领受圣灵时通知我，我也因此接到一些令人兴奋的电话，通常是在几小时以内。相信事实已经发生但是没有任何证据，与相信事情会发生并带有证据之间有极大的差异。后者是"领受圣灵"所需要的信心。

但是假设在用这样的信心祷告之后仍然没有果效，然后呢？圣经的鼓励是继续求，直到领受为止！"现在进行式"的希腊文动词时态并不一定都会翻译为英文的对等时态（"继续"做某些事）。因此我们没有体会到"你们祈求，就给你们；寻找，就寻见；叩门，就给你们开门"（路加福音11章9节）的意义，而且这段经文就在耶稣给我们的保证之前："……何况天父，岂不更将圣灵给求他的人吗？"（路加福音11章13节）。这段经文不可能指称不能"领受"的不信者，因此这是给信徒的鼓励，要他们坚持祷告，祈求圣灵的恩赐。毕竟，一个祈求一次、没有立刻获得回应就放弃的人根本就不够认真；若是生命中其他的任何需要、野心或优先权，他们几乎不会这么容易就丧志！当一个人非常渴望一样东西时，他们通常会坚持到得着为止。

一直无法领受圣灵意味着可能有必须找出并修正的其他因素。这些因素可能相当基本（举例来说，保罗查验水洗礼；使徒行传19章3节）。最常见的阻碍之一是未能悔改，尤其是和参与秘教及捆绑有关的事（从互济会到占星学）。即使信心也必须加以明辨和考验。在寻找其他"问题"之前，先依循使徒的前例并查验这些基本要件是明智的。但是还有什么可能因素？

帮助门徒领受

有些人根本不知道该有什么期待，或是如何"领受"，他们需要榜样和说明。如果一个人从来没有听说过或见过圣灵"降临"在人身上会发生什么事，他们就居于不利的地位。五旬节的那120人是犹太人，他们自己的历史就提供榜样（民数记11章25节；撒母耳记上10章6节）；那3000人看到并听到那120人发生的事（使徒行传2章33节）。领受圣灵并不倚靠亲眼看到其他人的经验（正如哥尼流全家所表现的；使徒行传10章44节），但是这可以成为极大的帮助。我们已经讨论过，看见和相信不一定彼此抵触（在本书第33章）。今天一般教会表现出圣灵能力同在的视觉或听觉证据是如此少，几乎不能刺激新信徒的羡慕或期待！让一个人置身于被圣灵充满的团体中，会更加容易领受圣灵。若要非常实际，让一群"帮助者"自己"在灵里祷告"（哥林多前书14章15节；以弗所书6章18节），然后"等候看会发生什么事"，这样的帮助会更大。刚在圣灵里受洗的人就会成为"圣灵团契"（希腊文：koinonia = 共同，共享）的一员。这样可以帮助他们立刻明白刚刚发生之事的群体层面（"成了一个身体"的真理；见本书第23章关于哥林多前书12章13节的讨论）。

"领受"的主动要素可能必须仔细解释。许多人试图完全被动，以为这是正确的态度。必须有人告诉他们，我们并没有变成机械人！圣灵并不把祂的能力强加在任何人身上，而是在他们的合作之下，让他们能够说及做超自然的事。必须强调的是在第一个五旬节时"他们（不是"祂"，圣灵）开始说起别国的话来"（使徒行传2章4节）。圣灵告诉他们该说什么，但是由他们来说。圣灵的所有恩赐都是如此——祂提供恩赐动量（哥林多前书12章6节的原字），但是我们必须运用它们。如果圣灵如此"大大感动"我们，以至于我们"不得不"做某事，那就和祂自己的"节制""果子"直接抵触（加拉太书5章23节）。当我们的意志与祂的意志融合，而且我们透过自愿的涌流来回应祂的填入时，祂的能力就被释放出来。

可叹，有许多人想要被充满（内在和私底下），但不想要涌流出来（外在和公开）。一个人的内向气质加上国家文化的保留态度，情感的藩篱就十分巨大！或许这是为何"五旬节教派"在"新世界"的成长速度比在欧洲更加迅速、在南美洲比北美洲迅速的原因。英国的宗教一向非常内向，以至于"有氧"的敬拜成为咒诅。感情的流露和敬拜的尊严被视为完全不兼容。"哈利路亚"可以用礼拜仪式的方式来说或唱，但是不能自发地说出口！一个人因为"压抑"而受称赞，因为"流露"而被唾弃。但是这种压抑的态度可能有极大的破坏力——例如，对失去亲人的人来说。

即使"福音派"的理解也把"内向"与"属灵"画上等号——"五旬节派"则正好相反，他们往往以为嘈杂就是能力！许多人从来不曾高声祷告，即使当他们独自一人时，尽管耶稣教导说："你们祷告的时候，要说……"（路加福音11章2节）。结果就是许多人只有在从外面给予刺激时，才会属灵地用言语表达他们自己（例如在唱圣诗时），而从来不曾学习从内在受鼓舞发出言语。其他人则早已习惯于只经由意志说话，在说话前先小心地考虑该说什么；他们从来不曾学习从灵里说话，甚或考虑这种可能性（参见哥林多前书14章14-15节所描述的差别）。当保罗谈到自发地呼叫（罗马书8章15节的希腊字 *krazein* 的意思；参阅马太福音14章26、30节）"阿爸"这个词时，这段记载被引用为"内在见证"的例证，而且认为是"感受"而不是"喊叫"！

在谈到被圣灵充满到满溢出来时，这个社会的压力有极大的限制力量。害怕在其他人面前让自己出丑，这种恐惧是非常真实的。在最初的五旬节里，由于他们毫无拘束的公开行为，导致关于他们喝醉酒的谣言很快就散播开来，也使彼得的讲道采用奇特的开场白："什么？在早上九点钟的时候？酒吧还没开张呢！"保罗把醉酒和圣灵充满作比较，好像是度过愉快夜晚的方法，但是把天亮后的结果拿来比较（以弗所书5章18节）！五旬节也说明一个事实，就是当你周围的人都做同样的事情时，会更容易不理会社会的压抑——这又是一个将寻求圣灵的人放在一群在灵里祷告和赞美之人中间的理由。

有些辅导鼓励用"呀呀学语"作为第一步。这样做不大可能造成任何属灵的伤害，但是在某些情况下，这样做有助于克服仔细思考所说话语的心理习惯，也让一些人熟悉听到自己发出不明其意的不寻常经验（当他们流利地使用不明白的语言时，就会做出这样的事）。但是这种"学语"绝对不能被视为方言的恩赐（方言有清楚的文法及句法，无论是否听得懂）。我偏爱鼓励人独处并学习用他们最大的声音向主"喊叫及唱歌"（诗篇里面经常命令要如此行），思想他们得到的完全恩典和怜悯，因喜乐而跳跃，以胜过自己的心理障碍——直到他们到达不在乎任何人看见或听见他们的地步！不少尝试如此行的人发现他们几乎在不知不觉间进入圣灵的涌流中，没有察觉自己正在使用一种新的语言，直到他们停下来思考发生的事。

可叹，有些恐惧是不良的教导所助长的。如果一个人已经在一间教会里待了一段时间，他们接受的教导可能已经在他们的思想里种下一些严重的怀疑——以至于他们无法凭着信心全心全意地伸出手。这种"三心二意"的态度会令人瘫痪（雅各书1章7节）。这种教导的两个例子，是和"体制"及"属鬼魔的"的主张有关。

首先，有些人已经听说过在圣灵里的洗礼和圣灵恩赐等超自然经验只出现在使徒时代，在新约圣经完成时就已经废弃了。之所以赐下这些超自然经验，只是为了在使徒的话语以书面形式作最后定案之前作为证明，从而让初代教会承认他们的真实性和权柄。这是很好的理论，但是没有任何真正的圣经根据。一个在这种教导中长大的人会在信心上有所偏差，必须有耐心地让他们看见这些能力的彰显是为了"末后的日子"（约珥书 2 章 28 节；于使徒行传 2 章 17 节中引用）——这段日子涵盖从基督第一次到来到第二次到来之间的整个教会历史；当"完全的来到"，我们与主"面对面"时，这些事都要"过去"（哥林多前书 13 章 8-12 节）。

第二，有些人经常被警告说要小心"撒但的伪装者"，以至于健康的恐惧变成令人瘫痪的恐慌症！这往往和刚才提到的教导有关：那些认为圣灵的"恩赐"不是为今日预备的人，会怀疑所有的能力彰显都是来自恶者。他们无法分辨属神、属血气和属恶者的方言（"信心医病"同样有这三种类型）。所有真正的属天恩赐都有一个属血气的替代品和撒但的仿冒品。除非非常清楚说明这件事，否则在寻求正确的事物时，确实会害怕领受到的是错误的事物！幸运的是，耶稣已经预期到这个问题。就在祈求圣灵的同一段经文中，祂教导说，孩子向父亲祈求有用的东西，可以放心，绝对不会得到毫无用处、有害或危险的东西（路加福音 11 章 11-13 节）。惟一可能领受到撒但仿冒品的情况是没有完全弃绝参与神秘仪式的罪。对其他的情况来说，可以完全信任天父会把我们求的东西赐下。

具体的问题：没有领受圣灵的年长信徒

还有最后一个状况必须考虑。已经悔改并相信的门徒接受洗礼，并且过着基督徒的生活许多年了，在恩典和圣洁中成长，在信靠和顺服上成熟，事奉忠心且有果效，不但敬虔，人格也可靠——但是从来不曾经历过可以称为"在圣灵里受洗"的经验，该怎么办？他们需要"从头开始"吗？他们有缺少任何东西吗？他们的救赎是否没有完成？他们的事奉没有果效吗？我们必须指出两件事：

一方面，轻视过去或现在的任何事都是相当大的错误。这些全都是圣灵的工作。祂一直与他们"同在"经过一切，无论他们是否明白（见本书第12章）。即使在他们悔改和相信之前，祂就使人为罪、公义和审判，自己责备自己（约翰福音16章8-11节）。他们学习到与属灵价值有关的一切事都是祂教导的结果，若非直接就是透过其他人。祂对他们而言不是"陌生人"，关系不比五旬节前祂与门徒的关系更疏离。他们或许和门徒一样，能够偶尔行神迹，即使这些都不是新约圣经所说的"领受圣灵"的意义。

另一方面，暗示说已经没有什么可以给他们的，或是没有什么好渴慕的，也是相当大的错误。把成熟的"无灵恩"信徒和不成熟却"圣灵充满"的信徒作比较，相当不合逻辑！真正的比较方式应该是这两种人所拥有的若是更多，会是什么情形——前者需要更多的恩赐，后者需要更多的果子！信徒和三位一体的第三位之间应该具备有意识且持续的关系，如同和第一位及第二位的关系一样；而且完全意识到透过这样的关系所能支取的超自然资源（注意初代基督徒纯粹的"勇气"，和教育优势没有什么关系——使徒行传4章13节、31节)。如果一个真正的"圣徒"似乎对圣经的认识多于对圣灵的认识,就很可悲。当新约圣经提到"内住"的圣灵时,指的是一种动态的状态,而不是静态的身份(见第21章关于罗马书8章9节的讨论)。"领受"圣灵之后,神就赐下神迹及异能(加拉太书3章2、5节)。

有许多在以新约圣经的方式"领受"圣灵之后得享新领域的见证,有些甚至是在基督徒生活后期才有这样的经验。新的事工向神展开(尤其是在赞美与祷告方面),向他人展开(把医治和同情及周济一起给予患病者,说预言和讲道,特别的引导和一般的引导),而且或许最令人惊讶的是,向自己展开(方言的主要目的是"造就"自己;若未伴随翻方言的恩赐,它在公开场合是没有益处的)。

这类"老"信徒感受到的惟一悲伤,是他们没有早几年发现这样令人兴奋的事工领域。现在他们明白圣灵"充满"并不是在最后因忠心事奉而得的赏赐,而是在一开始为了有果效的事奉而得的装备。我清楚地记得一位威尔士的宣教士指出这一点;他提醒听众说五旬节是记载在使徒行传的第2章,不是在第28章!所有人都会同意这句古老谚语:迟到总比不到好……但是最好别迟到!

以时间来说,在水洗礼完成后,圣灵洗礼越快发生越好;而水洗礼与悔改和相信的时间间隔越短越好。因为成为基督徒的这四项要素彼此相属,彼此衍生意义。神所配合,人不可分开!

36
终于得救

到现在，许多读者会急于想问问题：在重生的"过程"中的哪个时刻，可以说是"得救"？有时候问题直接与成为基督徒的四个要素之一有关。是否必须在水中受洗才能"得救"？是否一定要说方言才能"得救"？很少有五旬节派的人问起相信是否为得救的必要条件！

将这方面的主题刻意延迟到最后才谈，主要是因为预先设想"得救"的意义可能会遮掩基督徒入门四重复合体的整个主题。现在必须正面面对这个挑战！

我们可以先从圣经中提到"得救"（saved）这个字的经文清单开始着手。它从来不曾直接与悔改这项要素联结，但是会和"灭亡"和"赦罪"连用（路加福音13章3节，24章47节）。它和相信一起使用（使徒行传16章30-31节；罗马书10章10节），和水洗礼一起使用（马可福音16章16节；彼得前书3章21节），也和圣灵洗礼一起使用（提多书3章5节）。因此相当容易就可以指出，从新约圣经的角度来看，"得救"包含全部四项要素。但这个事实比较可能加重发问者的焦虑，而非减轻！这是否表示如果四者当中少了一项或多项，这个人就仍然是"失丧"的？而且，在神学的层次上，这种观点如何融入"单单因信称义"的教义？

"得救"的意义

很清楚地，我们必须证明的第一件事是到底一个人从什么东西里被拯救出来。大部分人会说我们是从永恒的刑罚（即地狱）中被救出来。

过分简化的福音讲道造成广泛的印象，以为福音基本上是为下一个世界预备的保险政策。讲员面对听众，提出挑战："如果你今晚死了，你会在天堂还是地狱？"这个问题可能会引发听众对地狱的恐惧，但不一定是对"智慧的开端"的主的敬畏（注意，在启示录6章16至17节中，对于面见神的恐惧大于被山崩毁灭的恐惧；耶稣自己也警告祂的听众，要惧怕可以毁灭而不能被毁灭的那一位——马太福音10章28节；从头至尾的焦点都在于对个人的愤怒，而不是无关个人的毁灭——路加福音3章7节；罗马书2章5节）。

使徒的教导对于今世的关切与来世的关切程度相同。天国已经重建在地上；它可以在活着的时候赢得，而不只是在死亡时（注意耶稣不寻常的宣告，说从天降下的人子仍然在天上——约翰福音3章13节；某些抄写者无法接受这种似非而是的议论，因此有一些抄本没有后面的句子）。永生始于此时此地（约翰福音3章36节）。使徒比较可能用这个问题来挑战其听众：如果你明天仍然活着，你是活在撒但的国度里还是神与祂爱子的国度里（歌罗西书1章13节）？他们关心带领听众走上主的"道"（使徒行传18章25节下，19章9、23节，24章14、22节）过于"越过死亡线"；他们较少谈到重生，更多谈到"活得精彩"。

用另外一个方式来说，"得救"意指"从罪中抢救出来"，而不是"不会下地狱"。后者是前者的结果。耶稣不是为了把祂的子民从地狱里拯救出来而赐下祂的名，而是为要把他们从罪中拯救出来（马太福音1章21节）。许多人愿意从地狱里被拯救出来；很少人愿意从自己的罪中被拯救出来。大部分人想要享受罪中之乐并逃避惩罚。完整地成为基督徒的四重程序是给那些想要逃离自己的罪的人，他们真正明白福音（提供过正确生活的自由）而且真的愿意被拯救进入公义。虽然水洗礼和圣灵洗礼与未来有一些关系（注意提多书3章7节中的"后嗣"和"盼望"），它们主要的含义是当下获得洁净的生命，除去过去的污秽，为了现在而获得能力。

因此，"救赎"在新约圣经中是一个持续的观念，不是在一个时间点之后一个人就"安全"了，而是一个"程序"，人透过这个程序而被"救出来"（"救出来"这个词的意思要比"安全"更接近"救赎"的意思）。有一个经典故事，就是一位救世军的女孩问威斯考特主教是否已经"得救"；这位希腊文学者回答说："你是指 *sotheis*、*sesosmenos*，还是 *sozomenos*？"（译出来的意思是："你的意思是我是否已经得救、我正在被拯救，还是我将来会被拯救？"）他是在温和地指责她忽视"拯救"这个动词在新约圣经中的过去式、现在式和未来式（罗马书8章24节；哥林多前书15章2节；罗马书5章9节）。因为没有任何一位信徒的救赎过程已经完成；是否确定能够完成，那是另外一个问题，我们稍后会谈到。

称义、成圣和得荣耀之间的关系

"拯救"这个动词的过去式、现在式和未来式有点类似"称义""成圣"和"得荣耀"这三个名词。综合观之，它们构成完整的救赎，完整的拯救。透过它们，一个人从罪的刑罚、能力与同在中得着释放。现在必须面对的两个问题是：第一，称义发生在什么时候？第二，称义是否能在没有成圣的情况下保证得荣耀？把这些问题放在一句老词里："一次得救，永远得救"——"一次得救"发生在什么时候，"永远得救"是必然随之而来的结果吗？

称义和成为基督徒的四项要素

对于一个奇妙的经验来说，"称义"（justification）是个可怕难懂的词。这个拉丁化的英文字必须经过适当的转化才容易理解。口语一点的解释或许有助于理解称义这个字，"神说我没问题了！"它原本是法庭的法律用语，是法官宣告无罪开释（不是原谅罪行）。当神让一个罪人称义时，那完全是律法上的想象，除非从律法的角度来看，他的罪已经完成补偿；然而情况正是如此，因为神的儿子已经"付了罚款"（罗马书3章21至26节是关键经文）。"称义"意指圣洁的神可以"接纳"一个邪恶的人，"领养"他进入祂的家中，并称他为"圣徒"！

对罪人惟一要求的条件就是"相信"神儿子的死、埋葬和复活。但是，对"相信"过度简化的看法已经削弱了对于"进入"相信的认识。

举例来说，过度强调"单靠信心"称义，可能导致部分人认为认罪悔改并非必要，或至少一开始时不必要。"在相信之后通常会发生更多的悔改"这个看法或许没错，但若说在相信之前不需要任何悔改，则绝对是错的！悔改被视为相信的表现；如果人不是已经对于神的存在、性格和能力有些许的相信，谁会转离罪、转向神？很可能就是因为这个原因，彼得才认为神已经"接纳"了哥尼流（使徒行传10章34-35节）；耶稣也说税吏回家时"算为义"（路加福音18章14节）。相反地，西门相信，也受洗了，但是"心不正"，因为他没有悔改（使徒行传8章21节）。

洗礼也是一种"相信"的表现（事实上，是应有的表现），是第一个"信心的行为"（见本书第28章关于雅各书2章14至26节的讨论），是信徒想要"听从福音"（帖撒罗尼迦后书1章8节）的第一步。保罗把"洗净"列在"称义"之前，或许有其重要意义（在哥林多前书6章11节中；虽然在这段文字里，连"成圣"都列在"称义"

之前)。最醒目的是保罗的摘句"**因祂的恩得称为义**"(提多书3章4-7节),是在提到靠水洗礼和圣灵洗礼得救之后的叙述。

因此使徒很可能认为悔改和洗礼是罪人赖以称义的那种"信心"所不可或缺的(注意:彼得把悔改和洗礼列为罪得赦免的基本要件——使徒行传2章38节)。二者都没有被视为使人"配得"神肯定之人的"行为"。

圣灵洗礼不是称义的必要基础,而是称义的基本证据!人如何百分之百确定其悔改、相信和洗礼都是合宜的?今天,这个问题的答案往往是从释经当中找寻("神在祂的话语中这样说,我的心中相信它,把它置于我的思想中")。新约圣经时代的归正者没有这种"确据",因为当时新约圣经还没有写成!原来的"保证"并不是在逻辑中找到的,而是在生活中;不是透过演绎,而是透过活泼的经验,也就是藉着圣灵的浇灌。圣灵的赐下是确据的基础(罗马书8章15-16节;约翰一书3章24节,4章13节)。当这个恩赐被"领受"时(内在经验加上外在证据——见本书第5章),可以确定这人已经蒙神接纳(使徒行传15章8节)并因此称义了。圣灵的赐下是神给的确据,祂在交易上盖上章,祂付的定金,且预期后来将随之而来的事。

因此,以悔改和洗礼表现的信心是称义的必要条件,而圣灵的恩赐则是它必要的确据。就是在这个时候,必然有人会问:那个快死的强盗呢?一般认为他的例子抵消了新约圣经其他所有关于成为基督徒的教训！答案（在本书第9章中有完整论述）是，他在他的例外环境中做了他所能做的一切；他无法接受水洗礼和圣灵洗礼，他的悔改只能透过言语来表示，无法透过行为。对于能够完成成为基督徒的完整程序的人而言，他不算是个范例。他的情况最多只能套用在濒死之人身上，但是非常不适用于活着的人。然而，若一个人无法完成基督徒入门的正常程序，但不是因为他们自己的错误或犹豫，那么只有这个临死强盗的榜样能够激励他们进入天堂的盼望。

对于能够完成整个程序的人而言，不该有借口。由于耶稣自己也接受水洗礼，并且随即领受圣灵，因此主张"我是特殊状况"不会有正当性。要求采取救赎的最低标准，这种态度本身就有可议之处；真正的悔改会在神里寻求获得最多的资源，以过着正直公义的生活。

成圣和忍耐

无论是否必须四项要素全备才能称义（我已经暗示是的，或至少前三项是的），但是对于成圣而言，它们都至关重要。但是成圣对于得荣耀的必要程度如何？令人惊讶的是，许多人的印象是称义绝对必要，而成圣则只是值得追求！基督徒生命的开始被视为其终局的保证，无论在这之间发生了什么事。

但是新约圣经作者坚持他们的读者"要追求圣洁；

非圣洁没有人能见主"（希伯来书 12 章 14 节）。耶稣说了一个比喻，提到接受王邀请参加婚宴的人因为没有穿上合宜的衣着而被拒在门外（马太福音 22 章 1-14 节），整个重点在于要被选上，不只是回应某项呼召即可。

"得救"有多安全？称义能否保证成圣？得救的人必然永远得救吗？关于称义和成为基督徒的四项要素之间关系的讨论会在某些人心中引起压力，可能是因为他们急切想知道一个人要多久才能绝对确定他死时可以上天堂。人们是否比较急切地想知道自己得着安全的最低条件，而较不在意被拯救之后可以拥有多少福分？是否许多人在传讲福音时过于强调称义，太少强调成圣？确保在天堂里拥有一席之地是否比确保拥有圣洁的性格更加重要？

问这样的问题，并不一定会落入教导因信称义和因行为成圣的陷阱中，虽然这是很实际的会冒出的危险。称义和成圣都是神的恩典和作为的结果。福音不是提供称义、要求成圣；在真正的福音中，二者都是提供给人的，坚定地以神的公义为基础（罗马书 3 章 21 节，10 章 3 节）。但是二者都必须由人占有及应用。如果恩典是可以抗拒的（使徒行传 7 章 51 节），那么一个接受称义的恩典却拒绝成圣的恩典的人立场为何？

我并不想走在这么自相矛盾的基础上！我担心的是有些神学派系（尤其是加尔文学派和改革派）会利用我在这里的评注去拒绝整本书，虽然我的基本命题并不因着这个问题而或立或破。这个问题和整个讨论之间的关系是，那些教导说"永恒的安全仅需倚靠信心这一步"的人，鼓舞了"只要信就可以"的这种邀请和成为基督徒之道。"一旦相信并且得救"强化了"只要相信并且得救"的诉求方式。因此两种洗礼（水洗礼和圣灵洗礼）失去其优先地位，落入次要地位，最糟的时候还变成只是选择性的外加行为。

称义是否单靠信心，还是透过有悔改为前导的信心（二者都在水洗礼中达到高峰，并由圣灵洗礼作为凭据），并不是这里的基本问题。真正的问题是这两个途径无论长短，是否必然（且不需要进一步发展）会引导至荣耀。

新约圣经大部分关于这个主题的教导都鼓励"圣徒的忍耐"中的信心：主能够保守交托祂的事（提摩太后书1章12节），保护我们不致跌倒（犹大书24节），并且完成祂在我们里面开始的工作（腓立比书1章6节）；没有人能够从祂手中把祂的羊夺去（约翰福音10章28-29节）；没有事物能够将我们与神的爱隔绝（罗马书8章38-39节）。这类的陈述多得不可胜数。

但是也有许多劝诫中包含另外一个教义——"圣徒表现出来的忍耐"，同时警告说这绝对不是自动或不可避免的。我们已经说过，新约圣经强调必须持守信心（见本书第3章）。新约圣经中也有在信心上失败的例子（或是在信实上，因为希伯来文和希腊文都只用一个字来涵盖"信心"和"信实")。有不可靠的管家、愚昧的童女，和不会赚钱的仆人（马太福音 24 章 45 节 -25 章 30 节），他们的命运只有地狱的份。有一些发芽和成长的种子未能到达成熟并结实的阶段（马可福音 4 章 16-19 节）。存在"惟有忍耐到底的，必然得救"（马可福音 13 章 13 节；参照路加福音 21 章 19 节）这样的陈述。不结果子的枝子会被砍下并丢进火里（约翰福音 15 章 6 节）。如果基督徒不"长久"在神的恩慈里，就会和犹太人一样，都有被"砍下"的危险（罗马书 11 章 22 节；在罗马书 9 至 11 章的神预定背景中，这一点尤显其重要性）。藉着逾越节羔羊的血从埃及得释放、并在红海里受洗的大部分希伯来人未能完成进入应许及安息之地的旅程，被三位使徒作者用来作为对基督徒的严厉警告（哥林多前书 10 章 1-5 节；希伯来书 4 章 1-11 节；犹大书 5 节）。若说危险是"假设"的，形同抵消这个警告。整卷希伯来书就是关于"忍耐"的劝诫，并且包含着新约圣经中关于离弃信仰的结果最严厉的警告，尤其它是所有书信当中惟一完整记录成为基督徒过程的一卷书（希伯来书 6 章 1-6 节），同时也暗示未能得胜者的名字可能会从生命册上抹去（启示录 3 章 5 节）。

这些经文必须严肃以对。在新约圣经中，在我们让自己常在神的爱里（犹大书 21 节）和祂保护我们免于跌倒的能力（犹大书 24 节）之间有一个美丽的平衡。（根据我的判断，马歇尔（I. Howard Marshall）的《蒙神的能力保守》〔*Kept by the Power of God*, Bethany Fellowship, 1969〕是在这个主题上看法最为平衡的书。)

总结来说，我觉得最好把"安全"(safe)这个字保留到旅程终点才使用，等我们终于到达终点时；而在到达终点之前，就使用"正在蒙拯救"(being saved)！毕竟，基督宗教的第一个名字是恰如其分的"道"(the Way)（使徒行传18章25、26节，19章9节、23节）。最好把救赎想象成一道水平线，一个人沿着它从过去（称义）经过现在（成圣）走向未来（得荣耀）；而不是一条垂直线，让人从"尚未得救"跨越到"得救"。

这样一来，"归信"（conversion）就会被视为出发而非抵达，是开始而非结束，就像本仁约翰所论及的"天路客的前进（天路历程）"（而且要了解，在旅程的终点，"从天堂的大门有一条路直通地狱"）。

不管你认为基督徒是否可能失去其救赎，前文针对"安全"和"被救出"的区别仍然有效而且重要。或许可以用相当不同的方式来表达这个重点，问人是否可能接受耶稣为拯救者（为了称义）却没有接受祂为主（为了成圣），是否可能信靠祂而不听从祂。同时包含称义和成圣的整全福音最有效的答辩之一，就是约翰·麦克阿瑟（John MacArthur）的《耶稣的福音》（*The Gospel according to Jesus*, Academic Books, Zondervan, 1988）。

毕竟出生只是生命的序曲。好的开始是一回事；好的结束是另一回事。我们需要有耐心的牧师，就如同需要热情的宣教士一样。决定相信基督,就必须变成基督的门徒。当接生婆的工作完成时,父母亲养育的工作才刚开始而已!

结语：
属灵的家

正常的出生是生到一个家庭里，无论是第一次出生（肉体的）还是第二次出生（属灵的）都一样。其他生物和人类之间有一个显著的差别，无论是在天性（*homo sapiens*：亚当里的"旧人"）或属灵（*homo novus*：基督里的"新人"）方面皆然。人类花极长的时间才能成熟，需要最大量的关心才能达到这个阶段。他的复杂性，加上与天地的密切关系，使得他在"长大"过程中格外脆弱。

门徒造就的重要性

毕竟出生是生命的开始。但是出生并不能保证可以继续生存，更不用说发展。婴孩可能被遗弃，婴儿死亡率牵扯一场战役。出生后的照顾非常重要。以现代福音派的用语来说，"跟进"的照顾至为重要。必须再调整平衡；由于许多传福音的人强调的是"不会下地狱"而不是"从罪中被拯救出来"，因此过于强调必须"重生"，而未强调"健康的生命"。

回归到"使人作门徒"的观念而不是"令人决志"，就可以纠正这种异常。分娩必须随之以教育（见本书第七章关于马太福音 28 章 19-20 节的讨论）。然而，新约圣经中的"教导"是"身教"的而非"心理"的。它关心实践，也关心理论。"门徒"比较接近"学徒"的意思，而不像"学生"。（见腓力普·维格尔〔Philip Vogel〕著的《去使人作学徒》〔*Go and Make Apprentices*, Kingsway, 1987〕，对于"门徒"的这个认识有进一步详述。）不是把新基督徒和其他的新基督徒放在一"班"里，或是透过初信者的"课程"即可，我们必须将他们与较年长或较成熟的基督徒连结在一起（最好是同性别，以免给撒但可乘之机）。另外，在学习的过程中，眼睛的门户会比耳朵更有效。好的门徒老师常常仿效主，并邀请门徒"*来看*"（约翰福音 1 章 39、46 节）。事实上，模仿在门徒造就中扮演非常重要的角色（哥林多前书 4 章 16 节；帖撒罗尼迦前书 1 章 6 节，2 章 14 节；希伯来书 6 章 12 节，13 章 7 节）。比起所有关于成圣的书籍，与真圣徒的个人亲密关系可以教导更多关于圣洁的事！

寻找属灵的家

在新约圣经时代，生活单纯得多，这一点对教会事务上相当重要，传福音和建立教会是一个铜板的两面。通常在每个地方只有一间教会；人透过这间教会信主，进入惟一的团契。因此新约圣经的劝勉中没有"加入某间教会"，只有"留"在教会（希伯来书 10 章 25 节）。生在基督名下就是生在教会中；受洗归入头就是受洗归入

结语

身体。新生婴孩不需要寻找"适合"的属灵的家，成为基督徒和加入教会是同一件事。

我们这个时代的两项发展造成我们必须"加入"教会。第一，宗派的兴起（每个宗派都有自己的传统）产生众多的地方教会（在英国，大部分有车的人在近距离内至少有 20 个选择！）。第二，福音布道特会和其他有组织的宣教行动兴起，这些运动可能是跨宗派甚至不分宗派，意味人会在地方教会以外的地方"认识基督"，因此必须鼓励教会"领养"属灵的婴孩。

应该选择哪间教会作为新门徒的可能家庭呢？宗派的手段可能会为这个问题投下阴影。对新生婴孩的单纯关心可以简化寻找的过程：在哪里可以得到最好的产后照顾？有最多活力和爱的教会应该是最好的，无论她属于哪一个宗派。

捕鱼必须由牧养来补足；宣教士和牧师互补。一个是数量型人物，急于看到越多人开始越好；另一个是质量型人物，热切于看到他们成全完备，或许数量并不多。这两种功能很少同时出现在一个人身上，虽然彼得蒙召来做这两件事（马可福音 1 章 17 节；约翰福音 21 章 15-17 节）。在一间健康的教会里，应该同时存在这两种人，领导阶层和会众都应该有这两种类型。只要符合这个情形，应该就可以顺利为新生婴儿找到照顾他的家庭。可叹的是，常常出现的情形是宣教士在教会外面工作，牧师在教会里工作，二者之间却少有联系。

会员资格的标准

初代教会的会员资格并不是形式上的（书里的名单），而是功能性的（身体里的一个角色）。成为会员的惟一条件就是本书讨论的四件事：悔改、相信、水洗礼及圣灵洗礼。在这四者当中，最后一项是教会会员资格最重要的条件；要能在身体里尽功用，就必须"受圣灵的洗"（见本书第 21 章关于罗马书 8 章 9 节，以及第 23 章关于哥林多前书 12 章 13 节的讨论）。以上的叙述存在两点实践上的意义，在此提供今日的教会参考：

第一，要成为地方教会的正式成员，要求的条件不应该多于这四件事。人往往会在新信徒身上添加更多的条件：一个额外的仪式（例如英国国教的坚信礼）、一个特别的"委身"（例如十一奉献）、道德的规则（例如不可抽烟、喝酒、赌博、跳舞、化妆）。这些事都应该在成为会员之后再处理，而不是在之前。接纳加入身体（教会）应该是训练的开始，而不是训练的结束，然而情形往往不是如此。一个人应该是因为已经称义而被接纳（罗马书 15 章 7 节），不能因为他们成圣的程度还不足以加入自以为"圣洁"的教会而被拒绝。楼梯应该是在大门里面，不是在外面！出生过程妥善的人会热切地学习，而且受教的程度往往令人羞愧！当然，如果故意坚持犯罪，后来可能需要加以惩戒，甚至可能要暂时逐出家庭（哥林多前书 5 章 1-13 节；注意这种驱逐是教会成员的

结语

重大决定,为的是让顽梗者悔改并回转——哥林多后书2章6-7节)。或许很多教会之所以提高入门的门槛,背后隐藏的就是对后者这类惩戒的厌恶:如果我们让人难以加入教会,就不大需要把他们赶出去!但是这种想法是有缺陷的:教会是离开犯罪者的育儿所,不是已经成圣之人的养老院!

第二,要成为地方教会的正式会员,要求的条件不应该少于这四件事。加入教会前的课程应该彻底涵盖这四项,确定它们都成为经验,而不是教育的主题。有两群人必须特别留意。有一些信主的人在另一个环境中成为基督徒(他们可能在福音聚会中决志,名单被转介到教会);在接纳他们成为会员之前,务必完成成为基督徒的程序,无论陪谈者告诉他们什么,或对他们的决定有什么假设。还有一些人想迁移会籍,而原来的教会并未坚持这四个要素,甚或根本不期待。这是比较难以处理的状况,需要坚定但充满爱的关注。应该透过仔细的圣经教导,将教会所坚信的充分告知他们:这四件事代表教会群体生活以及个人生命的最基本且最低的基础。若是没有全部俱备,生命就会有残障而不健康。如果他们不愿意寻找这种"健全",可以讨论是否接受他们转移会籍。每间地方教会都要直接对教会的头(基督)负责,维持适当的标准,无论其他地方发生什么事(见启示录2至3章,在那里耶稣分别处理同一个地区内的七间教会)。除非这个状况先在某个地方获得纠正,否则不可能所有地方都获得纠正。有一间好的产科病房总比没有好！许多好产房很快就会降低死亡率。

在此重申，"正常的基督徒出生"是开始，不是结束；是出发，不是抵达；是起点，不是终点。好的开始可以使一切变得不同，当然必须加以跟进。健全地出生在一个快乐的家庭中，是神对祂创造并疼爱的每一个人的心意。难以置信的是，祂已经把出生和抚养婴儿（包括肉体和属灵）的责任交给我们人类。这是极大的信任。

我几乎都能在卫斯理（Charles Wesley）所写的诗中找到合适的作品作为信息的总结，本书也不例外！让读者大声说（或唱）出这首歌，结束这篇研究：

> 我有本分当尽：
> 我有上主当尊
> 我有宝贵灵魂当救，
> 引领他进天庭。

附录一
幼儿洗礼

全世界几乎都接受洗礼为加入教会不可或缺的一部分。在欧洲，大部分的洗礼是为婴儿施洗。在英国，三分之二的人口受过洗（虽然大致上为婴儿施洗的宗派在衰减中，而为信徒施洗的教会则持平或成长）。在第三世界，大部分洗礼是为信徒施洗。美国的环境正在从欧洲转换为第三世界的模式，主要的成长是在于浸信会／五旬节派。当基督教渐渐地成为异教宣教禾场中被逼迫的少数力量时，全球在洗礼实践上的趋势是从婴儿转移为信徒。

历史的考量

"幼儿洗礼"是如何开始的？从何时开始？为什么它会持续下来？它如何融入新约圣经中对于成为基督徒的教训？在为不能悔改或相信的婴儿施洗时，它有什么重要性或效应？

在寻找答案时，我们要使用"婴儿"（baby）这个说法，而不是模糊的"幼儿"（infant；美国的美南浸信会经常为七岁或七岁以下的"幼儿"施洗!),而且我们要从历史的角度来看这件事,留意在其不同发展阶段的实践背后的原则。就和许多教会传统一样,婴儿洗礼一开始只是为了一个原因,但是却因为相当不同的原因而继续流传(甚至根本没有原因,只有一个和攀爬喜马拉雅山相同的原因——"因为它就在那里!")。它被灵巧地描述为"一个寻找神学的实践"。

大部分学者同意新约圣经中并未明确记载婴儿洗礼的实施。有些人宣称发现间接的参考经文,但是这些证据充其量只是环境证据(见本书第15章关于"你和你的儿女"、第19章关于"全家",和第22章关于"儿女是圣洁的"的内容)。这个实践做法只能以圣经为准,根据一般性的神学原则加以建立(见以下说明),而不是特定的经文教训(基督或使徒从来不曾命令要如此行)。

数世纪以来,实际上发生的情形是把放在原本情境中是合理的教义性真理从圣经的别处拿过来,套用在洗礼的实践上,因此不可避免地扭曲仪式的意义,并将它应用在根本不是其适用对象的人身上。怀疑、情绪和迷信之门因而大开。

第一次明确提及婴儿洗礼大约是在公元第二世纪末。当时洗礼在救赎中的重要性开始高于过去。而此时有两个相当背道而驰的进展发生——原因却完全相同!一方面,洗礼被延迟到肉体死亡时,因为害怕洗礼后再犯罪会下地狱。另一方面,洗礼被向前推展到肉体出生时，因为害怕婴儿在犯罪之前就下地狱（以当时婴儿的高死亡率来看，这种做法可以理解）。在这两种情况下，洗礼被视为得救的惟一方法。

后来有人觉得，在地狱里的永恒痛苦对于没有犯罪的婴儿来说是过于粗暴的判决，甚至对于犯了罪、受过洗的成年人来说也是如此。这一点可以由另外两个教会传统的发展看出——limbus infantum（地狱的边境）供未受洗的婴儿居住（不像地狱那么痛苦，但是一样永恒）和为受过洗的成人预备的"炼狱"（几乎和地狱一样痛苦，但比永久稍短）。一千年来不曾争论的就是洗礼除去婴儿继承的"原罪"，以及成人的原罪和实际罪行，以救人免下地狱。

同时，当婴儿开始接受洗礼时（直到基督教由君士坦丁大帝"设立"为罗马帝国国教时，才普遍采行），教会出现一种游移的态度，从"新约"的"实质"回到"旧约"的"影子"（祭司、祭坛、"圣殿"、祭服、香等等）。再者，教会结构也越来越向帝国的管理模式看齐（新约圣经里的一个教会有许多主教，变成了一个主教治理许多教会，具备区域性和都会性的阶级；当罗马主教接受帝国的称号"教皇"，并且成为国际性的形象，是属灵的"父亲"、"爸爸"或教宗时，这个过程抵达最高点。）

当"基督教国家"这个教会与国家的混合物问世时，和旧约时代神的百姓、以色列的"神权国家"有较多相似处，而不像新约时代的教会；"祭司和君王"再度成为国家官员，而非所有信徒的称号（启示录1章6节，KJV）。毫不令人讶异地，洗礼和割礼开始被类比，二者都被视为承认诞生归入"神的"百姓，是祂国度的子民。然而，尽管有这种类比，必须说明的是洗礼仍然被视为救赎的行为，而割礼从来不曾被赋予这种地位。透过洗礼，婴儿从"原罪"中得释放，"从上头生的"，因此获得了永恒的救赎。

有一些奇怪的中古（和现代）宣教拓展的故事，在其中祭司透过暗中为婴儿施洗以"福音化"新发现的土地。但是很清楚的是，虽然婴儿的洗礼被视为如果婴儿死亡就拥有进入天堂的充分资格，但是这并不足以让他成为教会的一员！新约圣经中会在洗礼之后行按手礼以领受圣灵，也被应用在婴儿身上（以抹油代表圣灵，可能是因为缺少其他外显的证据）。后来，仪式的这个部分被延后到青春期，变成"坚信礼"（被视为可以领受圣餐和成为教会成员的时刻），至少在西方教会是如此（虽然更加不符合圣经，东方的东正教教会较一贯地为婴儿施洗、抹油和给予圣餐）。经过中古时代，成为基督徒的焦点从洗礼转移到坚信（有数世纪之久，"主教"负责施洗，地方的"祭司"负责后来的坚信；但是这一点渐渐调换过来，现在则主要由主教行坚信礼）。

基督教国家还有其他地方与古以色列国相同——它对于国王和祭司感到较自在，对先知则不然，因为先知经常呼召他们从传统转向真理，从仪式转向真实，从圆滑转向单纯。针对"教会"和"世界"之间的模糊界线发出的第一次"抗议"导致修道组织成型,虽然这些组织仍然停留在神职的框架中。后来,有许多独立的团体试图恢复初代教会的特质,将新约圣经视为其惟一的"规则";大部分的这类团体会恢复为信徒施洗的做法。事实上,一位天主教的高级神职人员后来通知天特会议(Council of Trent),如果这些"施洗者"没有在过去三千年间受到如此无情的压抑,到那时候他们会比所有宗教改革者加在一起还要麻烦!

从尚可镇压的小型抗议团体,改变为退出教会的大型"信教"团体的最大因素无疑是重新发现圣经的风潮。伊拉斯谟(Erasmus)对拉丁文版圣经背后的希伯来文和希腊文抄本的研究,加上马丁路德的解说和翻译为德文,并配合古登堡发明印刷术,让许多人能够比较使徒时代的教会和中古时期的教会(比较之后,大多感觉可恶)。

单单以圣经为基础的神学迅速获致结论:救赎单靠恩典,称义单凭信心。以为赦免能够赚取,更别提能够买卖(让路德感到无法忍受的最后一个导火线,是用作减少逝世亲人待在炼狱的时间的"赎罪券",这种券被帖次勒修士〔Tetzel〕拿到全欧洲出售,以资助罗马兴建圣彼得大教堂)的想法,变成新的"咒诅"(加拉太书1章9节的正确应用)。在"义人必因信得生"(希伯来书2章4节;见第3章)的旗帜下,中古时期的添加物被洗净——包括弥撒时的"献祭"、圣物和雕像崇拜、向去世圣徒祷告、前往圣地朝圣、神职人员的禁欲独身，以及其他许多没有圣经根据的虔诚行为。

然而婴儿洗礼仍然持续。新教（新教）改革者很快就明白藉洗礼得救赎和因信称义之间的冲突。一开始，他们都倡议回归到新约圣经所行的信徒洗礼。

由于这个部分大多不为人所知，而且可能广受质疑，我们必须引用他们自己的话（这些引用文字来自华生〔T. E. Watson〕的杰出著作《洗礼不是为幼儿预备的》〔*Baptism Not For Infants*, Walter, 1962〕，我深感谢意。在这本书里，他完全引用主张婴儿洗礼者的著作来建立信徒洗礼的主张！）。

首先是路德：

没有个人的信心，就不应该受洗。我们无法确定年轻的孩子是不是信徒，也不确定他们有没有信心，我的建议和判断是最好延后，若是不再为孩童施洗则更好，这样我们就不会用这种愚行和伎俩去嘲笑或侮辱神的神圣威严。（主显节后第三个主日证道）

接着是加尔文：

当基督吩咐他们在施洗前先教导，并且希望只有信徒能够接受洗礼时，看起来除非先有信心，否则施行洗礼就不适当。（《福音的一致》〔*Harmony of the Gospels*〕，第三册，386页，马太福音28章注释）；*洗礼本是信心的附属品，因此在顺序上比较晚；第二，如果它在没有信心的情况下给予，那么它是谁的印记？它*

不但邪恶，而且是极大的亵渎。（《使徒行传注释》〔Commentary on Acts〕，第一册，362页）

慈运理（Zwingli）也主张洗礼与信心的从属关系，若是没有信心，洗礼就没有意义（《选集》〔Works〕，第四册，191页）；他认为应该延后到责任年龄（Vadian II，231页）。他说："没有比我必须为孩童施洗之时更令我悲伤的时刻，因为我知道不应该这么做"（Quellen IV，184页）。他以值得称赞的诚实承认说："但是，如果我中断这种做法，我担心我会失去我的俸禄。"然而，他对洗礼的认识是洗礼完全是象征性的，和领主餐一样，完全没有"圣礼"的价值或果效，也因此使他后来比较容易改变自己的看法。

那么，为什么改革宗没有人实行他们教导的内容？答案很简单，但令人不安。他们以圣经的权柄对抗教会的权柄，但是他们也要倚赖人民的权柄来帮助他们。改革的成功有赖于教会和国家的结盟，虽然在德国和瑞士采取的结盟形式相差颇大。不可避免地，国家的公民权和教会的会友身份之间的混淆一直存在，不可能维持一个"国家的"教会而不欢迎所有出生在该国境内的人加入其中。对于被视为服在神之下的"新以色列"的国家而言，洗礼变成一个国家的公民宗教成员的立约印记。（这一点在亚哈尼斯·沃恩斯〔Johannes Warns〕的《洗礼》〔Baptism, Paternoster Press, 1957〕一书中有清楚的解释。本书的副标题是"原始基督教洗礼研究，它的历史和冲突，它与国家教会的关系，以及它对当代的重要性"。)

这是"正面"的原因；但是也有一个负面的原因。宗教改革家所传讲关于洗礼的事开始被其他人所运用！那些在婴儿时期受洗、没有相信的人，现在开始想要以信徒的身份"再受洗"（给他们的昵称是再洗礼派〔Anabaptist〕，源自于希腊字 ana = 再次）。一开始这只是被视为对教会不忠（现在仍是如此），以及对那些仍然想要从内部进行改革的人不忠（他们仍然如此）。但是当人知道信徒的洗礼带有"召聚的"（gathered）教会的观念时，（和"国家的"教会不同），而且是一个完全与公民权柄区隔开来的教会，再洗礼就被人联想到叛国，尤其对于已经"正式"成为"新教"的国家而言更是如此。这样便导致对信徒的洗礼采取反对行动，以及对那些再次洗礼的人展开逼迫（以淹死作为惩罚是瑞士改教者记录上无法抹除的污点）。

因此，信徒的洗礼再次受到镇压，虽然这次没有获得相同的成功。许多再洗礼派团体被迫与世隔绝而变得古怪和极端，但是他们具有长远的影响力。在英国和低地国家（比利时、荷兰、卢森堡），独立于国家之外的"召聚的"教会的观念扎稳了脚步；在这些地方试图镇压的结果是清教徒前辈移民（Pilgrim Fathers）带着这样的观念前往新世界，这也有助于解释为何美国从来不曾有一个"国立"宗教，虽然它自认为是基督教国家——

也说明了为何浸信会和五旬节教会会如此强盛且受社会接纳。但是我们冲得太远了……

神学的考量

主流的改革宗如何为他们在洗礼这件事上完全反转的做法辩护（无论是对他们自己的良心或是对他们的跟随者）？很显然地，他们必须寻找一些圣经或神学借口来维持中古时期的做法。路德无力地主张说，不可能说婴儿没有信心，但是他从来不曾真正地解决这个困境。对加尔文而言，协助就在眼前。慈运理在苏黎世的后继者布灵格（Bullinger），提出一个全新的神学观念——他将圣经中的许多约（注意罗马书 9 章 4 节的复数）找出来，把它们全部归纳成一个约，称它为"恩典之约"（在圣经里找不到这个用语）。"旧"约和"新"约之间的连续性被极度强调，以至于它们之间的基本不连续性被抵消了。最重要的是，两个约的入口基本上是相同的：在正常的情况下，是透过已经在约中之人的肉体后裔而得以继承。因此洗礼可以视为割礼的直接转换，在同样的年纪施行。当然，要"停留"在约中，基督徒儿童需要在后来相信耶稣，就像犹太儿童在后来必须顺服律法一样；但是二者都已经藉由出生而身在约中，因此有资格接受它的肉体"记号和印记"。

由于这个"约"神学已经被广泛传播，而且在今日经常被用来证明婴儿洗礼的正当性（举例来说，所有的长老会和某些英国圣公会，大部分是福音派），因此我们必须先作一些严格的评价，再思考理论和实践的其他变化。

圣约神学，以及婴儿洗礼和割礼之间的关联

神学层次上的最大问题是圣经强调旧约和新约之间的不连续性，后者废弃前者（希伯来书8章13节很少被主张约的说法的人引用；也请注意耶利米书31章32节中"不像"（unlike）的用法）。尤其旧约是集体性的，而新约是个别性的。这个重要的变迁早已被旧约的先知所预言（耶利米书31章29-30节；以西结书18章1-32节；约珥书2章32节），但是新约圣经中的使徒更加清楚地传讲这件事（使徒行传2章38节的"你们各人"最为典型）。在福音的核心有"凡；无论是谁"（英文为：whoever；约翰福音3章16节；罗马书10章10-13节）这个词。约翰和耶稣都否认有任何世袭的权利可以在神国里获得一席之地（马太福音3章9节；约翰福音8章39节）。现在的资格是属灵的诞生，不是肉体的诞生。

考量初代基督徒对于犹太仪式的所有辩论，就知道新约圣经从来不曾将洗礼视同割礼（歌罗西书2章9-12节并非例外；见本书第25章），并且根据二者都是"肉体"行为来看，就会明白这是个令人讶异的忽视。如果二者之间有任何类比，那就是亚伯拉罕自己的割礼是在他相信之后才进行，作为他信心的"印记"，使他成为"所有信徒的父"，无论他们有没有受过割礼（罗马书4章9-12

节；注意圣经从来不曾说过信徒与和亚伯拉罕立的"约"有份）。后来，他的后代的割礼并不是对他们信心的"印记"，如果有行割礼的话，也是在他们相信之前施行；那是一个标记，是那个有一天会实现在他们之中一员身上的应许标记（亚伯拉罕的子孙（seed），单数——加拉太书 3 章 16 节）。基督实现了这个应许的"行列"，基于属灵的目的而使这个仪式作废，但是有时候仍然可能因为社会的原因而值得保留（例如在提摩太的例子里，即使他已经受过洗——使徒行传 16 章 3 节）。

那些传讲为婴儿施行"圣约的洗礼"的人，必须期待他们实行这约！一方面，无差别洗礼的做法必须加以弃绝。父母本身必须是信徒，尤其是身为家庭的头的丈夫（以"教父教母"取而代之，以及他们的代理誓言，并不能满足约的条件）。再者，根据本书的命题，父母亲必须已经领受圣灵。另一方面，那些在约以外完成的洗礼，亦即父母亲不是信徒的状况——或许英国绝大部分的婴儿洗礼都如此——必须加以拒绝并重新施洗。必须告知受洗者，他们没有接受基督徒的洗礼，必须重新施洗，而且应该当下完成。我遇到越来越多的神职人员想要让不信主的父母打消主意（很少人有男气拒绝），但是只有极少数的神职人员愿意为那数百万名漏网之鱼"再施洗"，表示他们仍然接受无差别洗礼的效力，即使他们自己不这么做。

圣约婴儿洗礼的原则和实践上这些反常现象，加上其神学仅是四百年前的一个单一源头，确实引起一个疑问：它是否事实上是一种聪明的合理化行为，而不是基于圣经的理由。如果它像支持者所宣称的，在新约圣经中有清楚的教导，那么只要研读圣经，这种看法就应该会自然而然产生；事实上，只有当人受到某个被宗教改革的"改革宗"影响的人教导，到经文中去寻找，才会持有这种看法。圣经公会的英国圣公会秘书长曾经告诉我，根据记录显示，人在没有解释的情况下接触圣经，从而形成的基督教团体都采用信徒洗礼。

新教在水洗礼一事上令人迷惑的传承，与他们无法重新发现圣灵洗礼、甚至是关于圣灵的一般性真理有关。他们非常明白三位一体的第二位的工作，但是对第三位的工作则认识不充分（在加尔文的《基督教要义》中，有4页提及圣灵，63页讨论摩西律法；这或许是为何他的跟随者特别倾向于律法主义的原因之一）。由于水洗礼和圣灵洗礼在新约圣经中虽然从未被视为相同，但是它们的关系如此密切（参阅马太福音3章16节；使徒行传19章2-3节），难怪宗教改革者对其中一个的处理方式会导致另一个的盲点。成为基督徒的整全过程没有被恢复，导致婴儿洗礼一事更容易受到更进一步的误解。

神恩先惠论与婴儿洗礼

最后一个需要思考的神学理论根据是相当近代的产物。这次的起点是神恩先惠论（prevenient grace），它

附录一

本身是一个宝贵的真理,强调神在救赎中的主动性,加尔文强调这个部分的做法是对的。神在我们爱祂之前就爱了我们,在我们寻找祂之前就寻找我们,在我们呼求祂之前就呼召我们,并且差祂的儿子来到世上,使我们得以在天上成为祂的儿女。耶稣作了一个美好的总结:"若不是差我来的父吸引人,就没有能到我这里来的……"(约翰福音6章44节)。

于是洗礼被某些人视为这个真理的完美展现。因此它被视为适合婴孩更甚于信徒,强调的是"在我们仍然无能为力时",基督就为我们死(虽然保罗很可能指的是道德而非肉体的无能为力——罗马书5章6节)。神在我们走进祂的生活中之前,就走进我们的生命。耶稣祝福孩童的记录是拥护这种观点的人最喜欢的参考点(虽然他们不见得都会指出这些儿童已经不是婴孩,而且是由他们的父亲带来,而不是由母亲——马太福音19章13节),在婴儿洗礼时经常会读这段经文,有时候是惟一的经文。

这种解读在卫理公会教徒(特别是弗莱明顿〔W. F. Flemington〕的著作《洗礼的新约教义》〔*The New Testament Doctrine of Baptism*, SPCK, 1948〕,第10章)和公理会中很常见,而且对于主张普救论(认为到最后每个人都会得救,即使不是在今世,也会在来世得救)的人尤其具有吸引力。这种看法认为十字架是"宇宙性"的救赎,具备普世性的功效和份量。因此福音是宣告全人类已经被"解放";洗礼宣告每个生为人类的人都有"权利"享受这种自由,而且在理论上,已经享有。

对于"神恩先惠论"这种说法的主要反对意见是,新约圣经将洗礼视为"**特有恩典**"(appropriated grace)的圣礼,而非预设的恩典。它是心怀感激的罪人因着基督赎罪效能的好消息所产生自愿且有知觉的回应(在悔改与相信中)与恩典相遇的时刻。它是神的行为,也是人的行为,而且不能代替他人接受(见本书第 24 章)。

婴儿洗礼的难题

这些就是婴儿洗礼的三个基本神学理由:原罪、圣约的与生俱来以及神恩先惠论。英国国教对这三种说法采取混合性的接受(有些人说那是典型英国"混乱")。"英国国教的高派教会"保留天主教会的"藉洗礼重生"的看法(反应在《公祷书》的祷文中)。"英国国教宽和派"则强调神的恩典与爱,欢迎人加入祂的"家庭"。"低教会派"则反应出清教徒/长老派时期的英国国教历史,使用"约"的观念来主张福音派立足于"已建立"教会中的正当性。福音派面对的主要实务问题是,另外两个神学流派(天主教和自由派)必然促进无差别洗礼的实行,因此是他们憎恶的,但是上层阶级却广泛拥护。对一个公正的观察者而言,似乎英国国教的教会只在悍卫婴儿洗礼的决心上获得共识,无论能够找到什么辩护的理由!再一次地,这种看法比较像是把传统合理化,而不是对真理的了解。正如我们已经看到的，不可能利用只为有信心的信徒施洗来维持一个"国家"教会——这或许是真正的基本理由，与合理化有所区别。

但是，这三个流派（天主教、自由派和福音派——同时存在于英国圣公会教义之内与之外）都受到"灵恩更新"的影响，重新发现圣灵洗礼，导致水洗礼的全新评价（在这一点上，是翻转宗教改革的形态）。圣灵的个人经验更新人的兴趣，并恢复对圣经的信心，结果就是普遍渴望看到洗礼"恢复"为原来的意义和模式——虽然可以理解的是，信徒比较欣然采取这个做法，而不是神职人员，毕竟神职人员的职业就是集中在举行圣礼。

无差别洗礼所造成的主要破坏是让受洗者得到错误的属灵安全感，他们往往很奇怪地拒绝后来的呼召或挑战（好像打了福音的预防针）；但是"分辨式"的婴儿洗礼一样造成破坏，主要是因为改变洗礼的意义。无论是视为原罪的免除、承认圣约的与生俱来权或神恩先惠的启示，洗礼不再带有新约圣经仪式的重要性。许多主张婴儿洗礼者公开承认不可能将新约圣经的教导应用在婴儿洗礼上而不将洗礼转变成单纯的象征性或明显的神奇行为。他们不使用新约圣经中三十处关于洗礼的经文，反而转向圣经中其他地方的教义求助，尤其是在从未提及洗礼的旧约圣经中。

这产生一个更严重的效果，不但洗礼的意义和重要性经常被改变，如果教会禁止再洗礼，婴儿在后来的生活中接受真正符合新约圣经意义和重要性的洗礼之机会也被剥夺，而且教会总是正式禁止再洗礼，虽然各地方的状况开始有所松动。当一个人在后来认罪悔改并相信救主时，他们会被禁止用非常自然且完全合乎圣经的方式来表达他们对于洁净的渴望。因此他们不会体验到透过洗礼传达的神圣洁净，而这正是他们最需要的时刻——都只因为他们的父母在他们还不能主动参与的时候，把他们放在一个只有几滴水和口头公式的仪式中。

洗礼和主要参与者的意志完全无关，或许是这种改变的看法中最令人不安的层面。婴儿洗礼实际上抹除了所有的选择！一个在婴儿时期受洗的人可能后来认为信徒的洗礼才是正确的，但是他们被禁止遵从自己的良心，只为了保护他们的教会。相反地，一个没有在婴儿时期受洗的人可能在后来相信他们应该接受婴儿洗礼——但是他们不可能这么做！如果教会继续坚守使徒的教义，根本不会出现这种困境。

基于所有这些理由，本书的主要内容并未尝试将婴儿洗礼——路德坦白地称之为"不信者的洗礼"整合到成为基督徒的完整教义中，虽然它并没有被忽略（读者请参阅本书第4、19、22、24、25、34章）但是，我们希望主张婴儿洗礼的读者能够从悔改、相信和领受圣灵的教导中得着益处。我们更进一步希望主张婴儿洗礼者能够彻底地研究主张信徒洗礼者的看法。除了早先提到的作品之外，以下著作对于此篇论证有重要的贡献：

附录一

Karl Barth, *The Teaching of the Church Regarding Baptism* (SCM Press, 1948); G. R. Beasley-Murray, *Baptism Today and Tomorrow* (Macmillan, 1966); A. Gilmore (ed.), *Christian Baptism* (Lutterworth, 1959); David Kingdon, *Children of Abraham* (Carey, 1973); R. E. O. White, *The Biblical Doctrine of Initiation* (Hodder & Stoughton, 1960)。

附录二
没有定冠词的"灵"

希腊文的新约圣经在提及圣灵时,不一定会使用定冠词(the)。举例来说,它提到"*所赐的圣灵*"(the gift of the Holy Spirit)(使徒行传 2 章 38 节)和被"*圣灵充满*"(filled with Holy Spirit)(使徒行传 2 章 4 节)。

杨以德(E. J. Young)在其著作《*新约圣经的字面翻译*》(*Literal Translation of the New Testament*)的前言中指出,有无定冠词本身是神启示话语的一个重要特色,应该反映在英文翻译中(令人惊讶的是,随后在翻译关于圣灵的叙述时,他却忽视自己的原则!)。

基本的问题是,有无定冠词是纯粹文法和风格的问题,还是透过给予特别的强调或意义而具备神学含义。

有些学者在句子的结构中找到理论根据。举例来说,在希腊文里,倾向于在介词后省略冠词。同样的情形也出现在使用工具性与格或支配与格的词组里。

但是有一些文法的异常。第一次提到个人主词或非个人受词时通常是没有冠词的,后续提及时则不受限制(例如:"他买了一辆(a)劳斯莱斯",之后就用"他驾着那辆（the）劳斯莱斯绕行全国一周"和"他撞毁了那辆（the）劳斯莱斯"）。这种习惯是希腊文和英文的特色，但在新约圣经提到圣灵时一再地打破这种惯例。

的确，正如邓雅各（James D. G. Dunn）在他的《圣灵中的洗礼》(*Baptism in the Holy Spirit*, SCM Press, 1970) 第68页以后所说的，路加福音／使徒行传中的九个情况都使用这两种格式来描写同一件事（例如：使徒行传1章5节说："你们要受圣灵〔Holy Spirit〕的洗"，而使徒行传1章8节说："但圣灵〔the Holy Spirit〕降临在你们身上"）。但是，他没有停下来问及这些不同的结构是否在事实上可能强调同一件事的两个不同层面。

圣经学者发现内容以及这些陈述的结构变化的理由，有一段相当漫长的历史。也就是说，有无定冠词对于含义和句子而言都很重要！

1881年，威斯考特主教（Bishop B. F. Westcott）再版他的《约翰福音笔记》(*Notes on John's Gospel*)，本书原先是为《讲员的注释》(*The Speaker's Commentary*) 撰写的。在约翰福音7章39节（"那时还没有赐下圣灵来……"）处，他评论道：

加入"赐下"这个字，表达出原文的真正格式，也就是圣灵（Spirit）是没有冠词的〔houpo hen pneuma〕。当这个用语以这种格式出现时，它是进行一项操作，或彰显，或圣灵的赐下，而不是位格的圣灵。

比较 1 章 33 节，20 章 22 节；马太福音 1 章 18、20 节，3 章 11 节，12 章 28 节；路加福音 1 章 15、35、41、67 节，2 章 25 节，4 章 1 节。(*Gospel of St. John Murray*, 1903, p.123)

1909 年，在《新约圣经里的圣灵》(*The Holy Spirit in the New Testament, Macmillan*, 1909) 的 395 页里，史威特 (H. B. Swete) 用了整篇附录来讨论这个问题。他的结论是："米德顿的正典似乎主张得没错；*to pneuma to hagion* 或 *to hagion pneuma* 是被视为神位格的圣灵，*pneuma hagion* 则是圣灵在与人的生命的关系中的恩赐或彰显"（作者自行翻译）。

格林博士 (Dr. S. G. Green) 在其著作《新约圣经文法手册》(*Handbook to the Grammar of the New Testament*) 189 页中也提出同样的看法："当圣灵提及自己时，圣灵的名字需要冠词；但是当所指的是祂在人里面的运行、恩赐或彰显时，几乎都会省略冠词。"

更接近现代的，彼特·法兰西斯 (D. Pitt Francis) 在《释经月刊》(*Expository Times*) 第 96 卷第五期（1985 年 2 月）第 136 页发表了一篇文章，标题为"圣灵——统计的询问"(The Holy Spirit – a Statistical Enquiry)。他将新约圣经提到的 89 次"圣灵"加以分类，得到的结论是"意指'能力'（49 次）时并未使用定冠词，但是指圣灵为一个位格（40 次）时，则一定有定冠词"。他宣称

"卡埃方测验（一种著名的统计测验）……用六种程度的自由度获得 85.228 这个意义深远的值。"用门外汉的话来说，这表示有无定冠词只是"侥幸"、没有任何意义或重要性的机率低于千分之一！

这种在圣灵的"位格"和"能力"之间的区别是许多学者的共同看法，通常是由个别经文的上下文内容得来的。

有冠词

圣灵降下（三次）、浇灌（三次）、落下（两次）、被父差遣（两次）、降在、供应。圣经说话（十九次）、教导（两次）、见证（五次）、寻找、知道、透过祂传递、透过祂表现（两次）、与祂说话、由祂启示。人遇见祂、被祂抓住、被祂推出（两次）、被祂阻止、不被祂允许、被祂放置及在圣灵里面。祂可以被亵渎（四次）、被谈论、成为欺骗的对象、被轻视、被引动、被熄灭、被抗拒、被渴想（两次）、悲伤、被传讲、收割、仿佛是好的。人可以和圣灵立印记、被洗净、藉祂称义、藉祂成圣（两次）、藉祂满有大能，以及在圣灵里欢喜。圣灵使耶稣复活，帮助我们的软弱，并随己意吹动。祂是主的灵，祂的儿子的灵，真理的灵（三次），同样的灵（三次），而且主就是圣灵。圣经提到圣灵的名字、能力、应许、恩赐（两次）、安慰、初熟的果子、思想、爱、事物、殿、彰显、供应、合一、果子、热情（两次），以及交通（两次）。

附录二

没有冠词

在圣灵里受洗（七次）、被圣灵充满（十次；使徒行传4章31节在大部分的经文版本中没有冠词）、满有圣灵（四次）、被圣灵恩膏、有圣灵、没有圣灵、始于圣灵、因圣灵感孕／由圣灵而生（四次）、在圣灵里（三次）、圣灵在（两次）、住在（三次）、爱慕圣灵（两次）、圣灵的神迹奇事、展现、以圣灵的恩赐作见证、藉圣灵的能力赶鬼、由圣灵启示、在圣灵里说话（两次）、在圣灵里祷告、在圣灵里敬拜、透过圣灵指教、依着圣灵宣告、透过圣灵献上自己、凭圣灵而写（两次）、被圣灵更新、因圣灵成圣、圣灵的同工、活在圣灵里、行在圣灵中（两次）、透过圣灵等候、因圣灵而懊悔、藉圣灵的能力而有盼望、在圣灵里的公义及和平及喜乐、受逼迫、透过圣灵而良心带着见证。

两份清单都有一些例外（一共只有七处经文，有些是因为抄本的真实性可疑）；但是一般的模式似乎很清楚。

这两种格式在罗马书第8章中被很自由地运用（而且使用次数几乎相同）；这些用法或许也可以用同样的方式来加以分类。有冠词（九次）时，强调的是圣灵是什么——律（2节）、事（5节）、思想（6、7节）、初结果子（23节）；还有圣灵做的事——使耶稣复活（11节）、作见证（16节）、在我们的软弱中帮助我们（26节）、为我们代求（26节）。没有冠词（八次）时，强调的是我们拥有什么——我们在祂里面(9节)，祂住在我们里面(9节)，我们有/没有祂(9节)，祂住在我们里面(11节)；以及我们在祂里面可以做什么——根据祂的律行事(4节及5节)、透过祂治死旧生命(13节)，以及被祂引导(14节)。

结论

总结而言，有定冠词会将我们的注意力吸引到圣灵的客观属性和行为，方向是"向下"的，是神对人行事；没有定冠词则将我们的注意力吸引到能力的主观经验和赋予，方向是"向上"，是人在神里面行事。差别在于程度上，而不是种类上，因此二者之间并无清楚而固定的分野；但是用法的倾向是清楚呈现的。

从用法的倾向归纳而得的错误结论是要"领受"圣灵两次。五旬节派和福音派都探讨过这条和好的道路；而它可以为二派之间的紧张气氛提供便利的解决之道！相信门徒在"归信"（亦即在相信之时）时自动且通常毫无意识地领受圣灵的位格，然后在稍后和有意识的情况下领受圣灵的能力（即五旬节派所谓的"圣灵的洗礼"，福音派有时候称之为"一次圣灵的洗礼"——又一个有无冠词会具备神学重要性的场合！），是一个不错的解决方法。有些人试图把这种双重"接受"的根基建立在两次提及使徒领受的经文（约翰福音20章22节及使徒行传1章8节）上，但是他们在第一个情况中是否有任何领受，其实是很可疑的（见第13章）。

附录二

但是事实仍然存在：新约圣经似乎只教导"领受"圣灵一次——带有能力的位格。在这种关系下，有趣的一点是"在圣灵里受洗"（baptised in Holy Spirit）是百分之百没有冠词；"被圣灵充满"（filled with）有92.8%没有冠词，而"领受"则有71.5%没有冠词。强调重点显然在于主观和彰显的层面。领受圣灵是一种有证据的经验（见第5章）；虽然并不是根据有没有定冠词而推得这个认知，但是在这种用法中确实找到这种认知的确据。

它也帮助我们了解新约圣经关于这个主题的教导模糊之处（如果不算是自相矛盾的话）——有位格的"圣灵"（the Holy Spirit）和我们一样会思想、感觉、行动和说话，以及作为不具人格的力量的"圣灵"（Holy Spirit），像风一样吹动，像水一样浇灌，像油一样涌流，两种用法交替出现。因此"在圣灵里受洗"感觉上比较像不具人格的能量的流入，而不是亲身相遇的开始。在实际的经验里，信徒比较容易先感受到能力，之后才认识圣灵的位格；而在知识的教导上，顺序通常是反过来的！

附录三
三位一体还是三位异体？

那些对我的基本主张在教义上的反对，主要是批判我对神格的理解。由于我把"相信耶稣"和"领受圣灵"分别视之（在神学上和在年代学上皆然），因此认为我有危及三位一体的唯一性、濒临主张三位异体（即相信三位神）的边缘。简而言之，批评者问的是——既然三个神格都"在"彼此里面，怎么可能领受一个神格而不领受另外两个神格？

我可以说，如果我关于使徒的教导之解释是正确的，那么使徒本人也同样面对相同的指控（例如保罗在使徒行传19章2节对以弗所信徒提出的问题——见本书第20章）。

同样是事实的是，在历史上，使徒是在不同的时间里与三位神格建立关系。身为犹太人，他们早已认识天父（虽然他们不敢这样称呼祂）；然后他们遇见圣子（虽然一开始他们不明白）；最后，他们领受圣灵（虽然祂早就与他们"同在"而不为人知——见本书第12章）。甚至有十天的时间，从升天到五旬节的这段期间，他们没有圣子也没有圣灵与他们"同在"。但是在这段时间里，他们向天父祷告（可能是根据路加福章 11 章 13 节），可能是奉耶稣的名如此行（约翰福音 16 章 23 节），而耶稣早就开始为他们代祷（约翰福音 14 章 16 节；参阅使徒行传 2 章 33 节；希伯来书 7 章 25 节）。

但是这些事都发生在五旬节之前，而我的主张假设后五旬节时期的福音传播才是标准。这也必须将我们的主在死前及死后所作的预言宣告纳入考量。举例来说，祂说祂会"离开"并差遣别人来取代祂的位置（约翰福音 16 章 7 节），但是应许门徒说祂会永远与他们同在（马太福音 28 章 20 节）！祂说，圣灵来会住在他们里面（约翰福音 14 章 17 节），但是也应许说天父和祂自己也会这么做（约翰福音 14 章 23 节）！事实上，耶稣所说的关于"回到"祂门徒身边的陈述可以应用在祂的复活、五旬节、或是世界末日的基督再临（请读者研究约翰福音 14 章 18 节上、16 章 22 节中模糊不清的含义）。

解决这个难题的惟一方法就是相信当圣灵在五旬节进入门徒里面时，天父和子也同时住在他们里面——但是也停留在他们外面。这种内在和超然存在的组合是神性的特色。

因此，简而言之——当圣灵来时，父和子也来了。实际上来说，三位一体都居住在成为基督徒的门徒里面，他们可以说里面有圣灵（或说"在圣灵里"，新约圣经不常如此描述）而且有基督在他们里面（加拉太书 2

附录三

章 20 节；歌罗西书 1 章 27 节中的"你"是复数；但请注意，这在新约圣经中是罕见的说法，使徒通常会使用"在基督里"这个反面叙述），也有天父在他们里面（群体性也是个别性，信徒是"神的殿"）。

由于我所相信的是如此，那么为何我对三位一体的看法会被怀疑是异端？因为关于三位一体于成为基督徒的哪个阶段"入住"，我持明显不同的看法。

传统福音派和古典五旬节派坚持将"接受耶稣"（在我看来，这是不合乎圣经的）视为"相信耶稣"的第二阶段（根据的是对约翰福音 1 章 12 节这节经文的误解，将它的含义从祂成为肉身的历史阶段转移到圣灵的当代阶段——见 67-72 页对于这个错误的驳斥）。基于这个前提，他们指控我教导两次"接受"，亦即分别接受耶稣和圣灵，而他们义正词严地说祂们是"一体"的，不能领受其一而未领受另一位。

我同意最后这个主张，但是对于这两位（或者该说是三位）开始"内住"的时刻有不同的看法。不同于传统的看法，即认为当基督被"接受"时，圣灵也被接受了；我以另外一种方式来表达：当圣灵被接受时，基督（与祂的父一起）也被接受了。这使得入住的时刻变成成为基督徒的第四阶段，而非第二个——但是三位一体仍然是三位一体！

这非牵强之辞，因它具有极大的教牧意义（想象在人还没有圣灵"内住"时就告诉他们已经如此，会造成什么伤害）。部分读者因害怕可能带来的影响，甚至不愿思考他们的立场！

然而，鼓励追求者透过有证据的经验来"领受"三位一体的第三位，以进入并享受与父、子和圣灵的内住关系，确实看来是使徒所传讲和实际的做法，因为他们自己在五旬节当天就是如此（请对这一点持疑的读者仔细研读第7至30章的注释）。这是新生的高潮，是神对那些以悔改、相信和洗礼回应福音之人的回应。

www.ingramcontent.com/pod-product-compliance
Lightning Source LLC
Chambersburg PA
CBHW071553080526
44588CB00010B/894